二〇二四

十四屆全國人大二次會議

《政府工作報告》學習問答

國務院研究室編寫組

中國言實出版社

图书在版编目（CIP）数据

十四届全国人大二次会议《政府工作报告》学习问答：繁体版 / 国务院研究室编写组著. -- 北京：中国言实出版社, 2024.3

ISBN 978-7-5171-4781-7

Ⅰ. ①十⋯ Ⅱ. ①国⋯ Ⅲ. ①政府工作报告 – 中国 – 2024 – 学习参考资料 Ⅳ. ①D623

中国国家版本馆 CIP 数据核字（2024）第 053557 号

十四屆全國人大二次會議《政府工作報告》學習問答

責任編輯：曹慶臻
責任校對：王建玲　張國旗

出版發行：中國言實出版社
　　地　　址：北京市朝陽區北苑路180號加利大廈5號樓105室
　　郵　　編：100101
　　編輯部：北京市海淀區花園路6號院B座6層
　　郵　　編：100088
　　電　　話：010-64924853（總編室）　010-64924716（發行部）
　　網　　址：www.zgyscbs.cn　電子郵箱：zgyscbs@263.net

經　　銷：新華書店
印　　刷：北京虎彩文化傳播有限公司
版　　次：2024年5月第1版　2024年5月第1次印刷
規　　格：710毫米×1000毫米　1/16　24.25印張
字　　數：300千字

定　　價：68.00元
書　　號：ISBN 978-7-5171-4781-7

本書編委會

主　任：黃守宏

副主任：康旭平　肖炎舜　陳昌盛

編　委：（以下按簡體姓氏筆畫排序）

王漢章　王勝謙　牛發亮

馮文禮　朱艷華　喬尚奎

劉日紅　李攀輝　宋　立

姜秀謙　秦青山

目　錄

第二部分　2024 年經濟社會發展
總體要求和政策取向

第三部分　2024年政府工作任務

政府工作報告

——2024 年 3 月 5 日在第十四屆全國人民代表大會第二次會議上

國務院總理　　李　　強

各位代表：

現在，我代表國務院，向大會報告政府工作，請予審議，並請全國政協委員提出意見。

一、2023年工作回顧

過去一年，是全面貫徹黨的二十大精神的開局之年，是本屆政府依法履職的第一年。面對異常複雜的國際環境和艱巨繁重的改革發展穩定任務，以習近平同志為核心的黨中央團結帶領全國各族人民，頂住外部壓力、克服內部困難，付出艱辛努力，新冠疫情防控實現平穩轉段、取得重大決定性勝利，全年經濟社會發展主要目標任務圓滿完成，高質量發展紮實推進，社會大局保持穩定，全面建設社會主義現代化國家邁出堅實步伐。

——經濟總體回升向好。國內生產總值超過126萬億元，增長5.2%，增速居世界主要經濟體前列。城鎮新增就業1244萬人，城鎮調查失業率平均為5.2%。居民消費價格上漲0.2%。國際收支基本平衡。

——現代化產業體系建設取得重要進展。傳統產業加快轉型升級，戰略性新興產業蓬勃發展，未來產業有序布局，先進製造業和現代服務業深度融合，一批重大產業創新成果達到國際先進水平。國產大飛機C919投入商業運營，國產大型郵輪成功建造，新能源汽車產銷量佔全球比重超過60%。

——科技創新實現新的突破。國家實驗室體系建設有力推進。關鍵核心技術攻關成果豐碩，航空發動機、燃氣輪機、第四代核電機組等高端裝備研製取得長足進展，人工智能、量子技術等前沿領域創新成果不斷湧現。技術合同成交額增長28.6%。創新驅動發展能力持續提升。

——改革開放向縱深推進。新一輪機構改革中央層面基本完成，地方層面有序展開。加強全國統一大市場建設。實施國有企業改革深化提升行動，出台促進民營經濟發展壯大政策。自貿試驗區建設布局進一步完善。出口佔國際市場份額保持穩定，實際使用外資結構優化，共建「一帶一路」的國際影響力、感召力更為彰顯。

——安全發展基礎鞏固夯實。糧食產量1.39萬億斤，再創歷史新高。能源資源供應穩定。重要產業鏈供應鏈自主可控能力提升。經濟金融重點領域風險穩步化解。現代化基礎設施建設不斷加強。

——生態環境質量穩中改善。污染防治攻堅戰深入開展，主要污染物排放量繼續下降，地表水和近岸海域水質持續好轉。「三

北」工程攻堅戰全面啟動。可再生能源發電裝機規模歷史性超過火電，全年新增裝機超過全球一半。

——民生保障有力有效。居民人均可支配收入增長 6.1%，城鄉居民收入差距繼續縮小。脫貧攻堅成果鞏固拓展，脫貧地區農村居民收入增長 8.4%。加大義務教育、基本養老、基本醫療等財政補助力度，擴大救助保障對象範圍。提高「一老一小」個人所得稅專項附加扣除標準，6600 多萬納稅人受益。加強城鎮老舊小區改造和保障性住房供給，惠及上千萬家庭。

回顧過去一年，多重困難挑戰交織疊加，我國經濟波浪式發展、曲折式前進，成績來之不易。從國際看，世界經濟復甦乏力，地緣政治衝突加劇，保護主義、單邊主義上升，外部環境對我國發展的不利影響持續加大。從國內看，經歷三年新冠疫情衝擊，經濟恢復發展本身有不少難題，長期積累的深層次矛盾加速顯現，很多新情況新問題又接踵而至。外需下滑和內需不足碰頭，周期性和結構性問題並存，一些地方的房地產、地方債務、中小金融機構等風險隱患凸顯，部分地區遭受洪澇、台風、地震等嚴重自然災害。在這種情況下，政策抉擇和工作推進面臨的兩難多難問題明顯增加。經過全國上下共同努力，不僅實現了全年預期發展目標，許多方面還出現積極向好變化。特別是我們深化了新時代做好經濟工作的規律性認識，積累了克服重大困難的寶貴經驗。實踐充分表明，在以習近平同志為核心的黨中央堅強領導下，中國人民有勇氣、有智慧、有能力戰勝任何艱難險阻，中國發展必將長風破浪、未來可期！

一年來，我們深入學習貫徹黨的二十大和二十屆二中全會精神，按照黨中央決策部署，主要做了以下工作。

一是加大宏觀調控力度，推動經濟運行持續好轉。針對嚴峻

挑戰和疫後經濟恢復特點，我們統籌穩增長和增後勁，突出固本培元，注重精準施策，把握宏觀調控時、度、效，加強逆周期調節，不搞「大水漫灌」和短期強刺激，更多在推動高質量發展上用力，全年經濟運行呈現前低中高後穩態勢。圍繞擴大內需、優化結構、提振信心、防範化解風險，延續優化一批階段性政策，及時推出一批新政策，打出有力有效的政策組合拳。財政政策加力提效，加強重點領域支出保障，全年新增稅費優惠超過 2.2 萬億元，增發 1 萬億元國債支持災後恢復重建、提升防災減災救災能力。貨幣政策精準有力，兩次降低存款準備金率、兩次下調政策利率，科技創新、先進製造、普惠小微、綠色發展等貸款大幅增長。出台支持汽車、家居、電子產品、旅遊等消費政策，大宗消費穩步回升，生活服務消費加快恢復。發揮政府投資撬動作用，制定促進民間投資政策，能源、水利等基礎設施和製造業投資較快增長。因城施策優化房地產調控，推動降低房貸成本，積極推進保交樓工作。制定實施一攬子化解地方債務方案，分類處置金融風險，守住了不發生系統性風險的底線。

　　二是依靠創新引領產業升級，增強城鄉區域發展新動能。強化國家戰略科技力量，加快實施重大科技項目。全面部署推進新型工業化。出台穩定工業經濟運行、支持先進製造業舉措，提高重點行業企業研發費用加計扣除比例，推動重點產業鏈高質量發展，工業企業利潤由降轉升。數字經濟加快發展，5G 用戶普及率超過 50%。深入實施新型城鎮化戰略，進一步放寬放開城市落戶條件，增強縣城綜合承載能力，常住人口城鎮化率提高到66.2%。強化農業發展支持政策，有力開展抗災奪豐收，實施新一輪千億斤糧食產能提升行動，鄉村振興紮實推進。完善區域協調發展體制機制，在落實區域重大戰略方面推出一批新舉措，實

施一批重大項目，區域發展協調性、平衡性不斷增強。

三是深化改革擴大開放，持續改善營商環境。出台建設全國統一大市場總體工作方案，清理一批妨礙公平競爭的政策規定。分別推出支持國有企業、民營企業、外資企業發展政策，建立政企常態化溝通交流機制，開展清理拖欠企業賬款專項行動，加強違規收費整治。深化財稅金融、農業農村、生態環保等領域改革。推動外貿穩規模、優結構，電動汽車、鋰電池、光伏產品「新三樣」出口增長近30%。完善吸引外資政策，拓展制度型開放。紮實推進共建「一帶一路」高質量發展，與共建國家貿易投資較快增長。

四是強化生態環境保護治理，加快發展方式綠色轉型。深入推進美麗中國建設。持續打好藍天、碧水、淨土保衛戰。加快實施重要生態系統保護和修復重大工程。抓好水土流失、荒漠化綜合防治。加強生態環保督察。制定支持綠色低碳產業發展政策。推進重點行業超低排放改造。啟動首批碳達峰試點城市和園區建設。積極參與和推動全球氣候治理。

五是着力抓好民生保障，推進社會事業發展。聚焦群眾關切，辦好民生實事。高度重視穩就業，出台支持企業穩崗拓崗政策，加強高校畢業生等重點群體就業促進服務，脫貧人口務工規模超過3300萬。強化義務教育薄弱環節建設，做好「雙減」工作，國家助學貸款提標降息惠及1100多萬學生。落實新冠病毒感染「乙類乙管」措施，紮實做好流感、支原體肺炎等傳染病防治。實施職工醫保普通門診統籌。加強社區綜合服務設施建設，大力發展老年助餐服務。提高優撫標準。強化困難群眾兜底保障。有效應對海河等流域特大洪澇災害，做好甘肅積石山地震等搶險救援，加強災後恢復重建。推動文化傳承發展，旅遊市場全

面恢復。群眾體育蓬勃開展，成都大運會、杭州亞運會和亞殘運會成功舉辦，我國體育健兒勇創佳績。

六是全面加強政府建設，大力提升治理效能。堅定維護以習近平同志為核心的黨中央權威和集中統一領導，當好貫徹黨中央決策部署的執行者、行動派、實幹家。深入開展學習貫徹習近平新時代中國特色社會主義思想主題教育。堅持把政治建設擺在首位，全面提高政府履職能力。深入推進法治政府建設。提請全國人大常委會審議法律議案 10 件，制定修訂行政法規 25 部，實施提升行政執法質量三年行動。自覺依法接受監督。認真辦理人大代表建議和政協委員提案。注重調查研究，努力使政策和工作符合實際、貼近群眾。優化督查工作機制。加強黨風廉政建設和反腐敗鬥爭。嚴格落實中央八項規定精神，持續糾治「四風」，有力推進金融單位、國有企業等巡視整改工作。創新和完善城鄉基層治理。紮實做好信訪工作。狠抓安全生產和應急管理，開展重大事故隱患專項排查整治。推動完善國家安全體系。加強社會治安綜合治理，有效打擊電信網絡詐騙等違法犯罪活動，平安中國建設取得新進展。

一年來，中國特色大國外交全面推進。習近平主席等黨和國家領導人出訪多國，出席金磚國家領導人會晤、亞太經合組織領導人非正式會議、東亞合作領導人系列會議等重大多雙邊活動。成功舉辦中國—中亞峰會、第三屆「一帶一路」國際合作高峰論壇等重大主場外交活動。推動構建人類命運共同體，落實全球發展倡議、全球安全倡議、全球文明倡議，深化拓展全球夥伴關係，在解決國際和地區熱點問題中發揮積極建設性作用。中國為促進世界和平與發展作出了重要貢獻。

各位代表！

過去一年取得的成績，根本在於習近平總書記領航掌舵，在於習近平新時代中國特色社會主義思想科學指引，是以習近平同志為核心的黨中央堅強領導的結果，是全黨全軍全國各族人民團結奮鬥的結果。我代表國務院，向全國各族人民，向各民主黨派、各人民團體和各界人士，表示衷心感謝！向香港特別行政區同胞、澳門特別行政區同胞、台灣同胞和海外僑胞，表示衷心感謝！向關心和支持中國現代化建設的各國政府、國際組織和各國朋友，表示衷心感謝！

在肯定成績的同時，我們也清醒看到面臨的困難和挑戰。世界經濟增長動能不足，地區熱點問題頻發，外部環境的複雜性、嚴峻性、不確定性上升。我國經濟持續回升向好的基礎還不穩固，有效需求不足，部分行業產能過剩，社會預期偏弱，風險隱患仍然較多，國內大循環存在堵點，國際循環存在干擾。部分中小企業和個體工商戶經營困難。就業總量壓力和結構性矛盾並存，公共服務仍有不少短板。一些地方基層財力比較緊張。科技創新能力還不強。重點領域改革仍有不少硬骨頭要啃。生態環境保護治理任重道遠。安全生產的薄弱環節不容忽視。政府工作存在不足，形式主義、官僚主義現象仍較突出，一些改革發展舉措落實不到位。有的幹部缺乏擔當實幹精神，消極避責、做表面文章。一些領域腐敗問題仍然多發。我們一定直面問題和挑戰，盡心竭力做好工作，決不辜負人民期待和重托！

二、2024年經濟社會發展總體要求和政策取向

今年是中華人民共和國成立75周年，是實現「十四五」規

劃目標任務的關鍵一年。做好政府工作，要在以習近平同志為核心的黨中央堅強領導下，以習近平新時代中國特色社會主義思想為指導，全面貫徹落實黨的二十大和二十屆二中全會精神，按照中央經濟工作會議部署，堅持穩中求進工作總基調，完整、準確、全面貫徹新發展理念，加快構建新發展格局，着力推動高質量發展，全面深化改革開放，推動高水平科技自立自強，加大宏觀調控力度，統籌擴大內需和深化供給側結構性改革，統籌新型城鎮化和鄉村全面振興，統籌高質量發展和高水平安全，切實增強經濟活力、防範化解風險、改善社會預期，鞏固和增強經濟回升向好態勢，持續推動經濟實現質的有效提升和量的合理增長，增進民生福祉，保持社會穩定，以中國式現代化全面推進強國建設、民族復興偉業。

綜合分析研判，今年我國發展面臨的環境仍是戰略機遇和風險挑戰並存，有利條件強於不利因素。我國具有顯著的制度優勢、超大規模市場的需求優勢、產業體系完備的供給優勢、高素質勞動者眾多的人才優勢，科技創新能力在持續提升，新產業、新模式、新動能在加快壯大，發展內生動力在不斷積聚，經濟回升向好、長期向好的基本趨勢沒有改變也不會改變，必須增強信心和底氣。同時要堅持底線思維，做好應對各種風險挑戰的充分準備。只要我們貫徹落實好黨中央決策部署，緊緊抓住有利時機、用好有利條件，把各方面幹事創業的積極性充分調動起來，一定能戰勝困難挑戰，推動經濟持續向好、行穩致遠。

今年發展主要預期目標是：國內生產總值增長 5% 左右；城鎮新增就業 1200 萬人以上，城鎮調查失業率 5.5% 左右；居民消費價格漲幅 3% 左右；居民收入增長和經濟增長同步；國際收支保持基本平衡；糧食產量 1.3 萬億斤以上；單位國內生產總值能

耗降低 2.5% 左右，生態環境質量持續改善。

提出上述預期目標，綜合考慮了國內外形勢和各方面因素，兼顧了需要和可能。經濟增長預期目標為 5% 左右，考慮了促進就業增收、防範化解風險等需要，並與「十四五」規劃和基本實現現代化的目標相銜接，也考慮了經濟增長潛力和支撐條件，體現了積極進取、奮發有為的要求。實現今年預期目標並非易事，需要政策聚焦發力、工作加倍努力、各方面齊心協力。

我們要堅持穩中求進、以進促穩、先立後破。穩是大局和基礎，各地區各部門要多出有利於穩預期、穩增長、穩就業的政策，謹慎出台收縮性抑制性舉措，清理和廢止有悖於高質量發展的政策規定。進是方向和動力，該立的要積極主動立起來，該破的要在立的基礎上堅決破，特別是要在轉方式、調結構、提質量、增效益上積極進取。強化宏觀政策逆周期和跨周期調節，繼續實施積極的財政政策和穩健的貨幣政策，加強政策工具創新和協調配合。

積極的財政政策要適度加力、提質增效。綜合考慮發展需要和財政可持續，用好財政政策空間，優化政策工具組合。赤字率擬按 3% 安排，赤字規模 4.06 萬億元，比上年年初預算增加 1800 億元。預計今年財政收入繼續恢復增長，加上調入資金等，一般公共預算支出規模 28.5 萬億元、比上年增加 1.1 萬億元。擬安排地方政府專項債券 3.9 萬億元、比上年增加 1000 億元。為系統解決強國建設、民族復興進程中一些重大項目建設的資金問題，從今年開始擬連續幾年發行超長期特別國債，專項用於國家重大戰略實施和重點領域安全能力建設，今年先發行 1 萬億元。現在很多方面都需要增加財政投入，要大力優化支出結構，強化國家重大戰略任務和基本民生財力保障，嚴控一般性支出。中央

財政加大對地方均衡性轉移支付力度、適當向困難地區傾斜，省級政府要推動財力下沉，兜牢基層「三保」底線。落實好結構性減稅降費政策，重點支持科技創新和製造業發展。嚴肅財經紀律，加強財會監督，嚴禁搞面子工程、形象工程，堅決制止鋪張浪費。各級政府要習慣過緊日子，真正精打細算，切實把財政資金用在刀刃上、用出實效來。

穩健的貨幣政策要靈活適度、精準有效。保持流動性合理充裕，社會融資規模、貨幣供應量同經濟增長和價格水平預期目標相匹配。加強總量和結構雙重調節，盤活存量、提升效能，加大對重大戰略、重點領域和薄弱環節的支持力度。促進社會綜合融資成本穩中有降。暢通貨幣政策傳導機制，避免資金沉澱空轉。增強資本市場內在穩定性。保持人民幣匯率在合理均衡水平上的基本穩定。大力發展科技金融、綠色金融、普惠金融、養老金融、數字金融。優化融資增信、風險分擔、信息共享等配套措施，更好滿足中小微企業融資需求。

增強宏觀政策取向一致性。圍繞發展大局，加強財政、貨幣、就業、產業、區域、科技、環保等政策協調配合，把非經濟性政策納入宏觀政策取向一致性評估，強化政策統籌，確保同向發力、形成合力。各地區各部門制定政策要認真聽取和吸納各方面意見，涉企政策要注重與市場溝通、回應企業關切。實施政策要強化協同聯動、放大組合效應，防止顧此失彼、相互掣肘。研究儲備政策要增強前瞻性、豐富工具箱，並留出冗餘度，確保一旦需要就能及時推出、有效發揮作用。加強對政策執行情況的跟蹤評估，以企業和群眾滿意度為重要標尺，及時進行調整和完善。精準做好政策宣傳解讀，營造穩定透明可預期的政策環境。

完成今年發展目標任務，必須深入貫徹習近平經濟思想，集

中精力推動高質量發展。強化系統觀念，把握和處理好重大關係，從整體上深入謀劃和推進各項工作。堅持質量第一、效益優先，繼續固本培元，增強宏觀調控針對性有效性，注重從企業和群眾期盼中找準工作着眼點、政策發力點，努力實現全年增長目標。堅持高質量發展和高水平安全良性互動，在堅守安全底線的前提下，更多為發展想辦法、為企業助把力。堅持在發展中保障和改善民生，注重以發展思維看待補民生短板問題，在解決人民群眾急難愁盼中培育新的經濟增長點。從根本上說，推動高質量發展要靠改革。我們要以更大的決心和力度深化改革開放，促進有效市場和有為政府更好結合，持續激發和增強社會活力，推動高質量發展取得新的更大成效。

三、2024年政府工作任務

黨中央對今年工作作出了全面部署，我們要深入貫徹落實，緊緊抓住主要矛盾，着力突破瓶頸制約，紮實做好各項工作。

（一）大力推進現代化產業體系建設，加快發展新質生產力。充分發揮創新主導作用，以科技創新推動產業創新，加快推進新型工業化，提高全要素生產率，不斷塑造發展新動能新優勢，促進社會生產力實現新的躍升。

推動產業鏈供應鏈優化升級。保持工業經濟平穩運行。實施製造業重點產業鏈高質量發展行動，着力補齊短板、拉長長板、鍛造新板，增強產業鏈供應鏈韌性和競爭力。實施製造業技術改造升級工程，培育壯大先進製造業集群，創建國家新型工業化示範區，推動傳統產業高端化、智能化、綠色化轉型。加快發展現代生產性服務業。促進中小企業專精特新發展。弘揚工匠精神。

加強標準引領和質量支撐，打造更多有國際影響力的「中國製造」品牌。

積極培育新興產業和未來產業。實施產業創新工程，完善產業生態，拓展應用場景，促進戰略性新興產業融合集群發展。鞏固擴大智能網聯新能源汽車等產業領先優勢，加快前沿新興氫能、新材料、創新藥等產業發展，積極打造生物製造、商業航天、低空經濟等新增長引擎。制定未來產業發展規劃，開闢量子技術、生命科學等新賽道，創建一批未來產業先導區。鼓勵發展創業投資、股權投資，優化產業投資基金功能。加強重點行業統籌布局和投資引導，防止產能過剩和低水平重複建設。

深入推進數字經濟創新發展。制定支持數字經濟高質量發展政策，積極推進數字產業化、產業數字化，促進數字技術和實體經濟深度融合。深化大數據、人工智能等研發應用，開展「人工智能＋」行動，打造具有國際競爭力的數字產業集群。實施製造業數字化轉型行動，加快工業互聯網規模化應用，推進服務業數字化，建設智慧城市、數字鄉村。深入開展中小企業數字化賦能專項行動。支持平台企業在促進創新、增加就業、國際競爭中大顯身手。健全數據基礎制度，大力推動數據開發開放和流通使用。適度超前建設數字基礎設施，加快形成全國一體化算力體系，培育算力產業生態。我們要以廣泛深刻的數字變革，賦能經濟發展、豐富人民生活、提升社會治理現代化水平。

（二）深入實施科教興國戰略，強化高質量發展的基礎支撐。堅持教育強國、科技強國、人才強國建設一體統籌推進，創新鏈產業鏈資金鏈人才鏈一體部署實施，深化教育科技人才綜合改革，為現代化建設提供強大動力。

加強高質量教育體系建設。全面貫徹黨的教育方針，堅持把

高質量發展作為各級各類教育的生命線。制定實施教育強國建設規劃綱要。落實立德樹人根本任務，推進大中小學思想政治教育一體化建設。開展基礎教育擴優提質行動，加快義務教育優質均衡發展和城鄉一體化，改善農村寄宿制學校辦學條件，持續深化「雙減」，推動學前教育普惠發展，加強縣域普通高中建設。減輕中小學教師非教學負擔。辦好特殊教育、繼續教育，引導規範民辦教育發展，大力提高職業教育質量。實施高等教育綜合改革試點，優化學科專業和資源結構布局，加快建設中國特色、世界一流的大學和優勢學科，建強應用型本科高校，增強中西部地區高校辦學實力。加強學生心理健康教育。大力發展數字教育。弘揚教育家精神，建設高素質專業化教師隊伍。我們要堅持教育優先發展，加快推進教育現代化，厚植人民幸福之本，夯實國家富強之基。

加快推動高水平科技自立自強。充分發揮新型舉國體制優勢，全面提升自主創新能力。強化基礎研究系統布局，長期穩定支持一批創新基地、優勢團隊和重點方向，增強原始創新能力。瞄準國家重大戰略需求和產業發展需要，部署實施一批重大科技項目。集成國家戰略科技力量、社會創新資源，推進關鍵核心技術協同攻關，加強顛覆性技術和前沿技術研究。完善國家實驗室運行管理機制，發揮國際和區域科技創新中心輻射帶動作用。加快重大科技基礎設施體系化布局，推進共性技術平台、中試驗證平台建設。強化企業科技創新主體地位，激勵企業加大創新投入，深化產學研用結合，支持有實力的企業牽頭重大攻關任務。加強健康、養老、助殘等民生科技研發應用。加快形成支持全面創新的基礎制度，深化科技評價、科技獎勵、科研項目和經費管理制度改革，健全「揭榜挂帥」機制。加強知識產權保護，制定

促進科技成果轉化應用的政策舉措。廣泛開展科學普及。培育創新文化，弘揚科學家精神，涵養優良學風。擴大國際科技交流合作，營造具有全球競爭力的開放創新生態。

全方位培養用好人才。實施更加積極、更加開放、更加有效的人才政策。推進高水平人才高地和吸引集聚人才平台建設，促進人才區域合理布局和協調發展。加快建設國家戰略人才力量，努力培養造就更多一流科技領軍人才和創新團隊，完善拔尖創新人才發現和培養機制，建設基礎研究人才培養平台，打造卓越工程師和高技能人才隊伍，加大對青年科技人才支持力度。積極推進人才國際交流。加快建立以創新價值、能力、貢獻為導向的人才評價體系，優化工作生活保障和表彰獎勵制度。我們要在改善人才發展環境上持續用力，形成人盡其才、各展其能的良好局面。

（三）着力擴大國內需求，推動經濟實現良性循環。把實施擴大內需戰略同深化供給側結構性改革有機結合起來，更好統籌消費和投資，增強對經濟增長的拉動作用。

促進消費穩定增長。從增加收入、優化供給、減少限制性措施等方面綜合施策，激發消費潛能。培育壯大新型消費，實施數字消費、綠色消費、健康消費促進政策，積極培育智能家居、文娛旅遊、體育賽事、國貨「潮品」等新的消費增長點。穩定和擴大傳統消費，鼓勵和推動消費品以舊換新，提振智能網聯新能源汽車、電子產品等大宗消費。推動養老、育幼、家政等服務擴容提質，支持社會力量提供社區服務。優化消費環境，開展「消費促進年」活動，實施「放心消費行動」，加強消費者權益保護，落實帶薪休假制度。實施標準提升行動，加快構建適應高質量發展要求的標準體系，推動商品和服務質量不斷提高，更好滿足人民群眾改善生活需要。

積極擴大有效投資。發揮好政府投資的帶動放大效應，重點支持科技創新、新型基礎設施、節能減排降碳，加強民生等經濟社會薄弱領域補短板，推進防洪排澇抗災基礎設施建設，推動各類生產設備、服務設備更新和技術改造，加快實施「十四五」規劃重大工程項目。今年中央預算內投資擬安排7000億元。合理擴大地方政府專項債券投向領域和用作資本金範圍，額度分配向項目準備充分、投資效率較高的地區傾斜。統籌用好各類資金，防止低效無效投資。深化投資審批制度改革。着力穩定和擴大民間投資，落實和完善支持政策，實施政府和社會資本合作新機制，鼓勵民間資本參與重大項目建設。進一步拆除各種藩籬，在更多領域讓民間投資進得來、能發展、有作為。

（四）堅定不移深化改革，增強發展內生動力。推進重點領域和關鍵環節改革攻堅，充分發揮市場在資源配置中的決定性作用，更好發揮政府作用，營造市場化、法治化、國際化一流營商環境，推動構建高水平社會主義市場經濟體制。

激發各類經營主體活力。國有企業、民營企業、外資企業都是現代化建設的重要力量。要不斷完善落實「兩個毫不動搖」的體制機制，為各類所有制企業創造公平競爭、競相發展的良好環境。完善中國特色現代企業制度，打造更多世界一流企業。深入實施國有企業改革深化提升行動，做強做優主業，增強核心功能、提高核心競爭力。建立國有經濟布局優化和結構調整指引制度。全面落實促進民營經濟發展壯大的意見及配套舉措，進一步解決市場准入、要素獲取、公平執法、權益保護等方面存在的突出問題。提高民營企業貸款佔比、擴大發債融資規模，加強對個體工商戶分類幫扶支持。實施降低物流成本行動，健全防範化解拖欠企業賬款長效機制，堅決查處亂收費、亂罰款、亂攤派。弘

揚優秀企業家精神，積極支持企業家專注創新發展、敢幹敢闖敢投、踏踏實實把企業辦好。

加快全國統一大市場建設。制定全國統一大市場建設標準指引。着力推動產權保護、市場准入、公平競爭、社會信用等方面制度規則統一。深化要素市場化配置綜合改革試點。出台公平競爭審查行政法規，完善重點領域、新興領域、涉外領域監管規則。專項治理地方保護、市場分割、招商引資不當競爭等突出問題，加強對招投標市場的規範和管理。堅持依法監管，嚴格落實監管責任，提升監管精準性和有效性，堅決維護公平競爭的市場秩序。

推進財稅金融等領域改革。建設高水平社會主義市場經濟體制改革先行區。謀劃新一輪財稅體制改革，落實金融體制改革部署，加大對高質量發展的財稅金融支持。深化電力、油氣、鐵路和綜合運輸體系等改革，健全自然壟斷環節監管體制機制。深化收入分配、社會保障、醫藥衛生、養老服務等社會民生領域改革。

（五）擴大高水平對外開放，促進互利共贏。主動對接高標準國際經貿規則，穩步擴大制度型開放，增強國內國際兩個市場兩種資源聯動效應，鞏固外貿外資基本盤，培育國際經濟合作和競爭新優勢。

推動外貿質升量穩。加強進出口信貸和出口信保支持，優化跨境結算、匯率風險管理等服務，支持企業開拓多元化市場。促進跨境電商等新業態健康發展，優化海外倉布局，支持加工貿易提檔升級，拓展中間品貿易、綠色貿易等新增長點。積極擴大優質產品進口。完善邊境貿易支持政策。全面實施跨境服務貿易負面清單。出台服務貿易、數字貿易創新發展政策。加快內外貿一體化發展。辦好進博會、廣交會、服貿會、數貿會、消博會等重

大展會。加快國際物流體系建設，打造智慧海關，助力外貿企業降本提效。

加大吸引外資力度。繼續縮減外資准入負面清單，全面取消製造業領域外資准入限制措施，放寬電信、醫療等服務業市場准入。擴大鼓勵外商投資產業目錄，鼓勵外資企業境內再投資。落實好外資企業國民待遇，保障依法平等參與政府採購、招標投標、標準制定，推動解決數據跨境流動等問題。加強外商投資服務保障，打造「投資中國」品牌。提升外籍人員來華工作、學習、旅遊便利度，優化支付服務。深入實施自貿試驗區提升戰略，賦予自貿試驗區、海南自由貿易港等更多自主權，推動開發區改革創新，打造對外開放新高地。

推動高質量共建「一帶一路」走深走實。抓好支持高質量共建「一帶一路」八項行動的落實落地。穩步推進重大項目合作，實施一批「小而美」民生項目，積極推動數字、綠色、創新、健康、文旅、減貧等領域合作。加快建設西部陸海新通道。

深化多雙邊和區域經濟合作。推動落實已生效自貿協定，與更多國家和地區商簽高標準自貿協定和投資協定。推進中國—東盟自貿區 3.0 版談判，推動加入《數字經濟夥伴關係協定》、《全面與進步跨太平洋夥伴關係協定》。全面深入參與世貿組織改革，推動建設開放型世界經濟，讓更多合作共贏成果惠及各國人民。

（六）更好統籌發展和安全，有效防範化解重點領域風險。堅持以高質量發展促進高水平安全，以高水平安全保障高質量發展，標本兼治化解房地產、地方債務、中小金融機構等風險，維護經濟金融大局穩定。

穩妥有序處置風險隱患。完善重大風險處置統籌協調機制，壓實企業主體責任、部門監管責任、地方屬地責任，提升處置效

能，牢牢守住不發生系統性風險的底線。優化房地產政策，對不同所有制房地產企業合理融資需求要一視同仁給予支持，促進房地產市場平穩健康發展。統籌好地方債務風險化解和穩定發展，進一步落實一攬子化債方案，妥善化解存量債務風險、嚴防新增債務風險。穩妥推進一些地方的中小金融機構風險處置。嚴厲打擊非法金融活動。

健全風險防控長效機制。適應新型城鎮化發展趨勢和房地產市場供求關係變化，加快構建房地產發展新模式。加大保障性住房建設和供給，完善商品房相關基礎性制度，滿足居民剛性住房需求和多樣化改善性住房需求。建立同高質量發展相適應的政府債務管理機制，完善全口徑地方債務監測監管體系，分類推進地方融資平台轉型。健全金融監管體制，提高金融風險防控能力。

加強重點領域安全能力建設。完善糧食生產收儲加工體系，全方位夯實糧食安全根基。推進國家水網建設。強化能源資源安全保障，加大油氣、戰略性礦產資源勘探開發力度。加快構建大國儲備體系，加強重點儲備設施建設。提高網絡、數據等安全保障能力。有效維護產業鏈供應鏈安全穩定，支撐國民經濟循環暢通。

（七）堅持不懈抓好「三農」工作，紮實推進鄉村全面振興。錨定建設農業強國目標，學習運用「千村示範、萬村整治」工程經驗，因地制宜、分類施策，循序漸進、久久為功，推動鄉村全面振興不斷取得實質性進展、階段性成果。

加強糧食和重要農產品穩產保供。穩定糧食播種面積，鞏固大豆擴種成果，推動大面積提高單產。適當提高小麥最低收購價，在全國實施三大主糧生產成本和收入保險政策，健全種糧農民收益保障機制。加大產糧大縣支持力度，完善主產區利益補償

機制。擴大油料生産，穩定畜牧業、漁業生産能力，發展現代設施農業。支持節水農業、旱作農業發展。加強病蟲害和動物疫病防控。加大種業振興、農業關鍵核心技術攻關力度，實施農機裝備補短板行動。嚴守耕地紅線，完善耕地佔補平衡制度，加強黑土地保護和鹽碱地綜合治理，提高高標準農田建設投資補助水平。各地區都要扛起保障國家糧食安全責任。我們這樣一個人口大國，必須踐行好大農業觀、大食物觀，始終把飯碗牢牢端在自己手上。

毫不放鬆鞏固拓展脫貧攻堅成果。加強防止返貧監測和幫扶工作，確保不發生規模性返貧。支持脫貧地區發展特色優勢產業，推進防止返貧就業攻堅行動，強化易地搬遷後續幫扶。深化東西部協作和定點幫扶。加大對國家鄉村振興重點幫扶縣支持力度，建立健全農村低收入人口和欠發達地區常態化幫扶機制，讓脫貧成果更加穩固、成效更可持續。

穩步推進農村改革發展。深化農村土地制度改革，啟動第二輪土地承包到期後再延長 30 年整省試點。深化集體產權、集體林權、農墾、供銷社等改革，促進新型農村集體經濟發展。着眼促進農民增收，壯大鄉村富民產業，發展新型農業經營主體和社會化服務，培養用好鄉村人才。繁榮發展鄉村文化，持續推進農村移風易俗。深入實施鄉村建設行動，大力改善農村水電路氣信等基礎設施和公共服務，加強充電樁、冷鏈物流、寄遞配送設施建設，加大農房抗震改造力度，持續改善農村人居環境，建設宜居宜業和美鄉村。

（八）推動城鄉融合和區域協調發展，大力優化經濟布局。深入實施區域協調發展戰略、區域重大戰略、主體功能區戰略，把推進新型城鎮化和鄉村全面振興有機結合起來，加快構建優勢

互補、高質量發展的區域經濟格局。

積極推進新型城鎮化。我國城鎮化還有很大發展提升空間。要深入實施新型城鎮化戰略行動，促進各類要素雙向流動，形成城鄉融合發展新格局。把加快農業轉移人口市民化擺在突出位置，深化戶籍制度改革，完善「人地錢」挂鈎政策，讓有意願的進城農民工在城鎮落戶，推動未落戶常住人口平等享受城鎮基本公共服務。培育發展縣域經濟，補齊基礎設施和公共服務短板，使縣城成為新型城鎮化的重要載體。注重以城市群、都市圈為依托，促進大中小城市協調發展。推動成渝地區雙城經濟圈建設。穩步實施城市更新行動，推進「平急兩用」公共基礎設施建設和城中村改造，加快完善地下管網，推動解決老舊小區加裝電梯、停車等難題，加強無障礙環境、適老化設施建設，打造宜居、智慧、韌性城市。新型城鎮化要處處體現以人為本，提高精細化管理和服務水平，讓人民群眾享有更高品質的生活。

提高區域協調發展水平。充分發揮各地區比較優勢，按照主體功能定位，積極融入和服務構建新發展格局。深入實施西部大開發、東北全面振興、中部地區加快崛起、東部地區加快推進現代化等戰略，提升東北和中西部地區承接產業轉移能力。支持京津冀、長三角、粵港澳大灣區等經濟發展優勢地區更好發揮高質量發展動力源作用。抓好標志性項目在雄安新區落地建設。持續推進長江經濟帶高質量發展，推動黃河流域生態保護和高質量發展。支持革命老區、民族地區加快發展，加強邊疆地區建設，統籌推進興邊富民行動。優化重大生產力布局，加強國家戰略腹地建設。制定主體功能區優化實施規劃，完善配套政策。大力發展海洋經濟，建設海洋強國。

（九）加強生態文明建設，推進綠色低碳發展。深入踐行綠

水青山就是金山銀山的理念，協同推進降碳、減污、擴綠、增長，建設人與自然和諧共生的美麗中國。

推動生態環境綜合治理。深入實施空氣質量持續改善行動計劃，統籌水資源、水環境、水生態治理，加強土壤污染源頭防控，強化固體廢物、新污染物、塑料污染治理。堅持山水林田湖草沙一體化保護和系統治理，加強生態環境分區管控。組織打好「三北」工程三大標志性戰役，推進以國家公園為主體的自然保護地建設。加強重要江河湖庫生態保護治理。持續推進長江十年禁漁。實施生物多樣性保護重大工程。完善生態產品價值實現機制，健全生態保護補償制度，充分調動各方面保護和改善生態環境的積極性。

大力發展綠色低碳經濟。推進產業結構、能源結構、交通運輸結構、城鄉建設發展綠色轉型。落實全面節約戰略，加快重點領域節能節水改造。完善支持綠色發展的財稅、金融、投資、價格政策和相關市場化機制，推動廢棄物循環利用產業發展，促進節能降碳先進技術研發應用，加快形成綠色低碳供應鏈。建設美麗中國先行區，打造綠色低碳發展高地。

積極穩妥推進碳達峰碳中和。紮實開展「碳達峰十大行動」。提升碳排放統計核算核查能力，建立碳足跡管理體系，擴大全國碳市場行業覆蓋範圍。深入推進能源革命，控制化石能源消費，加快建設新型能源體系。加強大型風電光伏基地和外送通道建設，推動分布式能源開發利用，提高電網對清潔能源的接納、配置和調控能力，發展新型儲能，促進綠電使用和國際互認，發揮煤炭、煤電兜底作用，確保經濟社會發展用能需求。

（十）切實保障和改善民生，加強和創新社會治理。堅持以人民為中心的發展思想，履行好保基本、兜底線職責，採取更多

惠民生、暖民心舉措，紮實推進共同富裕，促進社會和諧穩定，不斷增強人民群眾的獲得感、幸福感、安全感。

多措並舉穩就業促增收。就業是最基本的民生。要突出就業優先導向，加強財稅、金融等政策對穩就業的支持，加大促就業專項政策力度。落實和完善穩崗返還、專項貸款、就業和社保補貼等政策，加強對就業容量大的行業企業支持。預計今年高校畢業生超過1170萬人，要強化促進青年就業政策舉措，優化就業創業指導服務。紮實做好退役軍人就業安置工作，積極促進農民工就業，加強對殘疾人等就業困難人員幫扶。分類完善靈活就業服務保障措施，擴大新就業形態就業人員職業傷害保障試點。堅決糾正性別、年齡、學歷等就業歧視，保障農民工工資支付，完善勞動關係協商協調機制，維護勞動者合法權益。適應先進製造、現代服務、養老照護等領域人才需求，加強職業技能培訓。多渠道增加城鄉居民收入，擴大中等收入群體規模，努力促進低收入群體增收。

提高醫療衛生服務能力。繼續做好重點傳染病防控。居民醫保人均財政補助標準提高30元。促進醫保、醫療、醫藥協同發展和治理。推動基本醫療保險省級統籌，完善國家藥品集中採購制度，強化醫保基金使用常態化監管，落實和完善異地就醫結算。深化公立醫院改革，以患者為中心改善醫療服務，推動檢查檢驗結果互認。着眼推進分級診療，引導優質醫療資源下沉基層，加強縣鄉村醫療服務協同聯動，擴大基層醫療衛生機構慢性病、常見病用藥種類。加強罕見病研究、診療服務和用藥保障。加快補齊兒科、老年醫學、精神衛生、醫療護理等服務短板，加強全科醫生培養培訓。促進中醫藥傳承創新，加強中醫優勢專科

建設。完善疾病預防控制體系。深入開展健康中國行動和愛國衛生運動，築牢人民群眾健康防線。

加強社會保障和服務。實施積極應對人口老齡化國家戰略。城鄉居民基礎養老金月最低標準提高 20 元，繼續提高退休人員基本養老金，完善養老保險全國統籌。在全國實施個人養老金制度，積極發展第三支柱養老保險。做好退役軍人、軍屬和其他優撫對象服務保障。加強城鄉社區養老服務網絡建設，加大農村養老服務補短板力度。加強老年用品和服務供給，大力發展銀髮經濟。推進建立長期護理保險制度。健全生育支持政策，優化生育假期制度，完善經營主體用工成本合理共擔機制，多渠道增加托育服務供給，減輕家庭生育、養育、教育負擔。做好留守兒童和困境兒童關愛救助。加強殘疾預防和康復服務，完善重度殘疾人托養照護政策。健全分層分類的社會救助體系，統籌防止返貧和低收入人口幫扶政策，把民生兜底保障安全網織密紮牢。

豐富人民群眾精神文化生活。深入學習貫徹習近平文化思想。廣泛踐行社會主義核心價值觀。發展哲學社會科學、新聞出版、廣播影視、文學藝術和檔案等事業。制定推動文化傳承發展的政策舉措。深入推進國家文化數字化戰略。深化全民閱讀活動。完善網絡綜合治理，培育積極健康、向上向善的網絡文化。創新實施文化惠民工程，提高公共文化場館免費開放服務水平。大力發展文化產業。開展第四次全國文物普查，加強文物系統性保護和合理利用。推進非物質文化遺產保護傳承。深化中外人文交流，提高國際傳播能力。加大體育改革力度。做好 2024 年奧運會、殘奧會備戰參賽工作。建好用好群眾身邊的體育設施，推動全民健身活動廣泛開展。

維護國家安全和社會穩定。貫徹總體國家安全觀，加強國家安全體系和能力建設。提高公共安全治理水平，推動治理模式向事前預防轉型。着力夯實安全生產和防災減災救災基層基礎，增強風險防範、應急處置和支撐保障能力。紮實開展安全生產治本攻堅三年行動，加強重點行業領域風險隱患排查整治，壓實各方責任，堅決遏制重特大事故發生。做好洪澇、乾旱、台風、森林草原火災、地質災害、地震等防範應對，加強氣象服務。嚴格食品、藥品、特種設備等安全監管。完善社會治理體系。強化城鄉社區服務功能。引導支持社會組織、人道救助、志願服務、公益慈善等健康發展。保障婦女、兒童、老年人、殘疾人合法權益。堅持和發展新時代「楓橋經驗」，推進矛盾糾紛預防化解，推動信訪工作法治化。加強公共法律服務。強化社會治安整體防控，推進掃黑除惡常態化，依法打擊各類違法犯罪活動，建設更高水平的平安中國。

各位代表！

新征程新使命，對政府工作提出了新的更高要求。各級政府及其工作人員要深刻領悟「兩個確立」的決定性意義，增強「四個意識」、堅定「四個自信」、做到「兩個維護」，自覺在思想上政治上行動上同以習近平同志為核心的黨中央保持高度一致，不斷提高政治判斷力、政治領悟力、政治執行力，把黨的領導貫穿政府工作各方面全過程。要把堅持高質量發展作為新時代的硬道理，把為民造福作為最重要的政績，努力建設人民滿意的法治政府、創新政府、廉潔政府和服務型政府，全面履行好政府職責。

深入推進依法行政。嚴格遵守憲法法律。自覺接受同級人大

及其常委會的監督，自覺接受人民政協的民主監督，自覺接受社會和輿論監督。加強審計監督。堅持科學、民主、依法決策，制定政策要遵循規律、廣聚共識、於法有據。完善政務公開制度。全面推進嚴格規範公正文明執法。支持工會、共青團、婦聯等群團組織更好發揮作用。發揚自我革命精神，持之以恒正風肅紀反腐，縱深推進黨風廉政建設和反腐敗鬥爭。政府工作人員要遵守法紀、廉潔修身、勤勉盡責，乾乾淨淨為人民做事。

全面提高行政效能。圍繞貫徹好、落實好黨中央決策部署，堅持優化協同高效，深入推進政府職能轉變，不斷提高執行力和公信力。堅持正確的思想方法和工作方法，勇於打破思維定勢和路徑依賴，積極謀劃用好牽引性、撬動性強的工作抓手，在抓落實上切實做到不折不扣、雷厲風行、求真務實、敢作善為，確保最終效果符合黨中央決策意圖，順應人民群眾期待。鞏固拓展主題教育成果，大興調查研究，落實「四下基層」制度。加快數字政府建設。以推進「高效辦成一件事」為牽引，提高政務服務水平。堅決糾治形式主義、官僚主義，進一步精簡文件和會議，完善督查檢查考核，持續為基層和企業減負。落實「三個區分開來」，完善幹部擔當作為激勵和保護機制。廣大幹部要增強「時時放心不下」的責任感，並切實轉化為「事事心中有底」的行動力，提振幹事創業的精氣神，真抓實幹、埋頭苦幹、善作善成，努力創造無愧於時代和人民的新業績。

各位代表！

我們要以鑄牢中華民族共同體意識為主線，堅持和完善民族區域自治制度，促進各民族廣泛交往交流交融，推動民族地區加快現代化建設步伐。堅持黨的宗教工作基本方針，深入推進我國

宗教中國化，積極引導宗教與社會主義社會相適應。加強和改進僑務工作，維護海外僑胞和歸僑僑眷合法權益，匯聚起海內外中華兒女共同致力民族復興的磅礡力量。

過去一年，國防和軍隊建設取得新的成績和進步，人民軍隊出色完成擔負的使命任務。新的一年，要深入貫徹習近平強軍思想，貫徹新時代軍事戰略方針，堅持黨對人民軍隊的絕對領導，全面深入貫徹軍委主席負責制，打好實現建軍一百年奮鬥目標攻堅戰。全面加強練兵備戰，統籌推進軍事鬥爭準備，抓好實戰化軍事訓練，堅定捍衛國家主權、安全、發展利益。構建現代軍事治理體系，抓好軍隊建設「十四五」規劃執行，加快實施國防發展重大工程。鞏固提高一體化國家戰略體系和能力，優化國防科技工業體系和布局，加強國防教育、國防動員和後備力量建設。各級政府要大力支持國防和軍隊建設，深入開展「雙擁」工作，鞏固發展軍政軍民團結。

我們要繼續全面準確、堅定不移貫徹「一國兩制」、「港人治港」、「澳人治澳」、高度自治的方針，堅持依法治港治澳，落實「愛國者治港」、「愛國者治澳」原則。支持香港、澳門發展經濟、改善民生，發揮自身優勢和特點，積極參與粵港澳大灣區建設，更好融入國家發展大局，保持香港、澳門長期繁榮穩定。

我們要堅持貫徹新時代黨解決台灣問題的總體方略，堅持一個中國原則和「九二共識」，堅決反對「台獨」分裂和外來干涉，推動兩岸關係和平發展，堅定不移推進祖國統一大業，維護中華民族根本利益。深化兩岸融合發展，增進兩岸同胞福祉，同心共創民族復興偉業。

我們要堅持獨立自主的和平外交政策，堅持走和平發展道

路，堅定奉行互利共贏的開放戰略，倡導平等有序的世界多極化和普惠包容的經濟全球化，推動構建新型國際關係，反對霸權霸道霸凌行徑，維護國際公平正義。中國願同國際社會一道，落實全球發展倡議、全球安全倡議、全球文明倡議，弘揚全人類共同價值，推動全球治理體系變革，推動構建人類命運共同體。

各位代表！

使命重在擔當，奮鬥創造未來。我們要更加緊密地團結在以習近平同志為核心的黨中央周圍，高舉中國特色社會主義偉大旗幟，以習近平新時代中國特色社會主義思想為指導，堅定信心、開拓進取，努力完成全年經濟社會發展目標任務，為以中國式現代化全面推進強國建設、民族復興偉業不懈奮鬥！

着力推動高質量發展
鞏固和增強經濟回升向好態勢
（代　序）

黃　守　宏

今年全國兩會已勝利閉幕。習近平總書記在會議期間發表一系列重要講話，思想深邃、內涵豐富，具有重大指導意義。在去年底召開的中央經濟工作會議上，習近平總書記發表重要講話，全面分析了國內外經濟形勢，提出了今年經濟發展的總體要求、主要目標、政策取向和重點任務。李強總理所作的《政府工作報告》（以下簡稱《報告》），以習近平新時代中國特色社會主義思想為指導，深入貫徹黨的二十大和二十屆二中全會精神、中央經濟工作會議精神，總結了過去一年政府工作，對今年重點工作作出了具體安排。這裏，淺談一些個人的學習體會。

一、深刻認識 2023 年我國發展來之不易的
成就，倍加珍惜積累的寶貴經驗

過去一年，是全面貫徹黨的二十大精神的開局之年，是本屆政府依法履職的第一年。面對異常複雜的國際環境和艱巨繁重的改革

發展穩定任務，以習近平同志為核心的黨中央團結帶領全國各族人民，頂住外部壓力、克服內部困難，付出艱辛努力，新冠疫情防控實現平穩轉段、取得重大決定性勝利，全年經濟社會發展主要目標任務圓滿完成，高質量發展紮實推進，社會大局保持穩定，全面建設社會主義現代化國家邁出堅實步伐。

去年我國發展取得新的重大成就，讓人倍感振奮、備受鼓舞。國內生產總值超過 126 萬億元，增長 5.2%。經濟增量超過 6 萬億元，相當於一個中等國家一年的經濟總量。就業形勢總體改善，城鎮新增就業 1244 萬人，全年城鎮調查失業率平均為 5.2%，比上年下降 0.4 個百分點。物價總體保持溫和上漲，居民消費價格上漲 0.2%，扣除食品和能源價格的核心居民消費價格指數上漲 0.7%。居民收入繼續增加，全年全國居民人均可支配收入超過 3.9 萬元，扣除價格因素實際增長 6.1%，快於經濟增速。國際收支基本平衡，年末外匯儲備超過 3.2 萬億美元。經濟總體回升向好的同時，我國現代化產業體系建設取得重要進展，科技創新實現新的突破，改革開放向縱深推進，安全發展基礎鞏固夯實，生態環境質量穩中改善，民生保障有力有效。這些可圈可點的成績，昭示着我國發展必將長風破浪、未來可期！

「道有夷險，履之者知。」過去一年，多重困難挑戰交織疊加，工作的複雜性艱巨性多年少有，取得的成績來之不易。《報告》對此作了簡練而深刻的闡述。

《報告》從六個方面總結回顧了過去一年所做的主要工作。

一是加大宏觀調控力度，推動經濟運行持續好轉。針對嚴峻挑戰和疫後經濟恢復特點，突出固本培元，更多在推動高質量發展上用力，沒有搞「大水漫灌」和短期強刺激，而是保持耐心和定力，支持疫情中受到損傷的經營主體休養生息、恢復元氣。這樣做，既有利於當前，也有利於今後的發展。發揮組合效應，圍繞擴大內需、優化結構、提振信心、防範化解風險，延續優化一批階段性政策，及

時推出一批新政策，打出有力有效的政策組合拳。加強財政、貨幣、就業、產業等政策協調配合，形成共促高質量發展的合力。注重精準施策，把握宏觀調控時、度、效，加大逆周期調節。加力提效實施財政政策，強化重點領域支出保障，包括增發 1 萬億元國債支持災後恢復重建、提升防災減災救災能力等。精準有力實施貨幣政策，兩次降低存款準備金率、兩次下調政策利率，引導金融「活水」流向科技創新、先進製造、普惠小微、綠色發展等領域。聚焦總需求不足這個突出矛盾，堅定實施擴大內需戰略，內需對經濟增長的貢獻率達到 111.4%。堅持底線思維，積極穩妥處置房地產、地方債務等風險隱患，守住了不發生系統性風險的底線。

二是依靠創新引領產業升級，增強城鄉區域發展新動能。推動國家創新體系整體效能持續提升，全社會研發經費投入增長 8.1%，與國內生產總值之比達到 2.64%。關鍵核心技術攻關成果豐碩，航空發動機、燃氣輪機、第四代核電機組等高端裝備研製取得長足進展，人工智能、量子技術等前沿領域創新成果不斷湧現。全面部署推進新型工業化，傳統產業加快轉型升級，戰略性新興產業蓬勃發展，未來產業有序布局，先進製造業和現代服務業深度融合，一批重大產業創新成果達到國際先進水平。國產大飛機 C919 投入商業運營，國產大型郵輪成功建造，新能源汽車產銷量佔全球比重超過 60%。出台穩定工業經濟運行、支持先進製造業舉措，規模以上工業增加值增長 4.6%，增速比上年提高 1 個百分點。深入推進新型城鎮化，常住人口城鎮化率提高到 66.2%。實施新一輪千億斤糧食產能提升行動，糧食產量 1.39 萬億斤，再創歷史新高。完善區域協調發展體制機制，區域發展協調性、平衡性不斷增強。

三是深化改革擴大開放，持續改善營商環境。新一輪機構改革中央層面基本完成，地方層面有序展開。加快建設全國統一大市場，清理一批妨礙公平競爭的政策規定，開展工程建設招投標等重點領

域專項整治。實施國有企業改革深化提升行動，推動國有經濟布局優化和結構調整。出台促進民營經濟發展壯大的意見，在投資促進、金融支持、市場監管、便民辦稅等方面協同加大支持力度。推動外貿穩規模、優結構，出口佔國際市場份額保持穩定，電動汽車、鋰電池、光伏產品「新三樣」出口額增長近 30%。完善吸引外資政策，新設外商投資企業增長 39.7%，實際使用外資金額 1.1 萬億元。在上海等自由貿易試驗區對接高標準國際經貿規則推進制度型開放，設立新疆自由貿易試驗區，高標準自貿區建設穩步推進。成功舉辦第三屆「一帶一路」國際合作高峰論壇，形成 458 項合作成果。

四是強化生態環境保護治理，加快發展方式綠色轉型。持續打好藍天、碧水、淨土保衛戰，全國地級及以上城市細顆粒物（PM2.5）平均濃度為 30 微克 / 立方米，優於「十四五」規劃設定的年度目標；地表水水質優良斷面比例達到 89.4%，上升 1.5 個百分點。加快實施重要生態系統保護和修復重大工程，完成造林、種草改良 1.25 億畝，完成水土流失治理面積 6.3 萬平方公里、全國水土保持率達到 72.5%。能源結構持續調整，可再生能源發電裝機規模歷史性超過火電，全年發電量近 3 萬億千瓦時。

五是着力抓好民生保障，推進社會事業發展。出台支持企業穩崗拓崗政策，加強高校畢業生等重點群體就業促進服務。加大義務教育、基本養老、基本醫療等財政補助力度，擴大救助保障對象範圍，年末全國基本養老、失業、工傷保險參保人數分別達到 10.66 億人、2.44 億人和 3.02 億人。提高「一老一小」個人所得稅專項附加扣除標準，6600 多萬納稅人受益。新開工改造城鎮老舊小區 5.37 萬個、開工建設和籌集保障性租賃住房 213 萬套（間），共惠及上千萬家庭。有效應對海河等流域特大洪澇災害，做好甘肅積石山地震等搶險救援，紮實推進災後恢復重建。推動旅遊市場全面恢復，國內出遊人次、居民出遊花費分別增長 93.3% 和 140.3%。成都大運會、杭

州亞運會和亞殘運會成功舉辦，我國體育健兒勇創佳績。

六是全面加強政府建設，大力提升治理效能。堅定維護以習近平同志為核心的黨中央權威和集中統一領導，當好貫徹黨中央決策部署的執行者、行動派、實幹家。深入開展學習貫徹習近平新時代中國特色社會主義思想主題教育。堅持把政治建設擺在首位，全面提高政府履職能力。加強黨風廉政建設和反腐敗鬥爭，嚴格落實中央八項規定精神。創新和完善城鄉基層治理。加強社會治安綜合治理，有效打擊電信網絡詐騙等違法犯罪活動，平安中國建設取得新進展。

過去一年我國發展取得的成績，根本在於習近平總書記領航掌舵，在於習近平新時代中國特色社會主義思想科學指引，是以習近平同志為核心的黨中央堅強領導的結果，是全黨全軍全國各族人民團結奮鬥的結果。在應對風險挑戰的實踐中，我們進一步深化了新時代做好經濟工作的規律性認識，積累了克服重大困難的寶貴經驗，中央經濟工作會議對此作了概括。這些規律性認識，進一步豐富和發展了習近平經濟思想，是我們做好各項工作的重要認識論和方法論，今後要全面貫徹到推動高質量發展的實踐中。

在肯定成績的同時，《報告》也客觀指出了經濟社會發展面臨的困難和挑戰。從國際看，世界經濟增長動能不足，地區熱點問題頻發，大宗商品價格走勢存在不確定性，經濟逆全球化、產業鏈供應鏈區域化碎片化更趨明顯，外部環境的複雜性、嚴峻性、不確定性上升。從國內看，經濟持續回升向好的基礎還不穩固。有效需求不足、社會預期偏弱，居民和企業的投資意願不夠強；部分行業產能過剩，新興領域存在重複建設和「內卷式」競爭；一些地方基層財力比較緊張；部分中小企業和個體工商戶經營困難；就業總量壓力和結構性矛盾並存；防範化解風險隱患、暢通國內大循環、增強科技創新能力、推進重點領域改革、生態環境保護治理等還要持續努力。

政府工作自身也存在多方面不足。《報告》強調，我們一定直面問題和挑戰，盡心竭力做好工作，決不辜負人民期待和重托！

二、準確把握 2024 年經濟社會發展總體要求和政策取向，努力營造良好發展環境

今年是中華人民共和國成立 75 周年，是實現「十四五」規劃目標任務的關鍵一年。做好政府工作，要在以習近平同志為核心的黨中央堅強領導下，以習近平新時代中國特色社會主義思想為指導，全面貫徹落實黨的二十大和二十屆二中全會精神，按照中央經濟工作會議部署，堅持穩中求進工作總基調，完整、準確、全面貫徹新發展理念，加快構建新發展格局，着力推動高質量發展，全面深化改革開放，推動高水平科技自立自強，加大宏觀調控力度，統籌擴大內需和深化供給側結構性改革，統籌新型城鎮化和鄉村全面振興，統籌高質量發展和高水平安全，切實增強經濟活力、防範化解風險、改善社會預期，鞏固和增強經濟回升向好態勢，持續推動經濟實現質的有效提升和量的合理增長，增進民生福祉，保持社會穩定，以中國式現代化全面推進強國建設、民族復興偉業。

準確研判國內外形勢，是正確制定發展目標和宏觀政策取向、明確重點工作任務的基礎。《報告》指出，「綜合分析研判，今年我國發展面臨的環境仍是戰略機遇和風險挑戰並存，有利條件強於不利因素」。這是堅持運用習近平新時代中國特色社會主義思想的世界觀和方法論，深入分析我國發展面臨的主要矛盾和矛盾的主要方面，統籌考慮國內外形勢中的「不變」因素與「變化」因素、階段性因素與趨勢性因素、確定性因素與不確定性因素、積極因素與消極因素等，作出的科學判斷。當今世界變亂交織，世界百年變局全方位、深層次加速演進。但和平和發展仍然是時代主題，新一輪科技

革命和產業變革加速發展，綠色發展推動生產消費加速轉型，世界經濟復甦趨勢繼續延續。今年我國經濟發展確實面臨不少困難和挑戰，必須正視並採取有力有效的措施加以解決。但也要看到，這些困難和挑戰是近幾年一直存在的，經過去年努力，總體上是在緩解的、趨勢是向好的，至少不是惡化的。長期以來支撐我國經濟持續發展的基本動因、顯著優勢繼續保持而且不少方面在不斷增強，發展新動能在加快壯大。總體來看，今年我國發展的有利條件在增多，經濟回升向好、長期向好的基本趨勢沒有改變也不會改變。《報告》強調，只要我們貫徹落實好黨中央決策部署，緊緊抓住有利時機、用好有利條件，把各方面幹事創業的積極性充分調動起來，一定能戰勝困難挑戰，推動經濟持續向好、行穩致遠。

按照黨中央決策部署，綜合考慮國內外形勢和各方面因素，兼顧需要和可能，《報告》提出了今年經濟社會發展的主要預期目標和政策取向。

今年發展主要預期目標是：國內生產總值增長 5% 左右；城鎮新增就業 1200 萬人以上，城鎮調查失業率 5.5% 左右；居民消費價格漲幅 3% 左右；居民收入增長和經濟增長同步；國際收支保持基本平衡；糧食產量 1.3 萬億斤以上；單位國內生產總值能耗降低 2.5% 左右，生態環境質量持續改善。

今年的發展主要預期目標與去年相比，總體上保持了穩定，同時根據國內外形勢變化和推動高質量發展需要，對就業、居民收入、能耗等指標提出了新的要求。國內生產總值增速、物價等指標雖然與去年一致，但也有新的內涵和要求。這些指標相互關聯，是一個有機的整體。

（一）**關於經濟增速目標**。經濟增速預期目標作為基礎性、綜合性指標，各方面歷來都比較關注。今年經濟增長預期目標定為 5% 左右，統籌考慮了當前和長遠需要。一是考慮促進就業增收、防範化

解風險等需要。沒有一定的經濟增長，就業增收、結構優化、防範化解風險就缺乏支撐。根據當前就業與經濟增長的關聯性，實現今年的就業目標，經濟增速需要保持 5% 左右。二是考慮基本實現現代化的需要。到 2035 年基本實現現代化、達到中等發達國家水平，只有 12 年時間了，發展的任務很重，未來一個時期經濟增速需要保持在 5% 左右。三是考慮穩定預期、提振信心、凝聚力量的需要。市場經濟條件下，社會預期具有自我強化、自我實現的特點和內在機制。經濟增長目標具有很強的預期引導作用，如果定得過高難以實現不行，如果定得偏低也會導致社會預期走弱。將今年增長預期目標設定為 5% 左右，保持了年度預期目標連續性穩定性，與社會各方面的期盼相吻合，是較為合適的。同時，制定這一目標也充分考慮了可能性，包括去年以來的經濟增長態勢、潛在經濟增速和支撐條件等。去年在多重困難挑戰交織疊加背景下，經濟增速達到 5.2%，今年我國發展的「有利條件強於不利因素」，實現 5% 左右的增速是完全可能的。當然，實現這一目標並不容易，需要政策聚焦發力、工作加倍努力、各方面齊心協力。

（二）關於就業目標。就業是最基本的民生。今年就業壓力加大，需要在城鎮就業的新成長勞動力約 1700 萬人，其中高校畢業生 1179 萬人、創歷史新高。今年將就業目標設定為「城鎮新增就業 1200 萬人以上」，與去年「城鎮新增就業 1200 萬人左右」相比，要求更高。這體現了就業優先的政策導向，也體現黨和政府進一步加強穩就業工作的力度和決心。

（三）關於居民收入增長目標。這個目標直接關係居民生活改善和內需擴大。黨的十八大以來，隨着經濟發展，居民收入保持較快增長，2023 年比 2012 年實際增長 94.4%，年均增速快於經濟增速。但目前居民收入在國民收入分配中的比重、勞動報酬在初次分配中的比重依然偏低，這也是影響居民消費能力和意願的重要因素。今

年居民收入增長目標是「和經濟增長同步」，與前些年一直提的「和經濟增長基本同步」相比，刪去了「基本」二字。這貫徹了黨的二十大報告關於「完善分配制度」的相關要求，體現了着力改善人民生活的鮮明導向，也有利於引導消費預期、激發內需潛力。隨着經濟持續回升向好和促增收政策力度加大，今年居民收入還會持續穩定增長。

（四）關於物價目標。價格水平是宏觀經濟的溫度計。國際國內的實踐表明，物價太高或太低都不好，不僅會影響經濟持續發展和人民生活改善，也會積聚或引發風險。物價漲幅過高、出現通貨膨脹的危害顯而易見，人們的感受也比較直接，但物價持續偏低會導致總需求收縮、債務風險加劇，對經濟增長、居民增收的危害更大，解決起來也更為困難。去年我國居民消費價格上漲 0.2%，一些人認為已經出現了「通縮」，這是不符合實際的，但也確實需要防範通縮風險。今年將居民消費價格漲幅目標定為 3% 左右，屬於溫和適度水平，符合物價企穩回升的總體態勢，旨在發出積極推動價格穩步回升的政策信號，引導市場預期，並為加大宏觀調控力度和深化價格改革留有一定餘地。

（五）關於能耗強度目標。去年對單位國內生產總值能耗提出「繼續下降」的定性要求，實際結果是比上年下降了 0.5%。今年提出「降低 2.5% 左右」的量化目標，綜合考慮了經濟社會發展用能和綠色低碳轉型需要，也考慮了耗能較低的服務業回歸正常發展和可再生能源替代擴大等支撐條件，是積極穩妥、經過努力能夠完成的。

實現今年發展目標，要堅持穩中求進、以進促穩、先立後破。這是黨中央確定的重要原則，具有很強的指導性和針對性。我們要深入學習領會，正確把握和處理好穩與進、立與破的關係。穩是大局和基礎。在當前有效需求不足、社會預期特別是民營企業預期偏弱的情況下，各項政策和工作都要着眼於穩。各地區各部門要多出有利於穩預

期、穩增長、穩就業的政策，謹慎出台收縮性抑制性舉措，清理和廢止有悖於高質量發展的政策規定。經濟發展猶如逆水行舟、不進則退，必須把進作為方向和動力，以進促穩，着力在轉方式、調結構、提質量、增效益上積極進取，激發和增強發展內生動力活力。當前，我國發展正處在新舊動能轉換的關鍵期，必須先立後破，不能未立先破，否則就會出現空擋斷檔、影響經濟社會發展大局。對該立的要積極主動立起來，該破的要在立的基礎上堅決破，不斷鞏固穩中向好的基礎。習近平總書記深刻指出，新形勢下發展不能穿新鞋走老路，不能再走大呼隆、粗放型發展的路子。我國長期以來主要依靠投資、出口拉動經濟增長的方式已難以為繼，必須按照構建新發展格局要求，統籌擴大內需和深化供給側結構性改革，加快形成主要依靠消費、科技創新驅動經濟增長的新方式，逐步推動「投資社會」、「生產社會」向「消費社會」轉型。宏觀政策取向也要相應作出轉變，以提振消費驅動內需擴大，以培育壯大新動能促進結構調整，以防範化解重大風險守住底線。今年要強化宏觀政策逆周期和跨周期調節，繼續實施積極的財政政策和穩健的貨幣政策，加強政策工具創新和協調配合。

積極的財政政策要適度加力、提質增效。積極的財政政策要根據不同年份情況，綜合權衡政策力度，合理搭配政策工具，以取得最佳效果。今年統籌考慮發展需要和財政可持續，用好財政政策空間，對積極的財政政策作出了符合實際的安排。

財政政策「適度加力」，主要體現在以下兩個方面。一方面，財政支出強度總體擴大。去年年初預算將赤字率按 3% 安排，由於四季度增發的 1 萬億元國債列入赤字，赤字率調整為 3.8% 左右。今年的赤字率擬按 3% 安排，由於國內生產總值增加了，赤字規模也相應擴大至 4.06 萬億元，比去年年初預算增加 1800 億元。預計今年財政收入繼續恢復增長，加上調入資金等，一般公共預算支出規模

28.5 萬億元、比去年增加 1.1 萬億元。另一方面，政府債券規模明顯增加。今年安排地方政府專項債券 3.9 萬億元、比去年增加 1000 億元，發行超長期特別國債 1 萬億元，還有去年四季度增發的 1 萬億元國債大部分在今年使用。需要指出的是，發行超長期特別國債是着眼長遠的重大戰略舉措。我國在科技創新、新型工業化、鄉村振興、區域協調發展、新型城鎮化等重大戰略實施中仍有不少薄弱環節，在糧食、能源、產業鏈供應鏈等領域安全能力建設方面也存在不少短板制約。這些領域的突出問題都是強國建設、民族復興進程中必須解決的，但其中很多重大項目投資周期長、收益低，現有資金渠道難以充分滿足需求。為系統解決資金供給問題，從今年開始擬連續幾年發行超長期特別國債，不列入赤字，專項用於國家重大戰略實施和重點領域安全能力建設，今年先發行 1 萬億元。這樣的安排，統籌當前和長遠，有利於增強各方對我國發展的預期和信心，也有利於控制政府負債率、增強財政可持續。

財政政策「提質增效」，主要是大力優化支出結構，保障重點支出，減少一般性支出，加強績效管理，提高財政資金效益和政策效果。今年財政保障的重點是兩個方面。一方面，強化國家重大戰略任務財力保障。主要是支持加快現代化產業體系建設、科教興國、擴大內需、鄉村振興、區域協調發展、新型城鎮化、加強生態文明建設等重大戰略實施。另一方面，加強基本民生保障。堅持盡力而為、量力而行，加強基礎性、普惠性、兜底性民生保障建設，加大對就業、醫療、社會保障等民生領域的財政支持力度，提高基本公共服務水平和可及性、均衡性。現在各級財力都比較緊張，但最緊張的是在市縣基層。今年中央對地方轉移支付安排 10.2 萬億元，剔除不可比因素後同口徑增長 4.1%。其中，安排均衡性轉移支付 2.6 萬億元、增長 8.8%，適當向困難地區和欠發達地區傾斜。省級政府要加強統籌，推動財力下沉，增強基層保基本民生、保工資、保運

轉能力，兜牢「三保」底線。2013 年以來，我國實施大規模減稅降費，目前宏觀稅負在全球處於中等偏低水平。統籌考慮支持高質量發展需要、財政承受能力和優化稅制等方面因素，今後要在保持宏觀稅負總體穩定基礎上，實施結構性減稅降費，提高政策的精準性、針對性、有效性。在落實好去年延續和優化的稅費優惠政策基礎上，今年將有針對性地研究出台結構性減稅降費政策，重點支持科技創新和製造業發展。《報告》強調，各級政府要習慣過緊日子，真正精打細算，嚴肅財經紀律，加強財會監督，切實把財政資金用在刀刃上、用出實效來。

穩健的貨幣政策要靈活適度、精準有效。穩定經濟運行、推動高質量發展，必須營造良好的貨幣金融環境。今年《報告》中穩健的貨幣政策取向沒有變，對總量、結構、價格等方面提出了新要求。一是加強貨幣政策總量調節。今年《報告》提出，「保持流動性合理充裕，社會融資規模、貨幣供應量同經濟增長和價格水平預期目標相匹配」。與近些年相比，有兩點新變化，即把「社會融資規模」放到了「貨幣供應量」前面，把「同名義經濟增速基本匹配」改為「同經濟增長和價格水平預期目標相匹配」。前者主要是考慮到社會融資規模與貨幣供應量相比，涵蓋的範圍更廣，除金融機構的貸款外，還包括金融機構表外業務及金融市場的債券、股票融資等，可以更全面地反映經濟活動中的總體融資情況。後者主要是考慮更好統籌實現經濟增長和保持合理物價水平的目標。二是加強貨幣政策結構調節。《報告》強調加大對重大戰略、重點領域和薄弱環節的支持力度。要用好再貸款、再貼現、窗口指導等政策手段和階段性、長期性的結構性貨幣政策工具，合理引導資金流向，支持國家重大戰略實施和重點領域發展。當前中小微企業融資難問題依然存在，要優化融資增信、風險分擔、信息共享等配套措施，更好滿足中小微企業融資需求。三是促進社會綜合融資成本穩中有降。近幾年實

際貸款利率不斷下降，但目前社會綜合融資成本還有壓降空間。要多渠道增加銀行低成本資金，完善利率形成和傳導機制，繼續規範相關收費行為，壓減不必要的收費項目，降低或減免企業續貸、過橋、融資擔保等方面的費用。四是暢通貨幣政策傳導機制。當前企業融資需求與金融機構資金供給之間存在不對稱，反映貨幣政策傳導面臨一些阻滯。一方面，部分企業特別是民營中小微企業融資難融資貴問題仍然存在。另一方面，一些資金存在沉澱空轉問題。比如，有的企業從大銀行獲取低息貸款，再將貸款存到利率更高的小銀行吃息差，小銀行則使用存款資金購買二級市場債券，這些資金並未轉化為實體企業的生產投資。要着力打通資金進入實體經濟的「最後一公里」，加強信貸投放窗口指導和監管指引，促進信貸投放與實體經濟實際需要相匹配。五是增強資本市場內在穩定性。直接融資是社會融資規模的重要組成部分，資本市場穩定健康發展具有牽一髮動全身的重要作用。要針對影響資本市場平穩運行的突出問題，深化資本市場改革，健全資本市場基礎制度，大力提升上市公司質量和投資價值，健全有利於中長期資金入市的政策環境。加強資本市場監管，保護投資者特別是中小投資者合法權益，持續優化資本市場生態。六是做好金融五篇大文章。這是習近平總書記在中央金融工作會議上提出的明確要求。要大力發展科技金融、綠色金融、普惠金融、養老金融、數字金融，加快完善激勵機制、標準體系、配套政策、風險管控等相關基礎制度。

增強宏觀政策取向一致性。這是提高政策整體效能、實現今年乃至今後發展目標任務的客觀需要，也是當前影響社會預期特別是經營主體預期的突出問題。財政、貨幣政策被公認為是宏觀政策，就業、產業、區域、科技、環保等政策因對經濟發展具有全局性影響，也屬於宏觀政策的範疇。各項政策都有其特定的政策目標，《報告》要求「取向一致」，就是都要圍繞實現今年發展目標來制定和

實施，把握好時、度、效，加強統籌銜接、協調聯動，放大政策組合效應。同時，鑒於許多非經濟性政策對社會預期、經濟運行會產生直接或間接的影響，中央經濟工作會議和《報告》要求將其納入宏觀政策取向一致性評估。這就意味着，無論是經濟政策還是非經濟性政策，如果對經濟發展有明顯的收縮性抑制性效應，就要緩出或不出，即便是亟須出台的，也要採取相應措施，盡可能降低對經濟發展的負面影響。要建立健全政策統籌機制，發揮好評估、把關、協調作用，防止出現相互掣肘、效應對衝或合成謬誤等問題，確保同向發力、形成合力。各部門要增強發展大局意識，圍繞經濟建設這一中心工作和高質量發展這一首要任務，對本部門擬出台的政策措施進行宏觀政策一致性評估。在此基礎上，國家發展改革委牽頭的政策文件評估機制進行再評估。政策行不行、好不好、有用沒用，要看社會反響和實際效果，企業和群眾是直接感受者、最有發言權。各地區各部門在政策研究和制定中要開門問策、集思廣益，最大限度減少片面性、主觀隨意性。研究制定涉企政策，要注重與市場溝通，回應企業關切，解決突出問題。政策出台時要精準做好宣傳解讀，防止誤讀誤解。要加強對政策執行情況的跟踪評估，以企業和群眾滿意度為重要標尺，及時進行調整和完善。對實踐證明不當的政策要及時叫停，對政策執行中存在的偏差要及時糾正。總之，要將黨中央關於增強宏觀政策取向一致性的要求，貫穿到政策研究、制定、實施全過程，哪個方面、哪個環節出問題都要及時加以解決，努力營造穩定透明可預期的政策環境。

《報告》提出，要研究儲備政策。基於對當前國內外形勢和經濟運行態勢的分析判斷，《報告》中提出了宏觀政策舉措。如果將來國際環境發生超預期變化，我國經濟遭遇超預期衝擊或經濟運行出現大的問題，就要及時採取新的政策措施。我國政府法定負債率不到60%、低於主要市場經濟國家和新興市場國家，金融總體穩健，宏觀

政策仍有較大空間。要增強底線思維、極限思維，加強儲備政策預研、豐富工具箱，確保一旦需要就能及時推出、有效發揮作用。需要指出的是，受國際環境變化因素和國內周期性、結構性、體制性因素以及突發性因素等影響，經濟增速在月度、季度間有一定波動是正常的。只要經濟運行的總體狀況和走勢向好，就要保持定力，在貫徹落實既定政策上下功夫。要增強宏觀調控的前瞻性、針對性、有效性，防止經濟增長出現大的起伏，努力鞏固和增強經濟回升向好態勢，推動高質量發展不斷取得新的成效。

三、突出重點、把握關鍵，紮實做好政府重點工作

今年政府工作任務重、要求高、挑戰多，必須按照黨中央決策部署，緊緊抓住主要矛盾，着力突破瓶頸制約，有力有序向前推進。《報告》提出了十個方面的重要任務和政策舉措。

（一）**大力推進現代化產業體系建設，加快發展新質生產力。**現代化產業體系是現代化國家的物質技術基礎。加快建設以實體經濟為支撐的現代化產業體系，關係我國在未來發展和國際競爭中贏得戰略主動。發展新質生產力是推動高質量發展的內在要求和重要着力點。習近平總書記自去年9月份以來對發展新質生產力作出一系列重要論述，深刻闡明了新質生產力的基本理論問題，強調要因地制宜發展新質生產力。《報告》深入貫徹落實習近平總書記重要指示精神，要求充分發揮創新主導作用，以科技創新推動產業創新，加快推進新型工業化，提高全要素生產率，不斷塑造發展新動能新優勢，促進社會生產力實現新的躍升。

推動產業鏈供應鏈優化升級。經過長期努力，我國建成了配套完備的產業體系，這是建設現代化產業體系的基礎。要依靠創新推動結構優化、產業升級，加快邁向全球價值鏈中高端。一要保持工

業經濟平穩運行。當前工業經濟穩步恢復，但仍面臨有效需求不足、市場預期偏弱等困難。要促消費、穩外貿等多管齊下，充分發揮重點行業和工業大省帶動作用，鞏固工業經濟回升向好態勢。二要推動製造業高質量發展。我國製造業「大而不強、全而不優」問題依然突出，要深入實施製造業重點產業鏈高質量發展行動，着力補齊短板、拉長長板、鍛造新板。先進製造業是現代化產業體系的骨幹，我國已經建成 45 個國家級先進製造業集群，要優化行業和區域布局，推動其向世界級集群提升。傳統產業在我國製造業中佔比超過 80%，經過改造升級也能形成新質生產力。要深入實施製造業技術改造升級工程，積極實施大規模設備更新，推動高端化、智能化、綠色化轉型。三要強化製造業發展支撐引領。我國生產性服務業發展相對滯後，佔經濟總量只有 18% 左右，而發達國家多在 40%—50%。要加快發展研發設計、檢驗檢測、智慧物流等現代生產性服務業，深化先進製造業和現代服務業融合。實施大中小企業融通創新「携手行動」，促進中小企業專精特新發展。加強標準引領和質量支撐，推動標準與國際先進水平對接，加強全面質量管理，打造更多具有國際影響力的「中國製造」品牌。

積極培育新興產業和未來產業。這是加快發展新質生產力的內在要求，事關國家發展戰略全局。《報告》對此作出部署。一要分類分業、精準施策培育壯大新興產業。我國戰略性新興產業佔國內生產總值比重已超過 13%，發展潛力巨大。要實施產業創新工程，完善產業生態，拓展應用場景，促進融合集群發展。智能網聯新能源汽車等產業在全球處於領先地位，要着力做強做優，不斷提升核心競爭力。氫能、新材料、創新藥等前沿新興領域創新活躍，要完善支持政策，促進其加快成長壯大。生物製造、商業航天、低空經濟等產業潛在市場規模大，要加快打造成為新增長引擎。二要前瞻謀劃、加快布局未來產業。未來產業創新持續涌現、發展前景廣闊，

已成為世界主要國家的戰略必爭之地。要面向國家戰略需求，制定未來產業發展規劃，加強前瞻部署、創新驅動、應用牽引、梯次培育，積極開闢量子技術、生命科學等新賽道，創建一批未來產業先導區。三要優化新興產業和未來產業發展環境。產業創新發展離不開長期穩定的資金投入。要鼓勵發展創業投資、股權投資，引導更多資本投早投小投硬科技。現在產業投資基金數量很多，一定程度存在資金投向同質化、使用效率不高等問題，要進一步明確功能定位，更好發揮引領撬動作用。目前很多地方發展新興產業和未來產業積極性很高，要加強重點行業統籌布局和投資引導，引導各地根據資源稟賦、產業基礎、科研條件等錯位發展，防止一哄而上和低水平重複建設。

深入推進數字經濟創新發展。我國數字經濟規模連續多年位居世界第二，但在關鍵核心技術、產業基礎能力等方面存在短板。要制定支持數字經濟高質量發展政策，促進數字技術和實體經濟深度融合，鞏固和增強我國數字經濟優勢。一要積極推進數字產業化。數字產業化是發展數字經濟的動力和支撐。要深化大數據、人工智能等研發應用，加快突破算力、算法等底層技術，構建自主可控的產業生態。發揮我國應用場景豐富等優勢，開展「人工智能＋」行動，賦能千行百業。數字經濟規模效應明顯，要引導優質要素資源高效集聚，打造具有國際競爭力的數字產業集群。二要大力推進產業數字化。產業數字化是發展數字經濟的主戰場。要實施製造業數字化轉型行動，分行業制定轉型路線圖，加快工業互聯網規模化應用，推動「智改數轉網聯」。大力推進商貿、物流、金融等服務業數字化，加快建設智慧城市、數字鄉村。三要加快推進企業數字化轉型。企業是數字化轉型的主體，其中量大面廣的中小企業是重點和難點。要深入開展中小企業數字化賦能專項行動，切實解決企業「不願轉、不敢轉、不會轉」等問題。這些年，我國平台企業迅速發

展壯大，在推動數字經濟發展中發揮了重要作用。要提升常態化監管水平，支持平台企業在促進創新、增加就業、國際競爭中大顯身手。四要築牢數字經濟發展基礎。數據是數字經濟的基礎要素。要健全數據產權、流通交易、收益分配、安全治理等基礎制度，推動數據開放共享和開發利用。繼續適度超前建設 5G 等數字基礎設施，深化實施「東數西算」工程，加快形成全國一體化算力體系。

（二）深入實施科教興國戰略，強化高質量發展的基礎支撐。黨的二十大報告指出，教育、科技、人才是全面建設社會主義現代化國家的基礎性、戰略性支撐。《報告》強調，堅持教育強國、科技強國、人才強國建設一體統籌推進，創新鏈產業鏈資金鏈人才鏈一體部署實施，深化教育科技人才綜合改革，對做好今年的教育、科技、人才工作提出明確要求。

加強高質量教育體系建設。教育興則國家興，教育強則國家強。我國教育已由規模擴張階段轉向高質量發展階段。《報告》要求全面貫徹黨的教育方針，堅持把高質量發展作為各級各類教育的生命線。一要落實立德樹人根本任務。培養什麼人、怎樣培養人、為誰培養人是教育的根本問題。《報告》圍繞這個建設教育強國的核心課題，要求推進大中小學思想政治教育一體化建設。二要統籌各級各類教育發展。我國已建成世界上規模最大的教育體系，各學段普及程度已達到或超過中高收入國家平均水平。《報告》提出開展基礎教育擴優提質行動，就是要多措並舉推動基礎教育質量整體提高，「雙管齊下」改善薄弱學校辦學水平和增加優質學位供給。建設教育強國，龍頭是高等教育。要圍繞提高人才自主培養質量和科技創新能力，實施高等教育綜合改革試點，推動高校建設特色優勢專業集群，開展好有組織科研。《報告》還要求大力提高職業教育質量，培養高素質技能人才。三要着力解決教育發展中的突出問題。比如，《報告》提出要改善農村寄宿制學校辦學條件。全國義務教育階段寄宿制學校有 6.5 萬

所，寄宿學生有 3154 萬人、佔義務教育學生總數的 19.6%。雖然這些年農村寄宿制學校的條件有了很大改善，但還存在很多薄弱環節，需要補上這個短板。又如，《報告》提出加強學生心理健康教育。近年來，心理健康問題呈現「低齡化」發展趨勢，引發社會關注。要堅持健康第一的教育理念，多措並舉加強和改進心理健康工作。四要推動教育更好服務高質量發展。當前，經濟社會發展對人才培養提出新的更高要求。《報告》要求優化學科專業和資源結構布局，建強應用型本科高校，就是要有的放矢培養國家戰略人才和急需緊缺人才。

　　加快推動高水平科技自立自強。習近平總書記指出，「實現高水平科技自立自強，是中國式現代化建設的關鍵」。《報告》強調要充分發揮新型舉國體制優勢，全面提升自主創新能力。一要持續強化基礎研究。我國面臨的很多「卡脖子」技術問題，根子是基礎研究跟不上。《報告》對強化基礎研究系統布局作出安排。突出前瞻性、戰略性需求導向，優化基礎研究資源配置和布局結構，長期穩定支持一批創新基地、優勢團隊和重點方向。基礎研究具有長期性和不確定性，需要有力度的持續投入。去年我國基礎研究經費佔全社會研發經費的比重為 6.65%，而發達國家通常在 15% 以上。各級財政要繼續加大投入，同時引導企業和社會力量增加投入。二要提升創新體系整體效能。我國有國家實驗室、國家科研機構、高水平研究型大學、科技領軍企業等戰略科技力量，有世界上數量最多的企業，關鍵是優化資源配置，推動形成功能互補、良性互動的協同創新新格局。《報告》要求集成國家戰略科技力量、社會創新資源，推進關鍵核心技術協同攻關，加強顛覆性技術和前沿技術研究。三要強化企業科技創新主體地位。近些年來，國家在支持企業發揮創新主體作用方面採取了很多措施。目前國家重點研發計劃中，企業參加或牽頭的佔比已接近 80%。企業的科技投入增長也很快，但投入強度與發達國家相比還有很大差距。要激勵企業加大創新投入，深化產

學研用結合，促進科技成果轉移轉化。四要健全完善體制機制。目前，制約科技創新、影響科技人員積極性的體制機制障礙依然不少。要加快形成支持全面創新的基礎制度，深化科技評價、科技獎勵、科研項目和經費管理制度改革，健全「揭榜掛帥」機制，加強知識産權保護，不斷激發創新創造活力。擴大國際科技交流合作，更加積極融入全球創新網絡。

全方位培養用好人才。推動高質量發展，人才是第一資源。2023年，我國具有大學文化程度人口超過 2.5 億，勞動年齡人口平均受教育年限達 11.05 年，人才資源總量、科技人力資源、研發人員總量均居全球首位，但人才隊伍結構性矛盾依然突出，人才發展機制還不健全。《報告》提出，實施更加積極、更加開放、更加有效的人才政策，就是要廣育各類人才、廣納天下英才，形成人盡其才、各展其能的良好局面。一要加強平台建設。《報告》提出推進高水平人才高地和吸引集聚人才平台建設，主要考慮是發揮國際和區域科技創新中心等在科教資源、產業基礎等方面的優勢，以更大力度引才聚才，加快形成人才發展的戰略支點和雁陣格局。二要把握工作重點。我國發展需要各領域各層次人才，《報告》圍繞一流科技領軍人才和創新團隊、拔尖創新人才、基礎研究人才、卓越工程師和高技能人才等的選育、引進、使用等提出明確要求。青年時期是創造力最旺盛的時期。有研究表明，自然科學發明創造的最佳年齡段是 25—45 歲。要加大對青年科技人才支持力度，着力解決薪酬待遇、住房、子女入學等方面的實際困難，為他們的成長創造良好環境。三要健全科技評價機制。評價體系對人才成長發展具有重要「指揮棒」作用。要加快建立以創新價值、能力、貢獻為導向的人才評價體系，在繼續深入「破四唯」的同時，更加注重「立新標」。我國有世界上最大規模的人才隊伍，傾力打造良好人才生態，一定能在新一輪科技革命和產業變革中佔據先機、贏得主動。

（三）着力擴大國內需求，推動經濟實現良性循環。我國有 14 億多人口，人均國內生産總值達 1.2 萬美元，中等收入群體超過 5 億，居民消費正在優化升級，擁有全球最大最有潛力的消費市場。同時，我國正處於新型工業化、信息化、城鎮化、農業現代化深入發展階段，有效投資需求潛力很大。這兩個方面的結合就是巨大的內需潛力，這是我們大國經濟的最大優勢所在。要把實施擴大內需戰略同深化供給側結構性改革有機結合起來，更好統籌消費和投資，增強對經濟增長的拉動作用。

促進消費穩定增長。目前消費增長動力不足，原因是多方面的。其中，有疫情以來部分群體收入增速放緩、消費能力減弱因素，有供給結構和能力因素，有消費環境障礙因素，也有預期不穩帶來的預防性儲蓄增多、即期消費減少因素。比如，2022 年、2023 年住戶存款分別新增 17.8 萬億元和 16.7 萬億元，較 2019—2021 年 10 萬億元的年均增量上升了 60% 至 80%。《報告》提出，要從增加收入、優化供給、減少限制性措施等方面綜合施策，激發消費潛能。新型消費正在蓬勃興起，要因勢利導，加快培育壯大。實施數字消費、綠色消費、健康消費促進政策，發展網上零售、直播電商等新業態新模式，積極培育智能家居、文娛旅遊、體育賽事、國貨「潮品」等新的消費增長點。要穩定和擴大傳統消費，實施大規模消費品以舊換新行動，提振智能網聯新能源汽車、電子產品等大宗消費。隨着居民收入和生活水平提高，服務消費需求持續增長。要推動養老、育幼、家政等服務擴容提質，支持社會力量提供社區服務，在用房、用電、用水等方面給予更多扶持。要優化產品和服務供給，通過推動供給創新培育消費新增長點，通過加快停車場、充電椿和醫療等服務設施建設，拓展消費需求空間。要優化消費環境，開展「消費促進年」活動，加快調整制約消費的過時政策，採取合理增加消費信貸等支持政策，實施「放心

消費行動」，加強消費者權益保護，營造便利、安全、放心的消費環境。

積極擴大有效投資。發展新質生產力、推動經濟轉型升級離不開投資，基礎設施和社會民生領域還有許多薄弱環節亟待加強，有效投資潛力很大。要採取有力措施，推動多渠道增加投資，優化投資結構，保持投資合理增長。一方面，要發揮好政府投資的帶動放大效應。今年中央預算內投資、地方專項債、國債資金等加在一起，政府投資規模比去年明顯增加。要重點支持科技創新、新型基礎設施、節能減排降碳，加強民生等經濟社會薄弱領域補短板，推進防洪排澇抗災基礎設施建設，推動各類生產設備、服務設備更新和技術改造，加快實施「十四五」規劃重大工程項目。合理擴大地方政府專項債券投向領域和用作資本金範圍，額度分配向項目準備充分、投資效率較高的地區傾斜。要統籌用好各類資金，科學規劃布局建設項目，避免重複投資，防止低效無效投資，提高投資效益。另一方面，要着力穩定和擴大民間投資。近些年民間投資佔全社會投資的比重持續下滑，2021—2023 年分別為 56.5%、54.2% 和 50.4%。針對這一問題，我們已經出台了一批促進民間投資政策措施。今年要在抓好已有政策落實基礎上，進一步完善相關政策措施，提振民間投資預期和信心。要實施好政府和社會資本合作新機制，鼓勵民間資本參與重大項目建設。進一步拆除各種藩籬，在更多領域讓民間投資進得來、能發展、有作為。

（四）堅定不移深化改革，增強發展內生動力。推動高質量發展，根本要靠改革。要推進重點領域和關鍵環節改革攻堅，充分發揮市場在資源配置中的決定性作用，更好發揮政府作用，營造市場化、法治化、國際化一流營商環境，推動構建高水平社會主義市場經濟體制。

激發各類經營主體活力。習近平總書記多次強調，公有制經濟和

非公有制經濟都是社會主義市場經濟的重要組成部分，應該相輔相成、相得益彰，而不是相互排斥、相互抵消。《報告》指出，國有企業、民營企業、外資企業都是現代化建設的重要力量。要不斷完善落實「兩個毫不動搖」的體制機制，依法平等保護企業產權和自主經營權，為各類所有制企業創造公平競爭、競相發展的良好環境。國有企業主要分布在關係國民經濟命脈的重要行業和關鍵領域，大多是行業龍頭企業，不少處於產業鏈供應鏈「鏈長」地位。要深入實施國有企業改革深化提升行動，建立國有經濟布局優化和結構調整指引制度，推動國有企業做強做優主業，增強核心功能、提高核心競爭力。民營經濟在國民經濟中佔有重要地位，全國 50% 以上的稅收、60% 左右的國內生產總值、70% 以上的技術創新成果、80% 以上的城鎮勞動力就業，都來自於民營經濟。當前民營經濟發展遇到一些困難，預期不穩、信心不足問題突出。中共中央、國務院去年印發《關於促進民營經濟發展壯大的意見》提出 31 條舉措，有關部門制定了 28 條配套措施，各地方也出台了支持政策。今年要繼續把這些政策落實落細，還要聚焦企業關切推出一些新舉措，進一步解決市場准入、要素獲取、公平執法、權益保護等方面存在的突出問題。比如，融資難融資貴的問題，目前民營企業銀行貸款餘額佔比不到 25%、信用債發行規模佔比僅約 5%，融資環境與民營經濟的規模、地位、作用還不夠匹配，《報告》提出要提高民營企業貸款佔比、擴大發債融資規模。針對拖欠賬款問題，《報告》要求健全防範化解拖欠企業賬款長效機制。改革開放以來，很多民營企業敢拼敢闖敢幹，在促進增長、增加就業、改善民生等方面發揮了積極作用。《報告》強調要弘揚優秀企業家精神，積極支持企業家專注創新發展、敢幹敢闖敢投、踏踏實實把企業辦好。

　　加快全國統一大市場建設。黨的二十大對構建全國統一大市場、深化要素市場化改革、建設高標準市場體系作出戰略部署。2022 年，中共

中央、國務院印發《關於加快建設全國統一大市場的意見》，明確了總體要求、工作原則、主要目標和重點任務。去年國務院制定了總體工作方案。今年《報告》又作了具體安排。一要建立統一的基礎制度規則。制定全國統一大市場建設標準指引，着力推動產權保護、市場准入、公平競爭、社會信用等方面制度規則統一，出台公平競爭審查條例，保障各類所有制企業公平參與競爭。二要着力解決突出問題。當前對市場的非正常幹預依然存在，不少老問題沒有完全解決，同時又出現一些新情況新問題，比如在政府採購和招投標領域，以安全、信用、技術標準等為名的隱性壁壘依然存在。要破除障礙掣肘，專項治理地方保護、市場分割、招商引資不當競爭等突出問題，加強對招投標市場的規範和管理。三要實施公平統一的市場監管。市場監管與經營主體息息相關，目前在資質、環保、質監、衛生、消防等方面還存在不少監管不到位、不統一的情況。要加快健全統一市場監管規則，加強市場監管標準化規範化建設，增強市場監管制度和政策的穩定性、可預期性。《報告》強調要堅持依法監管，嚴格落實監管責任，提升監管精準性和有效性，堅決維護公平競爭的市場秩序。

推進財稅金融等領域改革。按照黨中央決策部署，《報告》對此作出具體安排。要謀劃新一輪財稅體制改革，落實金融體制改革部署，加大對高質量發展的財稅金融支持。電力、油氣、鐵路、通信等行業的網絡環節具有自然壟斷屬性，要堅持改革與監管並重，着力深化改革，健全自然壟斷環節監管體制機制，推動自然壟斷行業和環節健康發展。當前社會民生領域還有不少短板和薄弱環節，《報告》強調要深化收入分配、社會保障、醫藥衛生、養老服務等社會民生領域改革。

（五）擴大高水平對外開放，促進互利共贏。對外開放是我國現代化建設不斷取得新成就的成功之道，也為全球經濟增添了強勁動

力。我們要主動對接高標準國際經貿規則，穩步擴大制度型開放，以高水平對外開放促進全面深化改革、推動高質量發展，培育國際經濟合作和競爭新優勢。

推動外貿質升量穩。今年我國對外貿易面臨的困難挑戰較多，國際貿易增長面臨較大不確定性，國際循環存在干擾，一些國家對我設置多種貿易壁壘。同時，我國外貿發展仍具備多方面優勢和條件。我們要鞏固和增強已有優勢，培育外貿發展新動能。要加強進出口信貸和出口信保支持，優化跨境結算、匯率風險管理等服務，加快國際物流體系建設，支持外貿企業降本提效、開拓多元化市場。近年來我國跨境電商進出口持續快速增長，成為外貿發展新亮點。要完善配套政策，提升監管便利化水平，支持企業通過跨境電商拓展銷售渠道、培育自主品牌，優化海外倉布局。加工貿易仍是我國深入參與國際分工的重要方式。要支持加工貿易提檔升級，鼓勵開展高附加值加工貿易。中間品貿易在我國外貿中佔比較大，去年我國中間品出口佔出口總值的45%以上，中間品進口佔進口總值的近80%。近些年「新三樣」等綠色產品貿易增長較快，發展潛力也很大。要繼續採取措施，拓展中間品貿易、綠色貿易等新增長點。積極擴大優質產品進口，更好滿足高質量發展和人民生活品質提升需要，促進對外貿易平衡發展。實施全國版和自貿試驗區版跨境服務貿易負面清單，出台服務貿易、數字貿易創新發展政策，進一步推動我國外貿穩規模、優結構、提升國際競爭力。

加大吸引外資力度。現在外資企業佔全國各類企業總數不到2%，貢獻了全國貨物貿易額的十分之三、技術進出口的十分之六、稅收收入的七分之一、城鎮就業的十二分之一。保持經濟平穩運行、促進產業優化升級、推動高質量發展，必須高度重視和更好發揮外資作用。當前，全球外商直接投資總體低迷、招商引資競爭激烈，對我國吸引外資帶來壓力。但我國市場規模大、產業配套能力強和較高的投

資回報率，仍對外資具有較強的吸引力。據有關方面統計，近五年外商在華直接投資收益率為9%左右，在國際上處於比較高的水平。要更大力度吸引和利用外資，增強外商投資信心。一要繼續縮減外資准入負面清單。今年要全面取消製造業領域外資准入限制措施，放寬電信、醫療等服務業市場准入。擴大鼓勵外商投資產業目錄，鼓勵外資企業境內再投資。在重視吸引重大外資項目的同時，注重引進技術含量高的中小外資項目。二要落實好外資企業國民待遇。保障依法平等參與政府採購、招標投標、標準制定，推動解決數據跨境流動等問題。加強外商投資服務保障，優化支付服務，提升外籍人員來華工作、學習、旅遊便利度。三要深入實施自貿試驗區提升戰略。賦予自貿試驗區、海南自由貿易港等更多自主權，推動開發區改革創新，打造開放層次更高、營商環境更優、輻射作用更強的對外開放新高地。

推動高質量共建「一帶一路」走深走實。習近平總書記提出「一帶一路」倡議十年多來，共建「一帶一路」取得豐碩成果。習近平總書記去年在第三屆「一帶一路」國際合作高峰論壇上宣布了中國支持高質量共建「一帶一路」八項行動。我們要抓好八項行動落實落地，穩步推進重大項目合作，實施一批「小而美」民生項目，積極推動數字、綠色、創新、健康、文旅、減貧等領域合作，推動共建「一帶一路」實現更高質量、更高水平的新發展。

深化多雙邊和區域經濟合作。我國對外簽署的自貿協定已覆蓋三分之一以上外貿額。要推動落實《區域全面經濟夥伴關係協定》等已生效協定，深挖貿易投資合作潛力，同時積極與更多國家和地區商簽高標準自貿協定和投資協定。推進中國—東盟自貿區3.0版談判，推動加入《數字經濟夥伴關係協定》、《全面與進步跨太平洋夥伴關係協定》。全面深入參與世貿組織改革，堅定維護以世貿組織為核心的多邊貿易體制權威性和有效性，積極推動恢復世貿組織爭端解決機

制正常運轉，推動建設開放型世界經濟。

（六）更好統籌發展和安全，有效防範化解重點領域風險。我國經濟金融風險總體可控，但一些領域的風險隱患仍然比較突出。要增強系統觀念，堅持以高質量發展促進高水平安全，以高水平安全保障高質量發展，標本兼治化解房地產、地方債務、中小金融機構等風險，維護經濟金融大局穩定。

穩妥有序處置風險隱患。《報告》作出了具體部署。一要完善重大風險處置統籌協調機制。財政、金融、產業等領域的風險相互關聯，特定條件下會相互轉化、相互傳染。防範化解重大風險，需要多方面協同配合，關鍵是落實各方責任。要壓實企業主體責任、部門監管責任、地方屬地責任，提升處置效能，統籌化解房地產、地方債務、中小金融機構等風險。二要促進房地產市場平穩健康發展。去年以來，房地產市場出現積極向好變化。要繼續優化房地產政策，因城施策用好政策工具箱，對不同所有制房地產企業合理融資需求要一視同仁給予支持，促進金融與房地產良性循環。三要統籌好地方債務風險化解和穩定發展。要進一步落實一攬子化債方案，通過安排財政資金、壓減支出、盤活存量資產資源等方式逐步化解風險。在穩妥推進債務化解的同時，要努力保持地方經濟穩定發展。國家綜合採取中央預算內投資適度傾斜、增加均衡性轉移支付、強化基層基本財力保障等措施，對困難地區予以支持。這些地區要着力在優化營商環境、激發民間投資活力、更多吸引外資等方面下功夫，在債務化解過程中找到符合實際的新的發展路徑。四要穩妥推進中小金融機構風險處置。經過幾年持續處置，高風險中小金融機構數量已大幅下降。要繼續深入推進高風險中小金融機構改革化險，持續提升金融體系穩健性。

健全風險防控長效機制。推動源頭防控、標本兼治，從根本上減少重大風險隱患。一要加快構建房地產發展新模式。適應新型城鎮化發展趨勢和房地產市場供求關係變化，完善房地產相關基礎性制

度。加大保障性住房建設和供給，完善商品房相關基礎性制度，滿足居民剛性住房需求和多樣化改善性住房需求。二要建立同高質量發展相適應的政府債務管理機制。完善全口徑地方債務監測監管體系，堅決遏制新增隱性債務，有序化解存量隱性債務。持續壓減融資平台數量，撤銷各類僅作為融資通道的「空殼類」平台，把平台企業按功能分類轉變為市場化運作的國有企業。三要健全金融監管體制。增強金融監管有效性，完善風險監測預警機制，提高金融風險防控能力。

加強重點領域安全能力建設。當今世界並不平靜，地緣衝突和自然災害時有發生。我們這樣一個人口和工業大國，維護好糧食、能源、產業鏈供應鏈等安全至關重要。我國糧食連年豐收，但進口量也不小，去年進口了 1.6 億噸、增長 11.7%，相當於國內產量的 23%。去年還進口了價值近 3500 億美元的集成電路，進口原油、天然氣分別佔國內消費量的 70% 和 40% 左右。要完善糧食生產收儲加工體系，全方位夯實糧食安全根基。強化能源資源安全保障，加大油氣、戰略性礦產資源勘探開發力度。加快構建大國儲備體系，加強重點儲備設施建設，優化儲備品種、規模和結構布局，確保平時備得足、儲得好，關鍵時刻調得出、用得上。產業鏈供應鏈在關鍵時刻不能掉鏈子，這是大國經濟必須具備的重要能力。要有效維護產業鏈供應鏈安全穩定，支撐國民經濟循環暢通。

（七）堅持不懈抓好「三農」工作，紮實推進鄉村全面振興。習近平總書記強調，推進中國式現代化，必須堅持不懈夯實農業基礎，推進鄉村全面振興。《報告》指出，要錨定建設農業強國目標，學習運用「千村示範、萬村整治」工程經驗，因地制宜、分類施策，循序漸進、久久為功，推動鄉村全面振興不斷取得實質性進展、階段性成果。

加強糧食和重要農產品穩產保供。這些年糧食等主要農產品持續

豐收，為穩定物價、改善民生提供了有力保障。目前我國糧食供給是充裕的，但糧食生產能力基礎尚不穩固。要毫不放鬆抓好糧食和重要農產品生產，確保國家糧食安全。一要堅持穩面積、提單產兩手發力，努力奪取全年糧食豐收。多措並舉穩定糧食播種面積，不誤農時抓好糧食播種和田間管理，夯實豐收基礎。加快推動大面積提高糧食單產，立足現有良田良種良機良法良制，分品種加強集成配套推廣，提高關鍵增產技術到位率和覆蓋面。近兩年我國大豆擴種成效明顯，但也出現了局部地區賣豆難、效益不高、重迎茬等問題。要尊重規律、實事求是，鞏固大豆擴種成果。二要強化農業發展支持政策，充分調動種糧抓糧積極性。農民種糧能挣錢，糧食生產才有保障。去年以來，農產品價格普遍走低，對種糧抓糧積極性造成不利影響。今年適當提高小麥和早秈稻最低收購價，把三大主糧生產成本和收入保險政策的實施範圍擴大到全國，有利於引導帶動農民多種糧。完善主產區利益補償機制方面，要加大產糧大縣支持力度，提高高標準農田建設中央和省級投資補助水平，取消對產糧大縣資金配套要求，讓主產區抓糧更有動力。三要強化藏糧於地、藏糧於技，提升農業綜合生產能力。緊緊扭住耕地和種子兩個要害，紮實推進新一輪千億斤糧食產能提升行動。加大耕地保護和建設力度，優先把東北黑土地區、平原地區、具備水利灌溉條件地區的耕地建成高標準農田，加強黑土地保護和鹽鹼地綜合治理。要紮實推動種業振興行動，加大種源關鍵核心技術攻關，加快把種業創新成果轉變為現實生產力。近些年我國農業自然災害多發重發，要加強災害預警和趨勢研判，加快完善水利基礎設施，全面提升農業防災減災救災能力。《報告》強調，各地區都要扛起保障國家糧食安全責任。要全面落實糧食安全黨政同責，嚴格耕地保護和糧食安全責任制考核。各地無論是糧食主產區還是主銷區、產銷平衡區，都要把責任真正扛起來，主銷區尤其要下大力氣保面積、保產量，共同保障糧食

和重要農產品穩定安全供給，確保始終把飯碗牢牢端在自己手上。

毫不放鬆鞏固拓展脫貧攻堅成果。今年是鞏固拓展脫貧攻堅成果同鄉村振興有效銜接五年過渡期的第四年，必須強化責任、政策和工作落實，確保不發生規模性返貧。要抓好防止返貧監測，落實針對性幫扶舉措，及時消除返貧風險隱患。推動各類資源、幫扶措施向促進產業發展和擴大就業聚焦聚力，強化易地搬遷後續幫扶，促進脫貧群眾持續增收、脫貧地區加快發展，增強內生動力。深化東西部協作和定點幫扶。加大對國家鄉村振興重點幫扶縣支持力度，建立健全農村低收入人口和欠發達地區常態化幫扶機制，讓脫貧成果更加穩固、成效更可持續。

穩步推進農村改革發展。今年農村改革的一個重點是實施第二輪土地承包到期後再延長30年整省試點，這項工作既關係農村基本經營制度，又關係廣大農民切身利益，要堅持「大穩定、小調整」，紮實穩妥推進改革試點任務落地。要着眼促進農民增收，壯大鄉村富民產業，發展新型農業經營主體和社會化服務，培養用好鄉村人才。當前，鄉村建設還有不少短板弱項。比如縣域內新能源汽車公共充電樁保有量只佔全國的12.1%；生鮮農產品冷鏈運輸率較低導致損耗率遠高於發達國家；還有約40%的行政村尚未建成寄遞物流綜合服務站；等等。《報告》提出深入實施鄉村建設行動，強調加強充電樁、冷鏈物流、寄遞配送設施建設。要從各地實際和農民需求出發，加強重點村鎮新能源汽車充換電設施規劃建設，加快建設骨幹冷鏈物流基地，健全縣鄉村物流配送體系，更好滿足農業農村發展需要。

（八）推動城鄉融合和區域協調發展，大力優化經濟布局。黨的十八大以來，我國城鄉、區域協調發展邁出堅實步伐，為構建新發展格局、推動高質量發展發揮了重要支撐作用。要深入實施區域協調發展戰略、區域重大戰略、主體功能區戰略，把推進新型城鎮化和鄉村全面振興有機結合起來，加快構建優勢互補、高質量發展的

區域經濟格局。

積極推進新型城鎮化。我國城鎮化還有很大發展提升空間，常住人口城鎮化率比發達國家城鎮化率低10多個百分點，戶籍人口城鎮化率更低。要深入實施新型城鎮化戰略行動，促進各類要素雙向流動，形成城鄉融合發展新格局。一要把加快農業轉移人口市民化擺在突出位置。目前，全國城區常住人口300萬以下城市的落戶限制已基本取消，但據調查統計仍有1.7億進城農民工及其隨遷家屬尚未在城鎮落戶。要深化戶籍制度改革，完善「人地錢」挂鈎政策，促進公共資源配置與常住人口規模相匹配，讓有意願的進城農民工及其家屬在城鎮落戶，推動未落戶常住人口平等享受城鎮基本公共服務。二要推動縣城成為新型城鎮化的重要載體。全國縣城及縣級市城區的常住人口超過2.5億人，佔城鎮常住人口的比重約為27%，越來越多的農村居民到縣城就學就業、居住生活。要培育發展縣域經濟，補齊基礎設施和公共服務短板，提高縣城綜合承載能力。注重以城市群、都市圈為依托，促進大中小城市協調發展。三要穩步實施城市更新行動。推進「平急兩用」公共基礎設施建設，在相關設施建設中嵌入疫情防控、應急減災需求，「平時」可用作旅遊、康養、休閑等，「急時」可迅速轉換利用，從而提升城市應急保障能力。目前，一些超大特大城市的城中村存在房屋安全和消防安全隱患多、配套設施落後等突出問題。要積極穩步推進城中村改造，着力改善城市居住環境，推動城市高質量發展。現在很多城市存在防洪排澇能力不足、水電氣熱管道老化等問題，要加快完善地下管網等工程建設，強化城市運行安全保障。老舊小區改造直接關係人民安居樂業。黨的十九大以來，我國累計投資約9000億元，開工改造22萬個老舊小區，惠及居民約1億人。要繼續推動老舊小區改造，解決加裝電梯、停車等難題，加強無障礙環境、適老化設施建設。《報告》強調，新型城鎮化要處處體現以人為本，提高精細化管理和服務水平，讓人民群眾享有更高品質的

生活。

提高區域協調發展水平。《報告》指出，要充分發揮各地區比較優勢，按照主體功能定位，積極融入和服務構建新發展格局。改革完善相關機制和政策，推動東北全面振興取得新突破，促進中部地區加快崛起，鼓勵東部地區加快推進現代化，推動西部大開發形成新格局，提升東北和中西部地區承接產業轉移能力。支持經濟發展優勢地區更好發揮高質量發展動力源作用，深入推進京津冀協同發展，出台實施持續深入推進長三角一體化高質量發展的政策措施，加快推動粵港澳大灣區建設。持續推進長江經濟帶高質量發展，推動黃河流域生態保護和高質量發展。支持革命老區、民族地區加快發展，加強邊疆地區建設，統籌推進興邊富民行動。優化重大生產力布局，加強國家戰略腹地建設。大力發展海洋經濟，建設海洋強國。今年將研究制定深化落實主體功能區戰略政策文件，出台主體功能區優化實施規劃，以主體功能區戰略引導經濟合理布局。

（九）加強生態文明建設，推進綠色低碳發展。去年 7 月黨中央召開全國生態環境保護大會，12 月印發《關於全面推進美麗中國建設的意見》，作出系統部署。要深入踐行綠水青山就是金山銀山的理念，協同推進降碳、減污、擴綠、增長，建設人與自然和諧共生的美麗中國。

推動生態環境綜合治理。近年來，我國深入開展污染防治攻堅戰，成效有目共睹。同時，生態環境質量穩中向好的基礎還不牢固，需要繼續加強綜合治理，持續改善生態環境質量。一要持續深入打好污染防治攻堅戰。我國大氣環境形勢依然嚴峻，部分地區秋冬季空氣污染突出。去年國務院印發《空氣質量持續改善行動計劃》，明確了新的目標任務和行動舉措，要着力抓好落地落實。近年來我國水污染防治紮實推進，要繼續圍繞促進「人水和諧」，統籌水資源、水環境、水生態治理，持續深入打好碧水保衛戰。《報告》還強調，要加

強土壤污染源頭防控，強化固體廢物、新污染物、塑料污染治理。二要着力提升生態系統多樣性、穩定性、持續性。生態是統一的自然系統，是相互依存、緊密聯繫的有機整體。《報告》強調，要堅持山水林田湖草沙一體化保護和系統治理，加強生態環境分區管控。組織打好「三北」工程三大標志性戰役，推進以國家公園為主體的自然保護地建設。加強重要江河湖庫生態保護治理，持續推進長江十年禁漁。實施生物多樣性保護重大工程。三要完善生態產品價值實現機制。今年中央財政重點生態功能區轉移支付安排 1121 億元，較上年增加 30 億元。還要出台生態保護補償條例，充分調動各方面保護和改善生態環境的積極性。

大力發展綠色低碳經濟。我國經濟社會發展綠色轉型取得紮實進展，同時產業結構偏重、能源結構偏煤等問題仍較為突出，需要持續推進產業結構、能源結構、交通運輸結構、城鄉建設發展綠色轉型。一要落實全面節約戰略。近年來我國資源利用效率不斷提高，但仍有很大提升空間，目前單位國內生產總值用水量是高收入國家的 2 倍多，單位國內生產總值能耗約為世界平均水平的 1.5 倍。今年將出台節約用水條例，強化水資源節約集約利用。加快重點領域節能節水改造，制定節能降碳行動方案，分行業分領域實施節能降碳專項行動。二要完善支持綠色發展的政策舉措和相關市場化機制。加強財稅、金融、投資、價格等政策支持，健全資源環境要素市場化配置體系，讓經營主體在保護生態環境中獲得合理回報。同時，促進節能降碳先進技術研發應用，加快形成綠色低碳供應鏈。三要推動廢弃物循環利用產業發展。我國廢弃物資源量和循環利用潛力巨大，如廢鋼比（即廢鋼鐵使用量與粗鋼產量之比）僅約為 21%，明顯低於世界平均水平。要加快構建廢弃物循環利用體系，提高廢弃物資源化和再利用水平。

積極穩妥推進碳達峰碳中和。這是黨中央經過深思熟慮作出的重

大戰略決策，是我們對國際社會的莊嚴承諾，也是實現高質量發展的內在要求。要堅持全國統籌、節約優先、雙輪驅動、內外暢通、防範風險的原則，落實好碳達峰碳中和「1+N」政策體系。一要紮實開展「碳達峰十大行動」。準確權威的碳排放數據是推進「雙碳」工作的重要基礎，要提升碳排放統計核算核查能力，逐步建立健全有關標準計量和碳排放預算管理體系。積極適應一些國家關於進口產品碳足跡檢測認證的要求，建立碳足跡管理體系，推進產品碳標識認證制度建設、碳足跡國際銜接互認。碳市場是促進低碳發展的重要手段，要擴大全國碳市場行業覆蓋範圍，進一步完善碳定價機制，降低全社會降碳成本。二要深入推進能源革命。要控制化石能源消費，加快建設新型能源體系。加強大型風電光伏基地和外送通道建設，推動分布式能源開發利用，提高電網對清潔能源的接納、配置和調控能力，發展新型儲能。我國綠電綠證交易規模穩步擴大，截至去年10月累計達成綠電交易電量878億千瓦時、核發綠證1.48億個。要進一步健全綠電綠證制度體系，促進綠電使用和國際互認。三要確保經濟社會發展用能需求。我國能源資源稟賦呈現「富煤、缺油、少氣」特點，以煤為主是我們的基本國情。要立足國情、先立後破，統籌好新能源發展和國家能源安全，加強煤炭清潔高效利用，發揮煤炭、煤電兜底作用，推動新能源高質量發展，為經濟社會發展提供安全可靠的能源保障。

（十）要保障和改善民生，加強和創新社會治理。增進民生福祉是發展的根本目的，也是推動發展的強勁動力。要堅持以人民為中心的發展思想，盡力而為、量力而行，在高質量發展中穩步提升民生保障水平。政府要履行好保基本、兜底線職責，採取更多惠民生、暖民心舉措。同時支持社會力量增加非基本公共服務供給，滿足群眾多層次、多樣化需求。要注重以發展思維看待保障和改善民生問題，在解決人民群眾急難愁盼中培育新的經濟增長點，形成經濟發

展與民生改善的良性循環。

多措並舉穩就業促增收。當前，我國就業不僅面臨總量壓力，也面臨比較突出的結構性矛盾。一些勞動者技能水平與崗位需求不匹配，「就業難」與「招工難」並存，技能人才市場求人倍率長期保持在1.5以上。做好就業工作，要在積極擴大就業總量的同時，着力在解決結構性矛盾上下功夫。要繼續突出就業優先導向，完善和落實各項穩就業政策措施，保持就業總體穩定。一要加大政策支持力度。加強財稅、金融等政策對穩就業的支持，營造有利於促進就業的宏觀政策環境。加大促就業專項政策力度，落實和完善穩崗返還、專項貸款、就業和社保補貼等政策，加強對就業容量大的行業企業支持。二要突出抓好重點群體就業工作。高校畢業生佔新成長勞動力的比重接近70%，是國家寶貴的人才資源。要加強政策支持，多渠道拓展崗位，優化就業創業指導服務，同時引導高校畢業生轉變擇業就業觀念，在經濟社會發展需要的崗位上建功立業。加大對農民工外出務工和返鄉就業創業等支持力度，着力穩定脫貧人口務工規模。還要紮實做好退役軍人就業安置工作，加強對殘疾人等就業困難人員幫扶。三要促進就業供需匹配。適應先進製造、現代服務、養老照護等領域人才需求，加強職業技能培訓，不斷提高勞動者素質，加快培養服務經濟社會發展的急需緊缺技能人才。四要加強就業服務和權益保障。分類完善靈活就業服務保障措施，擴大新就業形態就業人員職業傷害保障試點。堅決糾正就業歧視，保障農民工工資支付，維護勞動者合法權益。要研究制定擴大中等收入群體、促進低收入群體增收措施，多渠道增加城鄉居民收入，紮實推進共同富裕。

提高醫療衛生服務能力。要深化醫藥衛生體制改革，促進醫保、醫療、醫藥協同發展和治理。一要完善全民醫保制度。將城鄉居民醫保人均財政補助標準提高30元、達到每人每年670元，提高居民醫保保障能力。繼續推動基本醫療保險省級統籌，完善國家藥品集

中採購制度，強化醫保基金使用常態化監管。當前我國跨省流動人口超過 1.2 億，異地就醫需求旺盛，要落實和完善異地就醫結算，提高住院費用和門診慢特病直接結算便捷度。二要改善醫療服務。深化公立醫院改革，把以患者為中心貫穿醫療服務各環節。反覆檢查困擾着不少患者，既浪費醫療資源也加重患者負擔，要積極推動檢查檢驗結果在大範圍內互認。三要優化醫療資源布局結構。我國基層醫療衛生機構數量超過 100 萬個，但部分機構診療能力和服務水平難以滿足群眾需要。要進一步引導優質醫療資源下沉基層，加強縣鄉村醫療服務協同聯動，擴大基層醫療衛生機構慢性病、常見病用藥種類，加強全科醫生培養培訓，逐步轉變群眾就醫習慣，把小病、慢病、常見病診療留在基層，讓分級診療有序有效。目前，兒科、老年醫學、精神衛生、醫療護理等都存在比較明顯的服務短板，比如，我國 0—14 歲人口數量佔比超過 17%，而兒科醫師在醫生中佔比僅 5%。要加強軟硬件建設和相關人才培養，加快補齊這些短板。還要促進中醫藥傳承創新，加強中醫優勢專科建設。四要統籌做好疾病防治。要堅持預防為主，完善疾病預防控制體系。繼續做好重點傳染病防控，持續抓好高血壓、糖尿病等慢性病防治，加強罕見病研究、診療服務和用藥保障。深入開展健康中國行動和愛國衛生運動，築牢人民群眾健康防線。

加強社會保障和服務。要着力健全多層次社會保障體系，為人民群眾提供有效保障和穩定預期。一要發展多層次、多支柱養老保險體系。將城鄉居民基礎養老金月最低標準提高 20 元、達到每人每月 123 元。我國現有 1.7 億多老年人領取城鄉居民養老保險待遇。基礎養老金最低標準雖經多次上調，但目前看水平依然偏低。這次基礎養老金最低標準增長 19.4%，是近年來上調幅度比較大的一次。同時要繼續提高退休人員基本養老金，完善養老保險全國統籌。在全國實施個人養老金制度，積極發展第三支柱養老保險，推進建立長期

護理保險制度，不斷增厚老年人養老保障。二要解決好「一老一小」等急難愁盼問題。2023年底，我國60歲及以上老年人口達到2.97億、佔總人口的21.1%，已經進入中度老齡化社會。要實施積極應對人口老齡化國家戰略，加強城鄉社區養老服務網絡建設，加大農村養老服務補短板力度。2023年我國出生人口902萬、創下歷史新低，也是連續第二年出現人口負增長。要抓緊健全生育支持政策，優化生育假期制度，完善經營主體用工成本合理共擔機制，多渠道增加托育服務供給，減輕家庭生育、養育、教育負擔，努力保持適度生育水平和人口規模。三要健全分層分類的社會救助體系。要完善和落實社會救助政策，加強防止返貧和低收入人口幫扶兩個政策系統統籌，切實做到應保盡保。還要強化退役軍人、軍屬和其他優撫對象服務保障，做好留守兒童和困境兒童關愛救助，加強殘疾預防和康復服務，完善重度殘疾人托養照護政策，讓各類群體更及時更充分感受到黨和政府的溫暖。

豐富人民群眾精神文化生活。中國式現代化既要物質財富極大豐富，也要精神財富極大豐富、在思想文化上自信自強。要深入學習貫徹習近平文化思想，廣泛踐行社會主義核心價值觀，大力發展文化事業和產業，推動體育改革發展，更好滿足人民日益增長的精神文化需求。

維護國家安全和社會穩定。國家安全是民族復興的根基，社會穩定是國家強盛的前提。要堅定不移貫徹總體國家安全觀，加強國家安全體系和能力建設。提高公共安全治理水平，推動治理模式向事前預防轉型，做好安全生產和防災減災救災工作，創新和完善社會治理，確保人民安居樂業、社會和諧穩定。

黨中央關於今年工作的決策部署已經明確，關鍵是抓好落實。各級政府及其工作人員要深刻領悟「兩個確立」的決定性意義，增強「四個意識」、堅定「四個自信」、做到「兩個維護」，自覺在思想上

政治上行動上同以習近平同志為核心的黨中央保持高度一致，當好貫徹黨中央決策部署的執行者、行動派、實幹家。要切實轉變工作作風，大力提高行政效能，不折不扣抓落實、雷厲風行抓落實、求真務實抓落實、敢作善為抓落實，確保最終效果符合黨中央決策意圖，順應人民群眾期待。

做好今年經濟社會發展工作，意義重大，任務艱巨。我們堅信，在以習近平同志為核心的黨中央堅強領導下，在習近平新時代中國特色社會主義思想的科學指引下，全國人民堅定信心、開拓進取，一定能夠戰勝各種困難挑戰，完成全年經濟社會發展目標任務，書寫以中國式現代化全面推進強國建設、民族復興偉業新篇章！

第一部分

2023 年工作回顧

1. 2023年我國經濟社會發展取得哪些標志性成就？

2023年是全面貫徹黨的二十大精神的開局之年，是本屆政府依法履職的第一年。面對異常複雜的國際環境和艱巨繁重的改革發展穩定任務，以習近平同志為核心的黨中央團結帶領全國各族人民，頂住外部壓力、克服內部困難，付出艱辛努力，新冠疫情防控實現平穩轉段、取得重大決定性勝利，全年經濟社會發展主要目標圓滿完成，高質量發展紮實推進，社會大局保持穩定，全面建設社會主義現代化國家邁出堅實步伐。李強總理在《政府工作報告》中概括總結了我國經濟社會發展取得的主要標志性成就。

（一）經濟總體回升向好。經濟總量穩步攀升，國內生產總值超過126萬億元，增長5.2%。這一增速不僅比2022年加快2.2個百分點、高於疫情三年4.5%的平均增速，而且在世界主要經濟體中也位居前列。2023年美國經濟增長2.5%，歐元區增長0.5%，日本增長1.9%，增速均明顯低於我國。我國對世界經濟增長貢獻率有望超過30%，仍是全球經濟增長重要引擎。就業形勢穩定改善，城鎮新增就業1244萬人，比2022年增加38萬人；全國城鎮調查失業率平均為5.2%，下降0.4個百分點，低於5.5%左右的預期目標，月度城鎮調查失業率呈現回落態勢，從2月份的高點5.6%降至12月份的5.1%。價格形勢基本平穩，全年居民消費價格（CPI）上漲0.2%，與主要發達經濟體面臨較大通脹壓力形成鮮明對比；扣除食品和能源的核心CPI上漲0.7%，保持總體穩定。國際收支基本平衡，經常賬戶順差與國內生產總值之比位於3%以內，外匯儲備餘額穩定在3.1萬億美元以上。我國經濟在恢復中呈現增長較快、就業物價總體平穩、後勁不斷積蓄的良好態勢。

（二）現代化產業體系建設取得重要進展。傳統產業加快轉型升級，戰略性新興產業蓬勃發展，未來產業有序布局，先進製造業和現代服務業深度融合，發展新動能新優勢不斷壯大。製造業技術改造投資增長3.8%，比

全部投資（不含農戶）增速快 0.8 個百分點。高技術製造業、裝備製造業增加值佔規模以上工業增加值比重分別提升至 15.7%、33.6%。新能源汽車產銷量均突破 900 萬輛，佔全球比重超過 60%。數字技術和實體經濟融合發展紮實推進，電子商務交易額增長 9.4%，信息傳輸、軟件和信息技術服務業增加值增長 11.9%。一批重大產業創新成果達到國際先進水平。國產大飛機 C919 投入商業運營，首艘國產大型郵輪成功建造。

（三）科技創新實現新的突破。深入實施創新驅動發展戰略，加快推進高水平科技自立自強，強化國家戰略科技力量，國家實驗室體系建設有力推進。關鍵核心技術攻關成果豐碩，航空發動機、燃氣輪機、第四代核電機組等高端裝備研製取得長足進展，人工智能、量子技術等前沿領域創新成果不斷湧現。全球首台 16 兆瓦海上風電機組並網發電，全球首座第四代核電站高溫氣冷堆示範工程投入商業運行。創新投入穩步增長，全年全社會研究與試驗發展（R&D）經費支出 3.3 萬億元、增長 8.1%，與國內生產總值之比達到 2.64%，其中基礎研究經費支出增長 9.3%。技術合同成交額增長 28.6%。發明專利平穩增長，我國成為世界上首個國內有效發明專利數量突破 400 萬件的國家，高價值發明專利佔比超過四成。創新驅動發展能力持續提升。

（四）改革開放向縱深推進。新一輪機構改革中央層面基本完成，地方層面有序展開。加強全國統一大市場建設，全面清理妨礙統一市場和公平競爭的政策措施，着力破除經營主體反映強烈的地方保護、市場分割等突出問題。推動各種所有制經濟健康發展，實施國有企業改革深化提升行動，出台促進民營經濟發展壯大政策。重點領域和關鍵環節改革深入推進。在上海等自由貿易試驗區對接高標準國際經貿規則推進制度型開放，設立新疆自由貿易試驗區，自貿試驗區建設布局進一步完善。全年貨物進出口總額 41.8 萬億元，出口佔國際市場份額保持穩定，電動汽車、鋰電池、光伏產品「新三樣」出口增長近 30%。實際使用外資結構優化。成功舉辦第三屆「一帶一路」國際合作高峰論壇，與共建國家貨物進出口額佔進出口總額比重提升至 46.6%，共建「一帶一路」的國際影響力、感召力更為彰顯。

（五）**安全發展基礎鞏固夯實。**糧食安全保障能力鞏固提升，糧食產量 1.39 萬億斤，再創歷史新高，連續 9 年保持在 1.3 萬億斤以上。高標準農田建設加快推進，全年新建和改造提升高標準農田面積 574 萬公頃，新增高效節水灌溉面積 164 萬公頃。能源資源供應穩定，一次能源生產總量增長 4.2%，原煤產量創 47.1 億噸的歷史新高。支持集成電路、工業母機、基礎軟件等「卡脖子」領域關鍵核心技術攻關，紮實推進產業基礎再造工程和重大技術裝備攻關工程，一批攻關成果實現規模化應用，重要產業鏈供應鏈自主可控能力提升。支持地方因城施策調整優化房地產市場調控措施，紮實推進保交樓工作，穩妥處置地方債務風險，分類處置高風險中小金融機構，經濟金融重點領域風險穩步化解。現代化基礎設施建設不斷加強，新建高速鐵路 2776 公里，年末 5G 基站數達 338 萬個。

（六）**生態環境質量穩中改善。**污染防治攻堅戰深入開展，主要污染物排放量繼續下降，地表水和近岸海域水質持續好轉。全國地級及以上城市細顆粒物（PM2.5）平均濃度為 30 微克 / 立方米，全國地表水Ⅰ—Ⅲ類水質斷面比例為 89.4%、提升 1.5 個百分點，土壤重金屬污染防治取得積極成效。加快實施重要生態系統保護和修復重大工程，加強水土流失、荒漠化綜合防治，完成水土流失治理面積 6.3 萬平方公里，全國水土保持率達到 72.5%，「三北」工程攻堅戰全面啟動。完成國土綠化任務 1.26 億畝。積極穩妥推進碳達峰碳中和，啟動首批 35 個碳達峰試點城市和園區建設。可再生能源發電裝機突破 15 億千瓦，規模歷史性超過火電，全年新增裝機超過全球一半。

（七）**民生保障有力有效。**全國居民人均可支配收入實際增長 6.1%，城鄉居民收入比值為 2.39，差距繼續縮小。脫貧攻堅成果鞏固拓展，脫貧地區農村居民收入實際增長 8.4%。加大義務教育、基本養老、基本醫療等財政補助力度，擴大救助保障對象範圍。推動義務教育優質均衡發展，強化義務教育薄弱環節建設。退休人員基本養老金平均上調 3.8%，提高城鄉居民基礎養老金最低標準。年末全國基本養老、失業、工傷保險參保人數分別達到 10.66 億人、2.44 億人、3.02 億人，覆蓋面進一步擴大。穩妥實施

企業職工基本養老保險全國統籌。持續提升跨省異地就醫結算服務，推進落實跨省異地就醫結算政策，全年惠及群眾就醫 1.3 億人次，減少群眾墊付 1536.7 億元。提高「一老一小」個人所得稅專項附加扣除標準，6600 多萬納稅人受益。加強城鎮老舊小區改造和保障性住房供給，惠及上千萬家庭。

（黃　濤）

2. 在實施積極的財政政策方面採取了哪些措施？

過去一年，面對異常複雜的國際環境和艱巨繁重的改革發展穩定任務，在以習近平同志為核心的黨中央堅強領導下，各地區各部門深入貫徹落實中央經濟工作會議精神，堅持穩中求進工作總基調，有力有效實施宏觀調控。在實施積極的財政政策方面，着力優化組合赤字、專項債、貼息等工具，主動適時加力，提升政策效能。從全年看，全國一般公共預算收入 21.7 萬億元、增長 6.4%，呈現恢復性增長態勢；全國一般公共預算支出 27.5 萬億元、增長 5.4%，保持了必要的支出強度。

（一）加大財政政策調節力度，強化對經濟運行和基層運轉的支撐。考慮財政可持續和支持企業、基層發展的需要，加強各類資源統籌，提高財政資金使用效益和政策實際效果。一是優化完善稅費支持政策。年初及早明確延續和優化實施部分稅費優惠政策，下半年根據形勢變化，再延續、優化、完善一批到期稅費優惠政策，包括擴大個體工商戶減半徵收個人所得稅優惠範圍，將小微企業「六稅兩費」優惠政策調整為統一減半徵收等。2023 年，全國新增稅費優惠超過 2.2 萬億元，有效提振市場信心、激發市場活力。二是管好用好地方政府專項債券資金。2023 年新增地方政府專項債券 3.8 萬億元，三季度適當加快發行進度，將城中村改造、5G 融合設施等納入投向領域，將供熱、供氣等納入用作項目資本金範圍，推動一批重大項目建設。三是保障基層財政平穩運行。中央財政對地方轉移支付規模首次超過 10 萬億元，完善縣級基本財力保障機制獎補資金管理，向「三保」保障壓力較大、財力相對薄弱的地區傾斜。加強財政運行監測預警，督促地方落實「三保」主體責任。

（二）加大重點領域投入，促進經濟結構優化升級。圍繞補短板、強弱項、增動能，着力優化財政支出結構，增強對國家重大戰略任務、重點項目的財力保障。一是推動製造業高質量發展。產業基礎再造和製造業高

質量發展專項資金增長 20.3%。出台先進製造業企業增值稅加計抵減政策，將符合條件的集成電路和工業母機企業研發費用稅前加計扣除比例提高至 120%。持續實施專精特新中小企業財政獎補。二是大力支持科技創新。提高符合條件的行業企業研發費用加計扣除比例至 100%，並作為制度性安排長期實施。加強關鍵核心技術攻關資金保障，支持實施一批科技重大項目。中央本級基礎研究支出增長 6.6%，擴大基礎研究項目經費包干制範圍。三是促進鄉村全面振興。支持新建和改造提升高標準農田 8000 萬畝，增加產糧大縣獎勵。向實際種糧農民發放 100 億元一次性補貼。加大中央財政銜接推進鄉村振興補助資金投入。完善農業信貸擔保體系，累計支持超過 398 萬個新型農業經營主體、擔保金額超過 1.3 萬億元。四是推進區域協調發展。支持京津冀協同發展、長江經濟帶發展、粵港澳大灣區建設、長三角一體化發展、黃河流域生態保護和高質量發展等區域重大戰略實施。支持沿邊臨港產業園區建設，引導重點產業有序轉移。推進海南自由貿易港建設，進一步擴大零關稅商品範圍。

（三）**着力加強民生保障，推動社會事業建設**。在財力緊張的情況下，進一步加大民生領域投入，強化基礎性、普惠性、兜底性民生建設。一是全力支持防汛救災。及時應對洪澇、乾旱、地震等災情險情，啟動救災資金快速核撥機制，支持華北、東北等受災地區開展應急搶險救援、過渡期轉移安置等救助工作。經全國人大常委會會議審查批准，在四季度增發 1 萬億元國債，資金全部通過轉移支付安排給地方，支持災後恢復重建、提升防災減災救災能力。二是加大教育發展支持力度。全年教育支出超過 4.1 萬億元，佔一般公共預算支出比重超過 15%。小學、初中生均公用經費基準定額分別提高到 720 元、940 元。延續實施階段性免除家庭經濟困難高校畢業生國家助學貸款利息並允許延期還本政策。大幅提高本專科生、研究生國家助學貸款額度上限。三是支持衛生健康事業發展。將基本公共衛生服務經費、城鄉居民醫保人均財政補助標準分別提高到每人每年 89 元、640 元。啟動實施中央財政支持普惠托育服務發展示範項目。四是提高社會保障水平。穩步實施企業職工基本養老保險全國統籌。企業和機關事業

單位退休人員基本養老金水平總體上調 3.8%，城鄉居民基礎養老金全國最低標準提高到每人每月 103 元。中央財政共下達補助資金超過 1 萬億元，保障養老金按時足額發放。優撫對象等人員撫恤和生活補助標準總體提高 5.7%，惠及 835 萬人。五是強化生態環境保護治理。支持深入打好藍天、碧水、淨土保衛戰。加大流域橫向生態補償機制建設力度。深化山水林田湖草沙一體化保護和系統治理。

（姜秀謙）

3. 在實施穩健的貨幣政策方面做了哪些工作？

2023 年宏觀調控面臨不少兩難多難抉擇，經濟工作的複雜性、挑戰性多年未有。面對這種局面，制定和實施宏觀政策注重立足當前、着眼長遠，密切跟踪經濟運行走勢變化，相機抉擇、加強逆周期調節，圍繞擴大內需、優化結構、提振信心、防範化解風險，打出有力有效的政策組合拳。在實施穩健的貨幣政策方面，注重把服務實體經濟放到更加突出位置，為經濟回升向好營造了良好的貨幣金融環境。從全年看，貨幣信貸和社會融資規模合理增長，信貸結構不斷優化，社會綜合融資成本穩中有降。

（一）**保持流動性合理充裕**。靈活運用多種貨幣政策工具，合理投放流動性。2023 年 3 月和 9 月，兩次下調金融機構人民幣存款準備金率各 0.25 個百分點，釋放中長期流動性超過 1 萬億元。全年中期借貸便利超額續作 2.5 萬億元。多次召開金融機構座談會，引導信貸總量適度、節奏平穩，增強貸款增長的穩定性和可持續性。2023 年末，廣義貨幣供應量（M2）和社會融資規模存量比上年分別增長 9.7% 和 9.5%。人民幣貸款餘額 237.6 萬億元、增長 10.6%，比年初增加 22.8 萬億元、比上年多增 1.3 萬億元。

（二）**推動降低融資成本**。全年兩次下調公開市場操作和中期借貸便利利率，帶動貸款市場報價利率（LPR）等市場利率下行，1 年期和 5 年期貸款市場報價利率分別下降 0.2 個和 0.1 個百分點。2023 年，企業貸款加權平均利率為 3.88%，下降 0.29 個百分點，為歷史最低水平。發揮存款利率市場化調整機制作用，引導存款利率下降，穩定銀行負債成本。調整優化住房信貸政策和購房套數認定標準，引導借貸雙方有序降低超 23 萬億元存量首套房貸利率，平均降幅 0.73 個百分點，每年減少借款人利息支出約 1700 億元，惠及 5325 萬戶、約 1.6 億人。2023 年，新發放個人住房貸款利率為 4.1%，下降 0.75 個百分點。

（三）**強化金融對重點領域和薄弱環節支持**。聚焦「五篇大文章」，更

好發揮貨幣政策工具總量和結構雙重功能，提升貨幣政策促進經濟結構調整、轉型升級的效能。科技金融方面，完善金融支持科技創新的政策框架。截至2023年末，製造業中長期貸款餘額12.5萬億元、增長31.9%；科技型中小企業貸款、專精特新企業貸款分別增長21.9%和18.6%，均明顯超過全部貸款增速。綠色金融方面，延續實施碳減排支持工具和支持煤炭清潔高效利用專項再貸款。截至2023年末，綠色信貸餘額約30.1萬億元、增長36.5%。普惠金融方面，運用支農支小再貸款、再貼現引導地方法人金融機構擴大對涉農、小微和民營企業的信貸投放。截至2023年末，普惠小微貸款餘額29.4萬億元、增長23.5%；涉農貸款餘額56.6萬億元、增長14.9%。養老金融方面，鼓勵金融機構創新養老金融組織和產品體系，加大對養老機構和養老產業等信貸投放。截至2023年末，開發銀行、農業發展銀行、工商銀行等七家大型銀行各類養老產業貸款餘額合計約1000億元、增長26.4%。數字金融方面，完善相關貨幣政策工具，更好支持數字經濟發展。

（四）穩定匯率兼顧內外均衡。加強預期引導，完善以市場供求為基礎、參考一籃子貨幣進行調節、有管理的浮動匯率制度，有效實施宏觀審慎管理，人民幣對一籃子貨幣基本穩定，對國際主要貨幣匯率有升有貶、雙向浮動，在全球表現穩健。針對2023年中人民幣匯率外部壓力較大的情況，綜合採取措施，加強預期管理，防範大起大落。7月上調跨境融資宏觀審慎調節參數，9月下調外匯存款準備金率，增發離岸央票，平衡外匯市場供求，保持人民幣匯率在合理均衡水平上的基本穩定。2023年末，人民幣對美元匯率收盤價為7.092，較本輪低點升值逾3%，在全球表現穩健。外匯儲備約為3.2萬億美元，規模穩居世界第一。

（姜秀謙）

4. 防範化解經濟金融風險做了哪些工作？

2023 年，在集中精力推動經濟高質量發展的同時，把防風險擺在突出位置，突出標本兼治，推動重點領域風險隱患持續化解，守住了不發生系統性風險的底線。

（一）**維護房地產市場平穩運行**。我國房地產市場正經歷結構性轉變，住房需求中樞水平、住房市場交易結構以及行業模式都面臨一些深刻變化，房地產市場正從增量市場為主向增量存量並重過渡。總體看，房地產市場金融風險可控。2023 年，國家層面支持地方因城施策調整優化房地產市場調控措施，出台首套房「認房不認貸」、降低首套房和二套房首付比例及二套房貸款利率下限等政策措施。延續實施支持居民換購住房有關個人所得稅政策、降低二手房買賣中介費等政策，延長房地產「金融 16 條」實施期限，引導金融機構一視同仁滿足不同所有制房企合理融資需求，2023 年銀行業金融機構新發放房地產開發貸款 3 萬億元，住房按揭貸款 6.4 萬億元。加大民營企業債券融資支持力度，2023 年末銀行購買房企債券餘額 4275 億元。積極推進保交樓工作，指導金融機構用好 3500 億元保交樓專項借款、2000 億元保交樓貸款支持計劃。開展房地產領域信訪突出問題處置和積案化解專項行動，重點掛牌督辦爛尾逾期等信訪案件，惠及 39 萬戶群眾。2023 年 12 月，增加抵押補充貸款額度 5000 億元，支持政策性開發性金融機構為保障性住房建設、城中村改造、「平急兩用」公共基礎設施建設提供信貸支持。

（二）**多措並舉化解地方債務風險**。我國政府債務水平在國際上處於中游偏低水平，政府債務餘額與 GDP 之比低於國際通行的 60% 警戒線，也低於主要市場經濟國家和新興市場國家。從結構上看，中央政府債務負擔較輕，大部分地方債務水平也不高，並有較多資源和手段化解債務。2023 年制定實施了一攬子化解地方債務方案，「一省一策」打好化債攻堅戰，加快

化解存量隱性債務和償還政府拖欠企業賬款，堅決防止新增隱性債務。壓實地方主體責任，鼓勵地方採取盤活或出售資產等方式，積極籌措資源用於化解債務，同時健全跨部門協同監管機制，嚴肅查處違法違規舉債行為，公開通報問責典型案例。鼓勵金融機構按照市場化、法治化原則與融資平台平等協商，通過展期、借新還舊、置換等方式分類施策化解債務風險。支持地方政府通過並購重組、注入資產等方式，逐步剝離融資平台政府融資功能，轉型成為不依賴政府信用、財務自主可持續的市場化企業。健全防範化解地方債務風險的長效機制，着力加強風險源頭管控，強化預算約束，加強地方國有企事業單位債務融資管控。經過各方面協同努力，地方違法違規無序舉債的蔓延擴張態勢得到初步遏制，債務風險得到整體緩解。

（三）分類有序壓降高風險中小金融機構風險。2023 年，各地區各相關部門持續推進中小金融機構改革化險，按照「早識別、早預警、早暴露、早處置」要求，認真履行監管職責，摸清中小金融機構風險底數，健全具有硬約束的金融風險早期糾正機制。堅持分類指導，推動地方有序推進高風險中小金融機構處置工作。以轉變省聯社職能為重點，「一省一策」加快農村信用社改革，穩步推動村鎮銀行改革重組和風險化解。督導商業銀行做實資產風險分類，加強銀行不良資產認定與處置，拓寬處置渠道，加大處置力度，有效改善了銀行業金融機構資產質量，為鞏固和提升金融體系整體穩健性打下良好基礎。

（姜秀謙）

5. 科技創新實現哪些新突破？

科技創新是高質量發展的強大驅動力，是發展新質生產力的核心要素。過去一年，在以習近平同志為核心的黨中央堅強領導下，各地區各部門深入實施創新驅動發展戰略，加快推進高水平科技自立自強，國家創新體系不斷完善，科技實力不斷增強，在很多領域都取得了新的成果、實現了新的突破。

（一）**科技管理體制改革縱深推進**。加強黨中央對科技工作的集中統一領導，組建中央科技委員會，國家科技管理體制實現系統性重構、整體性重塑。強化國家科技發展重大戰略、重大規劃、重大政策統籌，優化科技創新全鏈條管理，行業科技管理體制更加順暢高效。建立國家科技重大項目管理新制度，完善科技經費分配使用機制，健全科技創新平台基地體系。隨着各項改革舉措落實到位，新型舉國體制進一步完善，國家創新體系整體效能不斷提升。

（二）**國家戰略科技力量不斷壯大**。國家實驗室體系建設有力推進，聚焦國家使命探索更加高效的體制機制和科研組織模式，全國重點實驗室重組深入推進。強化科研院所使命導向，推進科研院所管理改革試點和中央級科研事業單位績效評價。深化科教協同，支持高水平研究型大學承擔基礎研究和關鍵核心技術攻關任務。截至 2023 年底，納入新序列管理的國家工程研究中心共有 207 個，國家企業技術創新中心 1798 家；聚焦重點領域布局 27 家國家製造業創新中心、2 家國家地方共建製造業創新中心。

（三）**重大科技成果加速湧現**。C919 大飛機正式投入商業運營。國產首艘大型郵輪「愛達・魔都號」成功建造並開啟商業首航。天舟六號、神舟十六號、神舟十七號任務相繼實施，中國空間站進入應用與發展新階段。「奮鬥者」號創造我國載人深潛新紀錄。全球首座第四代核電站高溫氣冷堆示範工程正式投產，全球首台 16 兆瓦海上風電機組並網發電，航空發動

機、燃氣輪機研製取得長足進展。量子計算機原型機「九章三號」成功構建。人工智能大模型掀起發展熱潮，行業賦能應用不斷拓展。

（四）基礎研究和原始創新能力持續提高。加強對基礎研究的長期穩定支持，基礎研究經費逐年增長。據初步測算，2023 年基礎研究經費佔全社會研發投入比重達到 6.65%，連續多年保持 6% 以上。全面深化自然科學基金改革，構建基礎研究人才長周期穩定支持機制。把原始創新能力提升擺在更加突出的位置，在量子技術、生命科學、深空探測等領域取得了一批重大原創科技成果。2023 年我國高被引論文數達到 5.79 萬篇，比上年增長 16.2%，佔全球比重由 27.3% 提升至 30.8%。

（五）企業科技創新主體地位更加凸顯。出台強化企業科技創新主體地位的政策措施。將符合條件行業企業研發費用加計扣除比例由 75% 提高至 100% 政策作為制度性安排長期實施。科技領軍企業不斷壯大，中央企業研發投入連續兩年超過萬億元，原創技術策源地加快建設，更多民營企業承擔國家科技重大項目、參與創新平台建設。截至 2023 年底，國內企業擁有有效發明專利 290.9 萬件，佔比首次超過七成。

（六）區域創新高地加快布局。圍繞國家戰略需求和區域重大戰略實施，全面部署區域科技創新體系建設。加強北京、上海、粵港澳大灣區三大國際科技創新中心頂層設計，統籌推動成渝、武漢、西安區域科技創新中心建設，做好中關村建設世界領先科技園區系統謀劃。根據世界知識產權組織（WIPO）發布的 2023 年全球創新指數報告，我國在全球百強科技集群中佔 24 個，北京、上海、粵港澳大灣區首次全部進入全球前五。

（七）科技成果轉化和知識產權工作不斷強化。加快推動職務科技成果賦權改革試點、科技成果評價改革、職務科技成果管理試點等「三項改革」，探索激發科研人員成果轉化動力的新模式新路徑。2023 年簽訂技術合同數量、成交金額比上年分別增長 22% 和 28.6%。全鏈條強化知識產權創造、運用、保護、管理和服務，全年授權發明專利 92.1 萬件，高價值發明專利擁有量 166.5 萬件，比上年分別增長 15.4% 和 25.7%；國內發明專利擁有量達到 401.5 萬件，成為世界上首個突破 400 萬件的國家。

（八）科技開放合作走深走實。舉辦 2023 中關村論壇、2023 浦江創新論壇，習近平主席分別致賀信。舉辦首屆「一帶一路」科技交流大會，簽署 12 項政府間科技合作協議。發布《國際科技合作倡議》，為促進全球科技創新合作提供中國主張、貢獻中國智慧。我國牽頭組織的國際大科學計劃實現突破，「深時數字地球」、「海洋負排放」兩個國際大科學計劃啟動實施。試點設立面向全球的科學研究基金，面向外籍人才的多層次資助體系逐步構建。

（吳蘭谷）

6. 在推動產業升級方面實施了哪些舉措?

推動產業升級是實現經濟高質量發展的戰略選擇,也是構建大國競爭優勢的迫切需要。2023年,習近平總書記就推進新型工業化作出重要指示。全國新型工業化推進大會勝利召開,各地區各部門認真貫徹落實黨中央決策部署,統籌推動穩增長、優結構、轉方式、增動能,產業升級邁出堅實步伐,現代化產業體系建設取得重要進展。

(一)促進工業經濟平穩運行。出台電子、汽車、輕工等十大行業穩增長工作方案,供需兩側協同發力,穩增長和促升級統籌推進。各地區積極推出穩定工業經濟運行的政策舉措。在各方面共同努力下,全年規模以上工業增加值比上年增長4.6%,增速比上年提高1個百分點,呈現逐季加快的態勢。工業企業利潤降幅持續收窄,8月份以來當月利潤由降轉升並持續保持正增長;製造業投資增長6.5%,增速高於全部投資3.5個百分點。

(二)保持產業鏈供應鏈安全穩定。面對國際環境變化和外部打壓遏制,「一鏈一策」推進重點產業鏈補短板、鍛長板、強基礎。深入實施產業基礎再造工程和重大技術裝備攻關工程,加大重點產業鏈關鍵核心技術攻關支持力度,集成電路、工業母機企業研發費用加計扣除比例提高至120%,高端醫療裝備、關鍵軟件、基礎材料等重點領域實現新突破。專精特新企業加速涌現,累計培育專精特新中小企業10.3萬多家、「小巨人」企業1.2萬家、製造業單項冠軍企業1186家,一大批優質企業在強鏈補鏈中發揮重要作用。

(三)推動傳統產業轉型升級。出台加快傳統製造業轉型升級的指導意見,推動高端化、智能化、綠色化發展。大力推進「智改數轉網聯」,累計建設近萬家數字化車間和智能工廠,「燈塔工廠」數量佔全球四成,工業企業關鍵工序數控化率、數字化研發設計工具普及率分別達60.1%和78.3%。實施中小企業數字化轉型城市試點,更多中小企業實現「上雲用

數賦智」。綠色低碳轉型持續推進，發布新版工業重點領域能效標桿水平和基準水平，78 家鋼鐵企業完成 3.9 億噸粗鋼產能超低排放改造，鋼鐵、電解鋁、石化化工、建材等行業落後產能進一步退出，綠色製造體系加快建設。

（四）鞏固優勢產業領先地位。推動汽車、船舶、新能源、信息通信等行業鍛長板、揚優勢，增強核心競爭力。2023 年我國汽車產銷量突破 3000 萬輛，整車出口 491 萬輛，躍居世界第一。新能源汽車領跑全球，全年產銷量分別達到 958.7 萬輛和 949.5 萬輛，佔全球比重超過 60%。啟動智能網聯汽車准入和上路試點，L2 級智能網聯乘用車佔新車銷量比重達到 46.2%。電動汽車、鋰電池、光伏產品「新三樣」出口額首超萬億元，全球動力電池前十大企業我國獨佔六席。光伏產業鏈主要環節產量多年保持全球第一。造船業三大指標繼續位居全球首位。

（五）培育壯大新興產業。加大先進製造業支持力度，出台先進製造業企業增值稅加計抵減政策。2023 年高技術製造業、裝備製造業佔規模以上工業增加值比重分別提升至 15.7% 和 33.6%，高技術產業投資保持兩位數增長。持續實施戰略性新興產業集群發展工程，出台加快發展先進製造業集群的意見，45 個國家先進製造業集群主導產業產值超過 10 萬億元。深入推進先進製造業和現代服務業融合試點，構建優質高效服務業新體系。制定未來產業創新發展實施意見，面向國家重大需求和戰略必爭領域，前瞻性布局未來產業新賽道。

（六）大力發展數字經濟。出台《數字中國建設整體布局規劃》，加強數字經濟發展頂層設計。協同推進數字產業化和產業數字化，2023 年電信、軟件和互聯網業務收入比上年分別增長 6.2%、13.4% 和 6.8%，數字經濟核心產業產值佔國民經濟比重持續提升，數字技術與實體經濟融合不斷深化。持續推進數字基礎設施建設，截至 2023 年底，累計建成 5G 基站 337.7 萬個，5G 移動電話用戶 8.05 億戶、5G 用戶普及率超過 50%，千兆寬帶用戶 1.57 億戶，實現「市市通千兆、縣縣通 5G、村村通寬帶」。部署構建全國一體化算力網，算力總規模超過 200EFLOPS，居全球第二位。大力推動公共數

據資源開發利用，啟動實施「數據要素 ×」三年行動。加強關鍵信息基礎保護和網絡安全防護，數字安全屏障進一步築牢。

（七）提升標準引領和質量支撐能力。深入開展增品種、提品質、創品牌行動，促進標準提檔、質量提升、品牌增效。實施新產業標準化領航工程，發布工業基礎、高端裝備製造、航空航天等領域國家標準410項，主要消費品與國際標準一致性程度達到96%。組織開展製造業卓越質量提升工程，新批准籌建10家國家產業計量測試中心、4家國家質檢中心，2023年製造業產品質量合格率達到93.65%。舉辦2023年中國品牌日活動，引導各行業各領域深入開展品牌創建。世界品牌實驗室（World Brand Lab）編制的2023年《世界品牌500強》排行榜中，中國品牌入選48個，躍居全球第三，知名度穩步提升。

（吳蘭谷）

7. 實現農業穩產增產的主要措施有哪些?

2023 年是加快建設農業強國的開局之年,實現農業穩產增產意義重大、任務艱巨。在以習近平同志為核心的黨中央堅強領導下,各地區各部門認真貫徹落實黨中央、國務院部署,廣大幹部群眾齊心協力、砥礪奮進,全面完成了農業穩產增產各項目標任務。全年糧食總產量達到 1.39 萬億斤,比 2022 年增產 1.3%,再創歷史新高,連續 9 年穩定在 1.3 萬億斤以上;大豆面積穩定在 1.5 億畝以上,油料產量明顯提升;畜禽水產品產量普遍增長,果菜茶等生產總體穩定。農業穩產增產目標任務的全面實現,為在複雜嚴峻形勢下穩定經濟社會發展大局提供了有力支撐、贏得了戰略主動,也為今後實現糧食和重要農產品穩產增產奠定了堅實基礎。

回顧 2023 年農業發展歷程,全面實現穩產增產目標任務來之不易,啟示十分寶貴。全年經濟波浪式發展、曲折式前進,總體回升向好,同時也存在不少困難和問題,對穩定農產品市場價格、支農投入增長等帶來影響;水旱等極端自然災害多發重發,尤其是夏糧主產區發生多年少有的「爛場雨」、華北東北部分秋糧主產區遭遇罕見洪澇,給農業穩產增產和人民群眾生命財產安全帶來嚴峻考驗;農產品生產成本上升和市場價格走低交織疊加,統籌農業增產與農民增收、耕地保護治理與高效利用等面臨的兩難多難問題不斷凸顯。在這樣的情況下,能夠全面實現農業穩產增產目標任務,最根本的是有以習近平同志為核心的黨中央堅強領導,有習近平新時代中國特色社會主義思想的科學指引。習近平總書記對新征程上加快建設農業強國作出系統部署,在赴地方考察和主持召開重要會議時發表的重要講話中多次強調要抓好農業生產,在關鍵農時和防災減災緊要節點及時科學精準指導,對農業農村改革發展重大問題多次作出重要指示批示。習近平總書記的重要指示批示,既指方向、明路徑,又提要點、教方法,為全面實現農業穩產增產目標任務提供了根本遵循、注入了強大動力。在習近平總

書記重要指示批示的科學指引下，各地區各部門採取了一系列促進農業穩產增產的政策措施。歸納起來，主要有以下三個方面。

（一）強化農業穩產增產的激勵約束機制，充分調動農民和地方政府積極性。實現農業穩產增產，最終要靠農民和基層幹部來幹。圍繞調動農民和地方政府的積極性，有關部門和地方進一步強化責任落實和政策支持措施，健全推動農業穩產增產的激勵約束機制。在穩定糧食生產方面，嚴格省級黨委和政府耕地保護和糧食安全責任制考核，繼續提高小麥最低收購價，合理確定稻穀最低收購價，穩定稻穀補貼，完善農資保供穩價應對機制，增加產糧大縣獎勵資金規模，健全主產區利益補償機制。在鞏固提升大豆油料擴種成果方面，完善玉米大豆生產者補貼，實施大豆完全成本保險和種植收入保險試點，支持東北、黃淮海地區開展糧豆輪作，加強油菜綜合性扶持措施統籌，促進花生持續穩定增長，啟動實施加快油茶產業發展三年行動，支持木本油料等特色油料發展。在優化提升「菜籃子」產品生產方面，落實生豬穩產保供省負總責，嚴格「菜籃子」市長負責制考核，大力推進畜牧漁業高質量發展，提高蔬菜應急保供能力。此外，還着力推動樹立和踐行大食物觀落地見效，促進多途徑實現農業穩產增產。

（二）強化農業穩產增產風險挑戰的防範化解舉措，有效保障抗災奪豐收。我國特殊的氣候和地理條件，決定了農業災害年年都會發生，2023年天氣更是極端異常。為確保抗災奪豐收，各地區各部門按照習近平總書記重要指示要求，堅持以「時時放心不下」的責任感，未雨綢繆有力有效加強防範應對。災害發生之前，及早優化完善農業氣象觀測設施站網布局，加強旱澇災害防禦體系建設和農業生產防災救災應急保障。災害發生後，地方黨委政府靠前指揮，相關部門一線指導，及時組織搶收搶烘、搶排積水和改種補種，努力把災害損失降到最低。全年都紮實開展糧油等主要作物大面積單產提升行動，加強良田、良種、良法、良機、良制集成配套推廣應用，以推動未受災地區和生產季節的糧食大面積單產提升，保障全國全年糧食產量穩產增產。2023年全國糧食生產重點縣的大豆、玉米畝產分別提高19.9公斤、72.6公斤，對增產的貢獻率超過73%，帶動全國糧食畝

產提高 2.9 公斤，有效對衝了災害影響，為最終實現「以豐補歉」、「以秋補夏」提供了有效保障。

（三）強化農業穩產增產的物質技術支撐，推動提升糧食產能取得新進展。實現農業穩產增產，基礎在於物質技術支撐。為夯實農業穩產增產根基，各地區各部門以啟動實施新一輪千億斤糧食產能提升行動為抓手，大力強化藏糧於地、藏糧於技。在加強耕地保護和建設上，啟動耕地保護和糧食安全責任制考核，開展耕地種植用途管控試點，紮實有力推進高標準農田和高效節水灌溉建設。在推動農業科技進步上，圓滿完成第三次全國農業種質資源普查，一批抗蟲、耐鹽、短生育期的作物新品種研發取得突破；部分短板農機具實現熟化定型和產業化應用，農業科技進步總體貢獻率達到 63%。在構建新型農業經營體系上，第二輪土地承包到期後再延長30 年試點基本實現省級全覆蓋，土地「承包權不動、經營權連片」等解決承包地細碎化問題的方法路徑探索取得新進展，家庭農場、農民合作社等新型農業經營主體素質能力穩步提升，對小規模農戶發展現代農業的帶動作用進一步增強。

（張順喜）

8. 鄉村振興取得哪些新進展？

過去一年，各地區各部門認真貫徹落實習近平總書記重要講話和重要指示批示精神，按照黨中央、國務院部署，加強頂層設計，循序漸進、穩紮穩打，推動鄉村全面振興取得新的階段性進展。

（一）**脫貧攻堅成果持續鞏固拓展。**進一步明確防返貧機制的具體規範和工作要求，識別納入的監測對象中超過六成已消除返貧風險，其餘均落實了針對性幫扶措施，「三保障」和飲水安全保障成果更加鞏固，守住了不發生規模性返貧的底線。啟動實施脫貧地區特色產業提升行動，中央財政銜接推進鄉村振興補助資金用於產業發展的比重達到 60%，近四分之三的脫貧人口與新型農業經營主體建立利益聯結關係。完善就業幫扶政策，深化東西部勞務協作，支持就業幫扶車間發展，規範鄉村公益崗位管理，全年脫貧人口務工總規模超過 3300 萬。持續加力對重點區域的傾斜支持，安排中央財政銜接推進鄉村振興補助資金 172 億元，傾斜支持 160 個國家鄉村振興重點幫扶縣發展。紮實推進科技特派團和醫療、教育幹部人才「組團式」幫扶，深入開展鞏固易地搬遷脫貧成果專項行動和搬遷群眾就業幫扶專項行動。東部 8 個省市向西部 10 省區市實際投入財政援助資金 231.9 億元、消費幫扶 1104.8 億元。完善中央單位定點幫扶，調整優化結對關係，實現中央單位定點幫扶對國家鄉村振興重點幫扶縣全覆蓋。深入實施「萬企興萬村」行動，社會各界參與鞏固拓展脫貧攻堅成果和鄉村振興的氛圍更加濃厚。在各方面幫扶帶動下，脫貧地區加快發展，脫貧地區農村居民人均可支配收入達到 16396 元，實際增長 8.4%，持續保持較快增長速度。

（二）**鄉村產業不斷發展壯大。**各地堅持把產業振興作為全面推進鄉村振興的重中之重，持續壯大鄉村富民產業。依托鄉村特色資源，發揮比較優勢，推動鄉村特色產業規模擴大、領域拓寬、全鏈條升級。支持新建 40 個、續建 51 個優勢特色產業集群，新建 200 個農業產業強鎮、認定獎補

184 個農業產業強鎮。培育全產業鏈產值超 100 億元的集群 139 個、超 500 億元的 14 個、超 1000 億元的 3 個。農產品加工業持續發展，規模以上農產品加工企業營業收入達 17.6 萬億元。抓實大豆油料加工，認定一批大豆加工國家農業產業化龍頭企業，促進糧食加工減損。認定 60 個全國休閑農業重點縣，推介 256 個中國美麗休閑鄉村，公布 109 條精品線路和 365 個精品經典，鄉村休閑旅遊業加快恢復發展，全年營業收入超 8000 億元。在產業帶動和就業創業拉動下，全年農村居民人均可支配收入達到 21691 元，實際增長 7.6%，高於城鎮居民收入增速 1.5 個百分點。

（三）紮實穩妥推進鄉村建設。一體推進農業現代化和農村現代化，組織實施好鄉村建設行動，改善農村生產生活條件。持續整治提升農村人居環境，務實推進農村廁所革命，抓實抓細改廁質量提升，全國農村衛生廁所普及率超過 73%。分區分類推進農村生活污水治理，統籌廁所糞污和生活污水處理，健全農村生活垃圾收運處置體系，全國農村生活垃圾得到收運處理的行政村比例穩定在 90% 以上，農村生活污水治理（管控）率達 40%。加強農村基礎設施建設，推動「四好農村路」高質量發展，新改建農村公路里程超過 16 萬公里，深入推進農村客貨郵融合發展和農村寄遞物流體系建設，加強農村供水保障，農村自來水普及率達到 90%，規模化供水工程覆蓋農村人口比例達到 60%。着力補齊農村基本公共服務短板，改善農村學校、醫院等條件，加強老年助餐、兒童福利等建設。

（四）農村重點領域改革穩步推進。第二輪土地承包到期後再延長 30 年試點覆蓋 29 個省（區、市）的 102 個縣。穩步提升農村土地承包合同管理規範化、信息化水平，穩妥組織開展解決承包地細碎化問題。實施農村集體資產監管提質增效行動，組織開展農村產權流轉交易規範化試點。通過中央財政銜接推進鄉村振興補助資金支持發展新型農村集體經濟。持續深化農村宅基地制度改革試點，探索宅基地「三權分置」有效實現形式。加快構建現代農業經營體系，新型農業經營主體持續壯大，全國依法登記的農民合作社超過 222 萬家，納入全國家庭農場名錄系統的家庭農場近 400 萬家，各類農業社會化服務組織超過 107 萬個，作業面積超過 19.7 億畝次，

服務帶動9100多萬農戶。

（五）**加強和改進鄉村治理**。完善黨組織領導的自治、法治、德治相結合的鄉村治理體系，讓農村既充滿活力又穩定有序。強化鄉村治理示範引領帶動，認定100個全國鄉村治理示範鄉鎮和1001個全國鄉村治理示範村。推廣務實管用治理方式，運用積分制、清單制、數字化等政策措施的行政村覆蓋率分別為45.2%、56.4%和46.3%。實施鄉村產業振興帶頭人培育「頭雁」項目，培育帶頭人1.8萬餘人，培訓農村實用人才2.2萬人。以繁榮發展鄉村文化為主線，持續提升農村社會文明度，紮實開展農村移風易俗重點領域突出問題專項治理。保護傳承優秀農耕文化。豐富鄉村文體活動，開展全國和美鄉村籃球大賽（「村BA」），引導各地開展更多具有農趣農味的文體活動。堅持和發展新時代「楓橋經驗」，深入推進平安鄉村建設，健全農村掃黑除惡常態化機制，增強農民群眾的獲得感、幸福感、安全感。

（張偉賓）

9. 推進新型城鎮化取得什麼新進展？

2023 年，全國常住人口城鎮化率達 66.2%、提高 0.9 個百分點，城鎮化水平和質量進一步提升，城鎮化發展成果惠及更多人民群眾。

（一）**農業轉移人口市民化質量持續提升**。以農業轉移人口為重點，兼顧其他非戶籍常住人口，統籌推進戶籍制度改革和城鎮基本公共服務均等化，推動農業轉移人口全面融入城市。一是進一步放寬城市落戶條件。城區常住人口 300 萬以下城市基本取消落戶限制；城區常住人口 300 萬以上城市中，已有超過一半取消落戶門檻，杭州等城市取消積分落戶名額限制。二是完善基本公共服務常住地提供制度。《國家基本公共服務標準（2023 年版）》出台實施，部分項目服務對象範圍進一步擴大。截至 2023 年底，累計發放居住證約 1.4 億張。三是教育、住房等保障水平持續提高。義務教育階段隨遷子女在公辦學校或政府購買學位就讀比例達 96.7%。鄭州、武漢等城市將符合條件的外來務工人員納入住房保障範圍。四是配套政策有效實施。中央財政下達年度市民化獎勵資金 400 億元，財政性建設資金持續支持人口集中流入城市建設。

（二）**城市群和都市圈加快培育**。京津冀、長三角、珠三角城市群國際競爭力持續增強，公共服務、產業布局、生態環境等共建共享水平進一步提升。長江中游、北部灣等城市群加快發展。12 個都市圈發展規劃已出台實施，都市圈同城化機制更加健全。成渝地區雙城經濟圈建設取得新進展，成渝綜合性科學中心揭牌，311 項「川渝通辦」政務服務事項全面落地。基礎設施網絡對城鎮化的支撐更加有力。多層次軌道交通體系加快構建，城區常住人口 50 萬以上的城市中，95% 已開通高鐵；天津至北京大興等城際鐵路、鄭州機場至許昌等 10 餘條市域（郊）鐵路建成通車，全國城市軌道交通運營里程突破 1 萬公里。一批跨市域「斷頭路」全面貫通。

（三）**大中小城市發展更加協調**。持續優化城鎮化空間布局和形態，讓

各類城市優勢互補、各展所長。一是超大特大城市加快轉變發展方式，中小城市發展提質增效。19個超大特大城市統籌確定核心功能定位，在有關城市國土空間總體規劃中明確人口規模、中心城區人口密度、開發強度等要求。老工業城市轉型升級持續推進。全國城市數量增加至694個。二是縣城綜合承載能力增強。各類資金對縣城建設支持力度加大，市政管網等基礎設施短板加快補齊，污水集中處理率達96%以上，生活垃圾無害化處理率達99%以上。公共服務進一步優化，普通高中大班額比例降至5.8%以下，地級及以上城市三級醫院對口幫扶940個縣的1496家縣級醫院，縣域內就診率達94%以上，逐步實現「小病不出鄉、大病不出縣」的分級診療目標。

（四）**城市更新行動穩步實施。**2023年共實施城市更新項目6.6萬個，完成投資約2.6萬億元。城市安全短板加快補齊，防洪排澇能力持續提升，特別是增發國債有力支持城市排水工程項目建設；中央預算內投資加大對城市燃氣管道等更新改造的支持力度。加強保障性住房供給，2023年籌集建設保障性租賃住房超過200萬套（間），新市民、青年人等住房需求得到進一步保障；新開工改造城鎮老舊小區5.37萬個，惠及居民897萬戶，完成投資近2400億元。出台實施「平急兩用」公共基礎設施建設的指導意見。超大特大城市等均已摸清城中村底數，編制城中村改造計劃。

（閆嘉韜）

10. 區域協調發展取得了哪些新成效？

2023 年，習近平總書記主持召開高標準高質量推進雄安新區建設、深入推進京津冀協同發展、新時代推動東北全面振興、進一步推動長江經濟帶高質量發展、深入推進長三角一體化發展等多場座談會，發表系列重要講話，對深入實施區域協調發展戰略和區域重大戰略作出重要部署，為新時期做好區域協調發展工作指明了方向，提供了根本遵循。各地區各部門深入貫徹落實黨中央決策部署，推動區域協調發展工作取得新成效。

（一）**區域協調發展戰略深入實施**。各地區發展動能不斷釋放，區域板塊發展平衡性持續增強。

推動西部大開發形成新格局。西部地區產業優化布局和轉型升級統籌推進，出台支持內蒙古高質量發展的政策措施，支持西藏、新疆發展和對口援藏、援疆力度進一步加大。2023 年，西部地區生產總值增長 5.5%、規模以上工業增加值增長 6.1%，居四大板塊之首，發展質效不斷提高。

推動新時代東北全面振興取得新突破。東北地區維護國家「五大安全」能力不斷增強，制定實施進一步推動新時代東北全面振興取得新突破的政策措施。黑龍江千萬噸糧食增產計劃、吉林千億斤糧食產能建設工程深入實施，遼寧沿海經濟帶建設加快推進。2023 年，東北三省經濟運行總體向好，糧食生產實現「二十連豐」，產量達 2907.6 億斤，佔全國的 20.9%；原油產量達 4350.9 萬噸，佔全國的 20.8%，糧食安全、能源安全保障能力持續鞏固。

推動中部地區加快崛起。中部地區湘鄂贛、豫皖等跨省合作紮實推進，先進製造業集群加快發展。丹江口庫區及上游地區保護治理工作深入推進。2023 年，中部地區經濟總量達到 27 萬億元，佔全國比重保持在 21% 以上；糧食產量超過 4000 億斤，為國家糧食安全作出重要貢獻。

東部地區發展質量和效益穩步提升。2023 年，東部地區以佔全國 9.5%

的國土，聚集了40.1%的人口，創造了51.7%的國內生產總值、79.4%的進出口額、56.5%的地方財政收入，繼續發揮引領帶動作用。

支持特殊類型地區加快發展。全面推進革命老區重點城市對口合作，支持贛州、閩西革命老區高質量發展示範區建設，推動湘贛邊區域合作示範區建設。持續提升民族地區自我發展能力。紮實推進邊境城鎮、邊境口岸、邊境新村建設，新設新疆維吾爾自治區白楊市。

（二）區域重大戰略深入推進。一批新舉措加快推出，一些重大功能平台和重大項目落地見效，為高質量發展注入新動力。

京津冀協同發展取得新成效。出台實施支持高標準高質量建設雄安新區的政策措施。首批向雄安新區疏解的4所高校雄安校區、北京大學人民醫院雄安院區開工建設，中國星網、中國中化、中國華能雄安總部加快建設。第二批北京市屬行政企事業單位遷入城市副中心加快推進。京津冀協同工作推進機制進一步完善，天津高教科創園積極融入京津冀協同創新體系。京津冀大氣污染聯防聯控持續深化，京津冀及周邊地區2023年細顆粒物（$PM_{2.5}$）平均濃度下降2.3%。

長江經濟帶發展紮實推進。制定進一步推動長江經濟帶高質量發展的政策措施。系統推進城鎮污水垃圾、化工、農業面源、船舶和尾礦庫污染治理工程。長江干流水質連續4年全線保持Ⅱ類。強化長江重要支流保護修復和河湖水域岸線治理，推動太湖流域水環境綜合治理。長江十年禁漁取得重要階段性成效，23萬多退捕漁民安置保障實現全覆蓋，長江水生生物資源和多樣性呈現恢復向好態勢。

粵港澳大灣區建設穩步推進。粵港澳大灣區規則銜接、機制對接不斷深化，交通等基礎設施「硬聯通」和職業資格互認等規則「軟對接」走向深入。大灣區國際科技創新中心建設紮實推進，「深圳—香港—廣州創新集群」連續4年蟬聯全球創新指數第二。橫琴、前海、南沙、河套等重大合作平台建設取得新突破。「港車北上」、「澳車北上」等要素跨境流動便捷舉措加快實施。「灣區通」工程縱深推進，粵港澳三地投資貿易、資質標準、市場准入等方面堵點進一步打通。

長三角一體化高質量發展走深走實。上海「五個中心」能級持續提升，長三角生態綠色一體化發展示範區加快建設，長三角港口資源整合和軌道互聯互通不斷推進。長三角地區戶籍證明、公積金提取等 152 項政務服務實現跨省市「一網通辦」。

黃河流域生態保護和高質量發展取得新進展。黃河流域重點工程加快實施，環境污染綜合治理工程深入推進，流域涉水公園建設得到有效規範。黃河上游和「幾字彎」地區大型風電光伏基地加快建設，甘肅慶陽新發現億噸級大油田。黃河已連續 24 年不斷流，干流水質連續 2 年全線保持 II 類。水土流失治理面積新增 3.1 萬平方公里。

區域戰略融合發展持續推進。京津冀、長三角、粵港澳大灣區創新協同加強，更好發揮高質量發展動力源作用。中西部和東北地區承接產業轉移能力增強。綠色協調聯動發展加快，長江經濟帶、黃河流域地區生態環境保護跨域合作加強。

（三）**主體功能區戰略深化落地。** 全面實施《全國國土空間規劃綱要（2021—2035 年）》。24 個省級國土空間規劃已經批復實施，部分縣級行政區主體功能定位優化調整。市縣級國土空間總體規劃全面編制完成，國土空間詳細規劃全面開展修編。完善城鎮開發邊界管理政策，引導城鎮集約高效布局。建設國土空間規劃實施監測網絡，國家空間治理數字化轉型邁出堅實步伐。各地區從主體功能定位出發，堅持因地制宜、各揚所長，比較優勢進一步發揮，區域經濟布局更趨優化。

（四）**海洋經濟加快發展。** 2023 年，我國首次成為世界最大船東國，沿海港口和自動化碼頭等規模保持世界第一，海上風電累計裝機容量位居全球首位。近岸海域水質優良比例為 85%，上升 3.1 個百分點。現代海洋城市建設取得積極進展。海洋科技創新步伐加快，建設海洋領域國家實驗室，深入實施雪龍探極、蛟龍探海等重大工程。出台船舶製造業綠色發展行動綱要、加快推進深遠海養殖發展、現代航運服務業高質量發展等政策文件。

（閆嘉韜）

11. 重點領域改革有哪些新突破？

2023年是改革開放四十五周年和黨的十八屆三中全會召開十周年。黨中央科學謀劃深化改革，部署重點改革任務，圍繞解決高質量發展急需、群眾急難愁盼的突出問題，研究通過了一批重要改革文件。各地區、各有關部門狠抓改革舉措落地，取得顯著成效。

（一）新一輪機構改革中央層面基本完成，地方層面有序展開。深化黨和國家機構改革，是以習近平同志為核心的黨中央從黨和國家事業發展全局出發，作出的重大決策部署。按照《黨和國家機構改革方案》，組建中央金融委員會、中央金融工作委員會、中央科技委員會，加強黨中央對金融、科技工作的集中統一領導。深化國務院機構改革，重新組建科學技術部，在原中國銀行保險監督管理委員會的基礎上組建國家金融監督管理總局，將中國證券監督管理委員會調整為國務院直屬機構，組建國家數據局。統一按5%的比例精減中央和國家機關人員編制。地方機構改革與中央層面統籌銜接，目前正在積極推進。

（二）加強全國統一大市場建設。貫徹落實《中共中央 國務院關於加快建設全國統一大市場的意見》，出台建設全國統一大市場總體工作方案和近期舉措，針對突出問題開展系列專項行動，加快完善建設全國統一大市場的配套政策，健全適應全國統一大市場建設的長效體制機制。積極推動方案和舉措落地，建立不當干預全國統一大市場建設行為問題整改和典型案例約談通報制度，開展重點領域不當市場干預行為專項整治，集中清理了一批制約全國統一大市場建設的政策規定。在強化市場經濟基礎制度、加快市場設施高標準聯通、加快統一的要素和資源市場建設、加快商品和服務市場高水平統一、推進市場監管公平統一等方面，均取得了積極進展。

（三）實施國有企業改革深化提升行動。在鞏固深化國有企業改革三年行動成果的基礎上，實施國有企業改革深化提升行動。一是優化國有經濟

布局和結構，在戰略性新興產業和未來產業領域布局了一批重點項目。二是完善國有企業科技創新機制，強化企業科技創新主體地位，中央企業研發經費連續兩年破萬億元。三是強化重點領域保障，國有企業服務國家戰略、履行社會責任的國家隊和主力軍地位更加彰顯。四是以市場化方式推進整合重組，一批國有企業完成專業化整合。五是推動中國特色國有企業現代公司治理和市場化經營機制制度化長效化，強化經理層任期制和契約化管理剛性，推進「一業一策」分類考核。同時，在健全國資監管體制、營造公平競爭環境、全面加強黨的領導和黨的建設等方面，也推出一系列政策措施。2023年，國有企業經營效益實現穩步增長，其中央企營業收入達39.8萬億元，利潤總額2.6萬億元，平均淨資産收益率6.6%，發展動能顯著增強。

（四）**出台實施促進民營經濟發展壯大政策。**針對民營經濟發展面臨的突出問題，中共中央、國務院出台關於促進民營經濟發展壯大的意見，推出31條政策以及28條配套舉措。在優化民營經濟發展環境方面，持續破除市場准入壁壘，完善社會信用激勵約束機制、市場化重整機制。在加大對民營經濟政策支持方面，完善支持政策直達快享機制、拖欠賬款常態化預防和清理機制，開展清理拖欠企業賬款專項行動。在強化民營經濟發展法治保障方面，依法保護民營企業產權和企業家權益，健全涉企收費長效監管機制，加強違規收費整治。在推動民營經濟高質量發展方面，引導民營企業調整產業結構、轉換增長動力，堅守主業、做強實業。在促進民營經濟人士健康發展、營造關心促進民營經濟發展壯大社會氛圍等方面，也推出一系列措施，收到良好效果。聚焦關鍵環節和熱點問題，在投資促進、金融支持、市場監管、便民辦稅等方面分別出台一攬子政策，形成了支持民營經濟發展壯大的合力。

（五）**財稅金融改革進一步深化。**在財稅方面，深化財政管理體制改革，出台知識產權領域中央與地方財政事權和支出責任劃分改革方案；完善國有資本經營預算制度，擴大國有資本經營預算實施範圍；強化預算評審管理，加強教育、科技等重點領域績效評價；加強地方政府債務管理，

壓實地方主體責任，健全跨部門協同監管機制。在金融方面，完善國有金融資本管理，將中央金融管理部門管理的市場經營類機構剝離，相關國有金融資產劃入國有金融資本受託管理機構，調整優化了部門間金融監管職能；加快農村信用社「一省一策」改革，有序推進村鎮銀行改革化險、政策性銀行分類分賬改革；推動股票發行註冊制全面落地實施，持續深化債券註冊制改革；規範發展第三支柱養老保險，開展專屬商業養老保險、養老理財產品等業務試點。

（六）**農業農村、生態環保等改革深入推進。**推進第二輪土地承包到期後再延長30年試點，基本實現省級全覆蓋。穩慎推進農村宅基地制度改革試點，探索宅基地「三權分置」有效實現形式。深化集體林權制度改革。完善生態環境分區管控體系，推動能耗雙控逐步轉向碳排放雙控，推進城市和產業園區減污降碳協同創新等試點。能源、鐵路、電信等其他領域改革穩步開展。

（史德信）

12. 穩外貿穩外資做了哪些工作?

2023 年,面對全球貿易投資低迷、國際產業鏈供應鏈重構等多重挑戰,我國及時推出一系列外貿外資促穩提質的政策措施,夯實「穩」的基礎,鞏固「進」的勢頭,匯集「新」的動力,為經濟總體回升向好和高質量發展作出了積極貢獻。

在穩外貿方面,出台實施《國務院辦公廳關於推動外貿穩規模優結構的意見》20 條,促進對外貿易提升質量、增強韌性。主要做了以下工作:一是強化貿易促進拓展市場。在新冠疫情防控平穩轉段後,推動國內線下展會全面恢復,成功舉辦進博會、廣交會、服貿會、消博會等重點展會,加大對外貿企業參加各類境外展會的支持。積極採取措施推進國際客運航班穩妥有序恢復,繼續為境外客商辦理來華簽證提供便利,方便跨境人員往來。二是穩定擴大重點產品進出口規模。順勢而為培育汽車等出口優勢,促進成品油、高附加值鋼鐵等重點能源資源產品貿易,支持大型成套設備企業拓展國際合作,擴大重要能源資源、優質消費品、先進技術、重要設備、關鍵零部件等進口。三是加大財政金融支持力度。更好發揮出口信用保險作用,中國出口信用保險公司全年承保金額超 9286 億美元,服務支持客戶超 20 萬家,均創歷史新高。加大進出口信貸支持特別是對中小微外貿企業的融資支持。四是加快對外貿易創新發展。大力發展數字貿易、綠色貿易,支持外貿企業加快布局跨境電商獨立站、海外倉等配套設施,升級建設國家服務貿易創新發展示範區,通過新業態新模式拓展銷售渠道、培育自主品牌。五是優化外貿發展環境。積極應對貿易摩擦,深入推進「單一窗口」建設,擴大「聯動接卸」、「船邊直提」等措施應用範圍,更好發揮自由貿易協定效能,提升貿易便利化水平。

穩外貿工作取得了積極成效。2023 年,我國實現貨物進出口總額 41.8 萬億元,同比增長 0.2%,其中出口 23.8 萬億元,同比增長 0.6%,在全球

市場的份額保持穩定；進口 18 萬億元，同比下降 0.3%。外貿高端化、智能化、綠色化轉型加快，電動汽車、鋰電池、光伏產品「新三樣」出口突破萬億元，同比增長近 30%。跨境電商出口 1.8 萬億元，同比增長 19.6%。對新興市場和發展中經濟體出口實現較快增長。民營企業進出口額 22.4 萬億元，同比增長 6.3%，佔進出口總額比重上升到 53.5%。全年服務進出口 6.6 萬億元，同比增長 10%，其中出口 2.7 萬億元，同比下降 5.8%；進口 3.9 萬億元，同比增長 24.4%，規模創歷史新高。旅行服務貿易大幅增長，建築、保險、維修等服務出口增長較快，成為服務出口亮點。在錯綜複雜的形勢下，外貿發展取得這樣的成績殊為不易。

在穩外資方面，出台實施《國務院關於進一步優化外商投資環境加大吸引外商投資力度的意見》24 條，顯著增強了外商投資信心。主要做了以下工作：一是加大重點領域引進外資力度，提高利用外資質量。支持外商投資在華設立研發中心、投資性公司、地區總部。穩妥增加國內互聯網虛擬專用網業務、信息服務業務、互聯網接入服務業務等增值電信業務開放試點地區。鼓勵東部地區外資企業梯度轉移到中西部、東北和沿邊地區。二是保障外資企業國民待遇。確保外商投資企業平等享受支持政策、平等參與政府採購、依法平等參與標準制定等工作，明確各地出台的支持產業發展、擴大內需等政策，除法律法規有明確規定或涉及國家安全領域外，不得通過限定品牌或以外資品牌為由排斥或歧視外商投資企業及其產品和服務。三是加強外商投資保護。健全外商投資權益保護機制，堅決打擊通過網絡發布、傳播虛假不實和侵權信息等侵害外商投資合法權益的惡意炒作行為，強化知識產權行政保護和行政執法。四是提高投資運營便利化水平。優化調整出入境政策措施，為外商投資企業的外籍高管、技術人員本人及家屬提供出入境、停居留便利，提高外國人永久居留身份證在公共交通、金融服務、醫療保障等場景應用便利度，探索便利化的數據跨境流動安全管理機制。五是加大財稅支持力度。強化外商投資促進資金保障，加大重點產業鏈引資服務力度，落實相關稅收優惠措施，鼓勵外資企業境內再投資。六是完善外商投資促進方式。開展「投資中國年」系列活動，持

續打造「投資中國」品牌，指導地方運用產業鏈招商、以商招商等開展投資促進活動，將招商引資與「穩鏈補鏈強鏈」、「招才引智引技」結合，引進一批補短板、強優勢的高質量外資。

據聯合國貿發會議報告，2023 年全球跨國直接投資同比增長 3%，但剔除荷蘭和盧森堡這兩個「投資中轉地」引資大幅增長因素，實際下降 18%。在全球跨國投資低迷的形勢下，2023 年外商在華直接投資新設立企業 5.4 萬家、同比增長 39.7%；投資額達 1.1 萬億元，同比下降 8%，降幅比全球低了 10 個百分點，明顯好於世界總體水平。從外資來源看，法國、英國、美國、荷蘭等國對我國投資大幅增長，顯示發達國家跨國公司持續看好我國市場。從投資區域看，中西部和東北地區的山西、內蒙古、吉林、黑龍江、新疆等引資增長較快。從投資行業看，製造業實際使用外資佔引資總額比重進一步上升，其中高技術製造業、電子及通信設備製造業等領域對外資吸引力持續提升，展現出較強發展動能。

（史德信）

13. 拓展制度型開放取得哪些成效?

制度型開放是高水平對外開放重要內容。一年來，我國充分發揮自貿試驗區、海南自由貿易港、服務業擴大開放綜合試點等平台在高水平開放中的重要作用，試點對接國際高標準經貿規則，穩步推進高標準自由貿易區建設，更好統籌開放和安全，推動我國對外開放邁出新步伐。

（一）**各類開放平台對高水平開放引領帶動作用凸顯。**進一步完善自貿試驗區建設布局，設立新疆自貿試驗區，打造促進中西部地區高質量發展的示範樣板，我國自貿試驗區數量增加到 22 個，形成覆蓋東西南北中的改革開放創新格局。率先在上海、廣東、天津、福建、北京等具備條件的自貿試驗區和海南自由貿易港試點對接相關國際高標準經貿規則，支持上海自貿試驗區全面對接，推動金融、電信等重點領域高水平開放，提升貨物貿易自由化便利化水平，探索建立合法安全便利的數據跨境流動機制，加大知識產權保護力度，推進政府採購領域改革，打造國家制度型開放示範區。紮實推進海南自由貿易港封關運作，有序開展重點領域壓力測試。為更大程度便利商務人員短期往來，研究設立東方樞紐國際商務合作區，將「一線放開、二線管住」制度從貨物領域向自然人拓展，依托上海國際航空樞紐條件，創建高度便利的國際商務交流載體。加大服務業擴大開放綜合試點示範先行先試力度，積極推進瀋陽、南京、杭州、武漢、廣州、成都等六個城市試點工作。支持北京深化國家服務業擴大開放綜合示範區建設，推出 170 餘項新試點舉措。加快推進綜合保稅區改革，出台推動綜合保稅區高質量發展 23 條政策措施。推進粵港澳標準互聯互通，三方共同公布粵港澳大灣區共通執行標準 184 項，在「灣區標準」清單發布、案例展示等方面實現了三地同步互聯互通，有力地促進了大灣區各類要素便捷流動和優化配置，帶動了大灣區裝備、產品、技術和服務走出去。

（二）**高標準自由貿易區建設穩步推進。**深入實施《區域全面經濟夥

伴關係協定》，2023 年我國與其他 14 個成員國全年進出口額達 12.6 萬億元，比 2021 年協定生效之前增長了 5.3%，其中對其他成員的出口增長了 16.6%。新增厄瓜多爾、尼加拉瓜、塞爾維亞 3 個自貿夥伴，與新加坡簽署自貿協定升級議定書，我國自貿夥伴增加到 29 個，與自貿夥伴貿易額佔外貿總額的比重超過三分之一。積極推動加入《全面與進步跨太平洋夥伴關係協定》和《數字經濟夥伴關係協定》，數字經濟夥伴關係協定談判方面已經完成了所有條款的初步探討。同時，深入參與世貿組織改革，我國成為首個完成《漁業補貼協定》批約的發展中大國，引領完成《促進發展的投資便利化協定》文本談判並在世貿組織第十三屆部長級會議期間達成協定，回應了發展中成員吸引外資和發展經濟的強烈訴求，推動實質性結束部分全球數字貿易規則談判。在二十國集團、亞太經合組織、金磚國家、上合組織等機制下推動達成多項經貿成果。

（三）**外資企業公平參與市場競爭制度更加完善**。開展保障經營主體公平參與政府採購活動專項檢查，保障內外資企業平等參與政府採購。加大知識產權執法力度，健全知識產權快速協同保護機制。健全反壟斷法配套規章，為合規經營提供清晰、透明、可預期的指引。推進標準制定、修訂全過程信息公開，支持外商投資企業依法平等參與標準制定工作，目前 62% 的專業標準化技術委員會有外資企業委員，我國國際標準轉化率超過 80%，重點消費品標準與國際一致性程度達 95%。定期召開外資企業圓桌會，聽取企業反映困難問題和意見建議，主動清理內外資不合理差別待遇。積極對接主要外國商協會及重點外資企業，就數據跨境流動、出口管制、反間諜法、最新外資政策等熱點關切問題有針對性地開展政策解讀，增強政企互信，提升政策透明度和可預期性。

（四）**開放安全保障機制建設取得新進展**。加強中美經貿領域溝通磋商，成立中美經濟工作組和金融工作組，就經濟、金融領域相關問題深入交流。舉行中法高級別經濟財金對話、中歐經貿高層對話、中德高級別財金對話，並通過中歐、中日出口管制對話機制等擴大合作面、縮小分歧點。加強對重要商品價格、外貿外資動態、產業鏈供應鏈安全等的監測和預警。

積極穩妥做好貿易摩擦應對工作。頒布實施《對外關係法》，明確對於違反國際法和國際關係基本準則，危害我國主權、安全、發展利益的行為，我國有權採取相應反制和限制措施。針對有關國家的無理制裁和打壓，豐富對外經貿「反制工具箱」，啟用不可靠實體清單。精準開展兩用物項出口許可審核。通過在世貿組織提起訴訟等法律手段捍衛我合法權益。

（史德信）

14. 強化生態環境保護治理採取了哪些新舉措？

過去一年，各地區各有關部門深入學習貫徹全國生態環境保護大會精神，牢固樹立和踐行綠水青山就是金山銀山的理念，根據經濟社會高質量發展的新需求、人民群眾對生態環境改善的新期待，堅持精準治污、科學治污、依法治污，加大對突出環境問題集中解決力度，推動生態環境質量總體穩中向好。

（一）**重點打好藍天保衛戰**。印發《空氣質量持續改善行動計劃》，明確未來一段時間我國大氣污染治理的目標和路線圖，以空氣質量持續改善推動經濟高質量發展。因地制宜採取清潔能源、集中供熱替代等措施，穩妥推進北方地區清潔取暖，全年完成散煤治理約 200 萬戶。推進鋼鐵、水泥、焦化等重點行業及燃煤鍋爐超低排放改造，累計完成 4.2 億噸粗鋼產能全流程超低排放改造，4 億噸粗鋼產能燒結球團脫硫脫硝、料場封閉等重點工程改造，8.5 萬個揮發性有機物突出問題整改。出台《「十四五」噪聲污染防治行動計劃》，下大氣力解決老百姓「家門口」的噪聲、油煙、惡臭等問題。進一步優化運輸結構，連續 6 年開展機動車檢驗檢測機構「雙隨機、一公開」監督抽查，督促 13 家車企實施環保召回、涉及車輛 326 萬輛。推動天山北坡城市群、東北地區、長江中游城市群建立大氣污染聯防聯控機制。2023 年全國地級及以上城市細顆粒物（$PM_{2.5}$）平均濃度為 30 微克／立方米，優於「十四五」規劃設定的年度目標，保持長期向好態勢。

（二）**全面促進「人水和諧」**。統籌水資源、水環境、水生態治理，深入推進大江大河和重要湖泊保護治理，出台實施《重點流域水生態環境保護規劃》，持續開展長江經濟帶工業園區水污染整治專項行動。推進入河入海排污口排查整治和規範化建設，累計排查入河排污口 25 萬餘個，約三分之一完成整改。鞏固提升城市黑臭水體治理成效，縣級城市黑臭水體消除比例達到 70% 以上，800 餘個較大面積農村黑臭水體得到有效治理。推動

全國城市集中式飲用水水源地規範化建設，開展鄉鎮級集中式飲用水水源保護區劃定、立標工作，飲用水安全保障水平持續提升。促進入海河流總氮減排和近岸海域水質改善，針對 50 餘條入海河流制定實施「一河一策」治理方案，全國國控河流入海斷面總氮平均濃度同比下降 12.2%。加強入海排污口管理，開展重點海灣專項清漂行動，全面啟動第三次海洋污染基線調查。2023 年，全國地表水水質優良斷面比例增至 89.4%，同比上升 1.5 個百分點，長江干流已連續 4 年、黃河干流已連續 2 年全線水質保持Ⅱ類。

（三）持續強化土壤污染防控。開展農用地土壤鎘等重金屬污染源頭防治行動，啟動實施 124 個土壤污染源頭管控重大工程項目。紮實推進受污染耕地安全利用和風險管控，將耕地土壤污染源頭防控和安全利用納入耕地保護和糧食安全、食品安全等相關考核。完成 6400 餘家土壤污染重點監管單位隱患排查「回頭看」。依法加強建設用地用途變更和污染地塊風險管控的聯動監管，累計將 2058 個地塊納入風險管控和修復名錄管理，將 9000 餘個關閉搬遷企業騰退地塊納入優先監管清單。加強地下水污染治理，將 2616 家企業納入地下水污染防治重點排污單位名錄。深入打好農業農村污染治理攻堅戰，全國 2700 餘個縣（市、區）編制印發縣域農村生活污水治理專項規劃，農村人居環境持續改善。2023 年，全國農村生活污水治理率達到 40% 以上，受污染耕地和重點建設用地安全利用得到有效保障。

（四）加強固體廢物和新污染物治理。加快「無廢城市」建設，各地開展「無廢城市」建設工程項目 3200 餘個，涉及項目總投資超 1 萬億元。出台危險廢物重大工程建設總體實施方案，加快補齊危險廢物環境風險防控和處置能力短板，危險廢物專項整治三年行動全面完成。強化危險廢物監管和利用處置能力，推進長江經濟帶 1136 座尾礦庫、黃河流域 235 座尾礦庫完成問題整改。開展黃河流域「清廢行動」，推動相關省份清理、整治固體廢物近 3400 萬噸，問題整改完成率達 99.4%。落實《新污染物治理行動方案》，啟動新污染物治理試點示範，對 14 種類新污染物實施全生命周期環境風險管控措施，淘汰 8 種類重點管控新污染物。

（葉世超）

15. 加快發展方式綠色轉型取得什麼新成效？

2023 年，各地區各有關部門以習近平生態文明思想為指導，堅持把綠色低碳發展作為解決生態環境問題的治本之策，構建綠色低碳循環經濟體系，加快形成綠色生產方式和生活方式，厚植高質量發展的綠色底色。

（一）**國土空間開發格局不斷優化**。守牢國土空間開發保護底線，統籌優化農業、生態、城鎮等各類空間布局。全年批復 18 個省級國土空間規劃，全國 100% 的市級規劃和 97% 的縣級規劃已報審批機關審查，國土空間規劃體系逐步完善。推動建設國土空間規劃實施監測網絡，國土空間治理數字化水平不斷提升。開展耕地和永久基本農田劃定成果核實處置，首次將生態保護紅線實施情況納入國家自然資源督察範疇，「三條控制線」（耕地和永久基本農田、生態保護紅線、城鎮開發邊界）管控不斷加強。完善城鎮開發邊界管理政策。全面劃定「三區三線」，讓主體功能區戰略精準落地。

（二）**能源結構持續調整**。貫徹落實「四個革命、一個合作」能源安全新戰略，加快構建清潔低碳安全高效的能源體系。推進傳統能源清潔高效利用，抓好煤炭清潔高效利用，首批 56 處智能化示範煤礦陸續建成，全國全面供應國六 B 標準車用汽油，油品質量世界領先。加快推進風電、太陽能發電發展，大型風電光伏基地建設進展順利，全國新增風電光伏裝機突破 2 億千瓦、創歷史新高，戶用光伏規模突破 1 億千瓦、覆蓋農戶 500 多萬，可再生能源裝機佔全球份額達 40% 左右、貢獻了新增量的約 50%，佔全國發電總裝機比重超過 50%，歷史性超過火電裝機。紮實推進水電發展，啟動主要流域水風光一體化規劃建設，瀾滄江如美、雅礱江牙根一級、金沙江昌波等一批大型水電項目核准開工，全國水電（含抽水蓄能）裝機達到 4.2 億千瓦。開展新型儲能試點示範，全國已建成投運新型儲能項目累計裝機規模達 3139 萬千瓦 /6687 萬千瓦時，平均儲能時長 2.1 小時，多個 300

兆瓦等級壓縮空氣儲能項目、100 兆瓦等級液流電池儲能項目、兆瓦級飛輪儲能項目開工建設，探索重力儲能、液態空氣儲能、二氧化碳儲能等新技術，新型儲能呈現多元化發展態勢。加強可再生能源綠色電力證書管理，全年核發綠證約 1.76 億個，綠電交易電量約 611 億千瓦時，分別是 2022 年的 7.8 倍和 10.5 倍。

（三）**產業綠色轉型步伐加快。**進一步淘汰鋼鐵、電解鋁、石化化工、建材等行業中的落後產能，78 家鋼鐵企業完成全流程超低排放改造，重點行業主要污染物和二氧化碳排放強度持續下降，產業結構進一步優化。持續推進綠色製造體系建設，加大先進典型培育力度，累計創建綠色工廠 5095 家，產值佔製造業總產值的比重超過 17%。提高重點用能行業能效水平，乙烯等行業達到能效標桿水平的產能比例超過 30%，累計培育 196 家綠色數據中心。加快構建廢弃物循環利用體系，新能源汽車廢舊動力電池綜合利用量 22.5 萬噸，基本實現應收盡收，冰箱、洗衣機、空調等家電可回收利用率超過 80%。

（四）**綠色生活方式逐步形成。**十四屆全國人大常委會第三次會議決定，將 8 月 15 日設立為全國生態日，更好喚起全社會建設美麗中國的責任感、使命感。進一步深化習近平生態文明思想的大眾化傳播，提高全社會生態文明意識，增強全民生態環境保護的思想自覺和行動自覺，推動形成人人、事事、時時、處處崇尚生態文明的良好社會氛圍。大力倡導簡約適度、綠色低碳、文明健康的生活理念和消費方式，實施國家節水行動，加快推進污水垃圾環境基礎設施建設，綠色出行、節水節電、「光盤行動」、垃圾分類逐漸成為老百姓的生活習慣。積極推廣節能低碳產品，促進綠色消費，2023 年國內新能源汽車銷量佔全部汽車銷售量比重達 31.6%、較 2022 年提升 6 個百分點。

（五）**政策體系不斷優化並持續落地。**出台《關於推動能耗雙控逐步轉向碳排放雙控的意見》，提出了有計劃、分步驟推動制度轉變的工作安排和實施路徑。印發《綠色低碳先進技術示範工程實施方案》，推廣應用先進適用技術，完善支持綠色低碳新產業新業態發展的商業模式和政策環境，促

進綠色低碳產業形成競爭優勢。制定《關於加快建立產品碳足跡管理體系的意見》，推動建立符合國情實際的産品碳足跡管理體系，發揮産品碳足跡管理體系對生産生活方式綠色低碳轉型的促進作用，為實現碳達峰碳中和提供支撐。組織開展首批 35 個碳達峰試點城市和園區建設，積極探索綠色低碳轉型有效做法和典型經驗。

（葉世超）

16. 穩就業方面採取了哪些措施?

就業是最基本的民生。過去一年,各地區各部門深入貫徹落實黨中央、國務院關於就業工作的部署要求,把推動實現更加充分更高質量的就業擺在突出位置,全面落實就業優先政策,全年城鎮新增就業1244萬人,城鎮調查失業率平均為5.2%,就業形勢保持總體穩定。主要採取了以下措施:

(一)及時優化調整穩就業政策措施。2023年初,隨着疫情防控平穩轉段,就業形勢逐步恢復、保持總體穩定,但穩的基礎仍不牢固,同時前兩年出台的一些階段性穩就業政策,也面臨到期調整問題。為此,及時優化調整部分穩就業政策,包括將降低失業、工傷保險費率政策延續實施至2024年底,拓展吸納就業補貼範圍,優化失業保險穩崗返還政策,實施穩崗擴崗專項貸款,重啟一次性擴崗補助政策等。初步統計,2023年失業、工傷保險援企穩崗政策為企業減少成本超過2000億元,就業補助資金支出超1000億元。對符合條件的經營主體,運用「直補快辦」等模式,確保穩就業政策及時精準落地見效。同時,加大宏觀政策實施力度,出台穩增長擴消費、穩外貿穩外資、促進民營經濟發展壯大、引導勞動密集型行業轉型升級等系列政策,實施專精特新中小企業就業創業揚帆計劃,推動家政服務業品牌化發展,這些都進一步提升了經濟社會發展對就業的帶動力。

(二)着力保障重點群體就業。2023年高校畢業生達1158萬人,創歷史新高,促就業任務較重。一方面,積極拓寬市場化就業渠道,對企業招用符合條件的高校畢業生,發放一次性吸納就業補貼。支持國有企業擴大招聘規模,對工資總額難以滿足擴招畢業生需求的,可給予一次性增人增資。另一方面,努力穩住公共部門崗位規模,實施百萬就業見習崗位募集計劃,加強困難畢業生專項幫扶和離校未就業畢業生實名幫扶,多措並舉實現了高校畢業生就業基本穩定、持續好轉。將脫貧人口作為重點幫扶對

象，深化勞務協作對接，推動農村勞動力外出務工規模繼續增加，脫貧勞動力務工規模達到 3396.9 萬人。對失業人員特別是就業困難人員，暢通失業登記渠道，開展春風行動暨就業援助月等專項活動，深入街道社區鄉村開展摸底走訪，精準設崗、靶向推薦，加強就業兜底幫扶，實現零就業家庭至少一人就業，2023 年城鎮失業人員再就業 514 萬人、幫扶就業困難人員實現就業 172 萬人。

（三）**充分釋放創業帶動就業潛力**。創業是更加積極的就業，而且具有帶動就業的倍增效應。2023 年進一步強化財政金融支持，將中央財政貼息支持的個人創業擔保貸款額度上限由 20 萬元增至 30 萬元，小微企業創業擔保貸款額度上限由 300 萬元增至 400 萬元；將重點群體創業限額稅收減免額度由 1.2 萬元提高至 2 萬元。截至 2023 年底，創業擔保貸款餘額超過 2800 億元，同比增長 5.2%，為各類群體創業就業提供了有力支持。同時優化創業服務，在全國組織開展青年創業資源對接服務季活動，提供政策咨詢、開業指導、場地支持等一條龍服務，更大激發創業活力。

（四）**深入開展就業服務和技能培訓**。創新服務理念，推行「大數據＋鐵腳板」服務模式，加快推進就業信息化建設，開展公共就業創業服務城市示範創建工作，加速布局「家門口就業服務站」、就業服務圈，規範建設了一大批零工市場。擴大服務供給，規範網絡招聘服務，接續推出民營企業服務月、金秋招聘月、國聘行動、就業服務周等就業服務品牌活動，舉辦第二屆全國人力資源服務業發展大會，持續做好重點企業用工服務保障，為 10 萬餘家重點企業解決用工需求 238 萬餘人次。深入推進技能中國行動，支持各地新建 58 個公共實訓基地，建成並投入使用 197 個公共實訓基地，舉辦第二屆全國職業技能大賽，累計開展補貼性職業技能培訓超 1800 萬人次，促進勞動者提升技能水平、更好實現就業。

（五）**加強勞動權益保障**。加強勞動保障監察執法，引導和督促企業依法規範用工，及時糾正對勞動者的歧視性做法，大力營造公平就業環境。

部署開展根治欠薪冬季專項行動，集中排查化解欠薪風險隱患，保障農民工工資按時足額支付。開展基層勞動人事爭議調解組織建設行動，積極提升勞動人事爭議案件辦理效能，為穩定和擴大就業提供有力支撐。

（孫慧峰）

17. 教育改革發展推出了哪些新舉措？

過去一年，在以習近平同志為核心的黨中央堅強領導下，教育戰線緊扣培養什麼人、怎樣培養人、為誰培養人這個根本問題，全面貫徹黨的教育方針，落實立德樹人根本任務，紮實推進教育改革發展各項工作，教育事業取得新進展。

（一）**促進學生德智體美勞全面發展**。推進習近平新時代中國特色社會主義思想進教材進課堂進頭腦，開好講好「習近平新時代中國特色社會主義思想概論」課，實現統編教材使用全覆蓋。實施深化大中小學思政課一體化行動，持續開展「學習新思想，做好接班人」等德育品牌活動，學校教學主渠道、社會實踐課堂、各類育人資源平台、師資體系等相支撐的「大思政課」建設工作格局不斷拓展。實施全國青少年學生讀書行動，引導激勵青少年學生愛讀書、讀好書、善讀書。落實「五育並舉」，強化體美勞和健康教育，成功舉辦首屆全國學生（青年）運動會，實施學校美育浸潤行動、學生心理健康專項行動，注重勞動習慣養成，全國81.6% 的中小學「一校一案」建立了勞動教育清單，建成14.7 萬個校內外勞動教育實踐場所，學生全面發展的育人生態進一步鞏固。

（二）**破解人民群眾急難愁盼教育問題**。貫徹落實《關於構建優質均衡的基本公共教育服務體系的意見》要求，實施新時代基礎教育擴優提質行動計劃，加快優質均衡發展。擴大普惠性學前教育資源，各地新建、改擴建公辦幼兒園9176 所，新增學位203.2 萬個，學前教育毛入園率達91.1%。強化義務教育薄弱環節建設，指導1.52 萬所優質中小學校「一校一案」挖潛擴容，新建優質中小學1971 所，新增優質學位626.5 萬個，全國九年義務教育鞏固率達到95.7%。落實義務教育免試就近入學、普通高中屬地招生和中小學「公民同招」政策，保障95% 以上的隨遷子女在公辦學校就讀。持續深化「雙減」，完善課後服務體系，學科類機構壓減九成以上，非學

科類培訓監管基本健全。鞏固提高高中教育普及水平和質量，高中階段毛入學率已達 91.8%。挂牌成立國家老年大學。

（三）提高教育服務經濟社會發展能力。高等教育毛入學率超過 60%，在學總規模 4763 萬人。加快布局戰略緊缺和新興交叉領域人才培養，在新一代信息通信技術等關鍵領域部署急需高層次人才培養專項，啟動實施國家基礎學科拔尖人才培養戰略行動，建設 32 家國家卓越工程師學院、4 家卓越工程師創新研究院。實施一流學科培優行動，「雙一流」建設成效明顯。瞄準國家戰略急需關鍵領域推進有組織科研，新布局一批前沿科學中心等大平台，培育重大攻關項目。推動哲學社會科學知識體系建構，不斷提升高校咨政服務能力。首批承擔疏解任務的在京部委所屬 4 所高校雄安校區全部開工建設。支持中西部地區高等教育發展，在中西部地區建設高等研究院。職業教育類型定位進一步優化，1394 個專業基本覆蓋了國民經濟各領域，擴大製造業專業布局，全國共有 6500 多所職業學校開設製造業相關專業點約 5.2 萬個。推進現代職業教育體系建設改革，在 8 個省份試點探索省域現代職業教育體系建設新模式，推動遴選建設 28 家國家級市域產教聯合體，支持中車集團等行業頭部企業打造國家重大行業產教融合基地，不斷增強職業教育的適應性。

（四）持續深化教育領域綜合改革。健全黨對教育工作全面領導的體制機制，深入落實普通高校基層組織工作條例，完善中小學校黨組織領導的校長負責制，加強民辦學校、中外合作辦學黨的建設。推進《深化新時代教育評價改革總體方案》實施，國家層面配套政策體系逐步健全。實施基礎教育課程教學改革深化行動，優化教學方式、打造高效課堂，着力扭轉片面應試教育傾向。全面實施加強教材建設和管理行動計劃，中國特色高質量教材體系建設穩步推進。全面推行國家通用語言文字教育教學，民族地區義務教育階段整體實現國家統編教材全覆蓋。啟動高等教育綜合改革試點戰略工程，提高人才自主培養質量。推進教育數字化戰略行動，國家智慧教育平台獲得聯合國教科文組織教育信息化獎，訪問用戶覆蓋全球 200 多個國家和地區。持續深化教育對外開放，推進共建「一帶一路」教育行

動，在柬埔寨設立首家海外應用技術大學，在 25 個國家建成 27 所魯班工坊。成功舉辦成都大運會、首屆世界數字教育大會、世界中文大會、中國國際大學生創新大賽等，推動聯合國教科文組織在華設立國際 STEM 教育研究所。

（五）**加強教育投入和保障**。在財政收支壓力加大的情況下，財政性教育經費投入佔國內生產總值比例連續 11 年不低於 4%。進一步提高義務教育生均公用經費基準定額，小學由年生均 650 元提高到 720 元，初中由 850 元提高到 940 元。加大學生資助力度，國家助學貸款額度提高 4000 元，貸款利率調減 30 個基點，延續實施階段性免除家庭經濟困難高校畢業生國家助學貸款利息並允許延期還本政策。保障教師地位待遇，鞏固義務教育教師平均工資收入水平不低於當地公務員平均工資收入水平成果。大力弘揚教育家精神，建設高質量教師教育體系，啟動「國優計劃」，支持「雙一流」建設高校為中小學培養研究生層次優秀教師。

（庚　波）

18. 醫療衛生事業取得哪些新進展？

過去一年，在以習近平同志為核心的黨中央堅強領導下，各地各部門認真貫徹落實黨中央、國務院關於醫療衛生事業的決策部署，全面落實健康中國建設和深化醫改各項任務，有力增進了人民群眾健康福祉。

（一）重大疾病防治成效顯著。2023 年 1 月 8 日起對新冠病毒感染實施「乙類乙管」，有力有序抓好各項防控措施落實，持續開展疫情監測預警和分析研判，統籌好醫療救治資源調度使用，加強重點醫療物資的供應和儲備，新冠疫情防控實現平穩轉段、取得重大決定性勝利。面對疫情新形勢，堅持多病同防，有效應對流感、支原體肺炎等多種呼吸道傳染病疫情，為經濟社會發展創造了良好環境。持續抓好重點傳染病和地方病防控，有效遏制猴痘等新發突發傳染病流行，艾滋病疫情控制在低流行水平，耐藥結核病防治工作持續強化，451 個血吸蟲病流行縣中的 334 個達到消除標準、其他流行縣都達到傳播阻斷標準。加強職業病危害專項治理，實現重點職業病監測縣區全覆蓋。強化慢性病防治，推進 488 個慢性病綜合防控示範區建設，實施「心腦血管疾病和癌症防治行動（2023—2030 年）」。深入開展健康中國行動和愛國衛生運動，全民健康素養進一步提高。

（二）醫療衛生服務體系不斷完善。貫徹落實中辦、國辦印發的《關於進一步完善醫療衛生服務體系的意見》和《關於進一步深化改革促進鄉村醫療衛生體系健康發展的意見》，優質高效醫療衛生服務體系建設取得積極成效。促進優質醫療資源擴容和區域均衡布局，啟動實施第五批 49 個國家區域醫療中心建設。深化以公益性為導向的公立醫院改革，在 30 個城市開展改革示範，在 14 家醫院開展高質量發展試點。持續推進「千縣工程」，1163 家縣醫院達到三級醫院能力。加大對基層醫療衛生機構支持力度，中央財政補助 4.56 億元支持西部地區鄉鎮衛生院能力建設，近 70% 的鄉鎮衛生院和社區衛生服務中心達到國家能力標準。落實疾控體系改革任務，出

台《關於推動疾病預防控制事業高質量發展的指導意見》，地方各級疾控局均已完成挂牌，遴選 15 家省級疾控中心建設國家區域公共衛生中心，上下貫通的疾控工作體系初步形成。

（三）**醫療衛生服務能力穩步提高**。開展全面提升醫療質量行動，7600餘家醫療機構納入臨床路徑執行情況監測，「十四五」以來累計支持 961 個國家級、近 3800 個省級、1.1 萬個市縣級臨床重點專科建設項目。紮實推進分級診療，全國雙向轉診人次數超過 3000 萬，較上一年度增長 9.7%，縣域內常見病、多發病就診率達到 90% 以上。發展互聯網醫療服務，國家全民健康信息平台基本建成，17 個省份開展電子病歷省內共享調閱，204個地市開展檢查檢驗結果互通共享。開展「改善就醫感受、提升患者體驗」主題活動、改善護理服務行動，推出基層衛生健康便民惠民服務十項舉措，82.7% 的二級以上公立醫院開展預約診療，超過 5500 家二級以上綜合醫院提供「一站式」服務，超過 3000 個醫療機構提供上門護理服務。加強醫療衛生人才隊伍建設，培養全科醫生 4.7 萬名，新招收培訓住院醫師 12 萬人，編制資源向鄉村醫生開放，實施大學生鄉村醫生專項計劃、招聘大學生村醫超萬人。

（四）**全民基本醫保制度持續健全**。2023 年全國基本醫保參保人數 13.3億人，參保率穩定在 95% 左右。健全待遇保障機制，居民醫保人均財政補助標準提高到 640 元，職工醫保普通門診統籌大範圍鋪開，高血壓和糖尿病門診用藥保障機制進一步完善。完善醫療救助制度，基本實現救助對象、費用範圍、救助標準「三統一」。深化醫保支付方式改革，90% 以上的統籌地區開展了按疾病診斷相關分組（DRG）或病種分值（DIP）支付方式改革。落實異地就醫直接結算，住院費用跨省直接結算率超過 70%，跨省異地就醫聯網醫藥機構達 55 萬家，惠及群眾就醫 1.3 億人次，減少群眾墊付資金超過 1500 億元。調整醫保藥品目錄，新增 126 種藥品，目錄內藥品數增至3088 種。穩步推進藥品和高值醫用耗材集中帶量採購，接續推進兩批 80 種藥品集採、平均降價 57%，開展人工晶體和運動醫學類耗材集採、平均降價70%。加強醫保基金使用常態化監管，全年檢查核查 75 萬家醫藥機構。

（五）**中醫藥傳承創新發展取得新成效**。國辦印發《中醫藥振興發展重大工程實施方案》，中央資金投入近130億元，重點任務和重大工程項目基本實現「雙過半」。推動中醫藥優質醫療資源擴容下沉和區域均衡布局，布局建設27個中醫類國家區域醫療中心，近90%的二級以上公立綜合醫院開設了中醫類臨床科室，社區衛生服務中心和鄉鎮衛生院中醫館超過4萬個。發揮好中醫藥獨特優勢，發布50個中醫治療優勢病種、52個中西醫結合診療方案、100項適宜技術和100個療效獨特的中藥品種。深化中醫藥綜合改革示範區建設，大力推進中醫藥科技創新，加強少數民族醫藥工作。壯大中醫藥人才隊伍，完善岐黃學者、創新團隊等項目管理機制，出台師承教育管理辦法，建設321個高水平中醫重點學科，培養2萬餘名中醫館骨幹人才。深化中醫藥國際合作，建成全球首個以傳統醫學為主題的臨床試驗註冊平台。

（庚　波）

19. 抓好民生兜底保障做了哪些工作?

2023 年是三年新冠疫情防控轉段後經濟恢復發展的一年，部分困難群眾基本生活仍面臨較大壓力。對此，不斷加大民生兜底保障力度，充分發揮社會救助、社會福利等的功能作用，更好兜住兜準兜牢民生底線。主要做了以下工作:

（一）**進一步完善制度、加強社會救助**。國務院辦公廳轉發了民政部等 10 部門制定的《關於加強低收入人口動態監測做好分層分類社會救助工作的意見》（以下簡稱《意見》)，這是我國完善社會救助體系的一項重要新舉措。《意見》進一步明確了社會救助領域低收入人口的範圍，將醫療、教育、住房、就業等專項救助拓展至低保邊緣家庭成員、剛性支出困難家庭成員等，推動社會救助擴圍增效。民政部牽頭建設了全國低收入人口動態監測信息平台，目前已經歸集了 6600 多萬低收入人口的基本信息，大約佔全國總人口的 4.7%。根據經濟社會發展水平，逐步提高救助標準。截至 2023 年底，全國共有 664 萬人享受城市最低生活保障，3399 萬人享受農村最低生活保障，特困人員救助供養 472.6 萬人。全面推行由急難發生地直接實施臨時救助，全年臨時救助 742.3 萬人次。連續第 11 年開展「寒冬送溫暖」、「夏季送清涼」專項救助行動，救助流浪乞討人員等各類臨時遇困群眾 70.6 萬人次。全面加強政府救助與慈善幫扶在政策、對象、信息、資源等方面的有效銜接，暢通公益慈善力量參與渠道，更好滿足困難群眾多層次、多樣化、差異性救助需求。加大撫恤優待力度，將優撫對象等人員撫恤和生活補助標準總體提高 5.7%，惠及 835 萬人。

（二）**切實加強兒童福利和權益保護工作**。制定加強事實無人撫養兒童等困境兒童精準保障和教育保障的政策文件，出台關於加強困境兒童心理健康關愛服務工作的指導意見，以及促進殘疾孤兒回歸家庭政策措施。指導各地依法辦理收養登記，平穩有序做好收養有關工作。成立國務院婦兒

工委流動兒童和留守兒童權益保障工作小組，部署開展農村留守兒童和困境兒童關愛服務質量提升三年行動，強化流動兒童和留守兒童權益保障。啟動全國首批兒童福利機構高質量發展實踐基地試點，實施兒童福利機構「精準化管理 精細化服務」質量提升行動，推進業務檔案規範化、信息化建設，改進管理服務，更好保障機構內兒童健康權益。不斷提高兒童保障水平，截至 2023 年底，全國共有 14.4 萬名孤兒和 39.9 萬名事實無人撫養兒童被納入保障範圍。

（三）着力提升殘疾人民生保障和公共服務水平。組織開展《「十四五」殘疾人保障和發展規劃》中期評估，制定殘疾人康復、教育、就業、出行等一系列政策措施，推動各項任務目標加快落實落地。將脫貧不穩定、邊緣易致貧、突發嚴重困難的殘疾人納入監測和幫扶範圍，及時採取針對性幫扶措施，守住了不發生規模性返貧的底線。建立殘疾人兩項補貼動態調整機制和部級數據核對與督導工作機制，普遍開展「全程網辦」、「跨省通辦」、「主動服務」等便民服務。截至 2023 年底，殘疾人兩項補貼已惠及 1180.4 萬困難殘疾人和 1584.2 萬重度殘疾人，殘疾人基本民生得到有力保障。實施《國家殘疾預防行動計劃（2021—2025 年）》，殘疾發生發展得到有效控制，殘疾人基本康復服務覆蓋率穩定在 85% 以上，43.4 萬殘疾兒童得到康復救助，適齡殘疾兒童少年義務教育入學率穩步提升，2023 年新增 3 萬多名殘疾學生被高校錄取。2023 年城鄉新增 50.5 萬持證殘疾人就業，殘疾人經濟社會參與更加廣泛，生活狀況進一步改善。部署開展「精康融合行動」，推進地級市精神衛生福利設施建設，全國民政直屬精神衛生福利機構達到 138 家，床位 7.1 萬張。發布《中國康復輔助器具目錄（2023 年版）》，開展康復輔助器具產業第二批國家綜合創新試點，建設 49 個康復輔助器具產業園區，設立康復輔助器具社區租賃服務實體店 400 餘家，惠及 870 萬人。持續改善無障礙出行環境，提升無障礙出行服務，殘疾人出行更加便利。

（孫慧峰）

20. 文化事業和文化產業發展取得哪些新進展？

2023 年，各地區各部門深入學習貫徹習近平文化思想，貫徹落實黨的二十大精神和黨中央決策部署，持續推動文化事業和文化產業繁榮發展、高質量發展，各項工作取得新的積極成效，人民精神文化生活更加豐富多彩。

（一）**公共文化服務體系不斷完善**。加強文藝精品創作，實施新時代系列藝術創作工程，推出一批優秀影視劇作品，打造一批精品主題出版物，組織開展豐富多彩的舞台藝術優秀劇目展演、美術精品展出等活動。以標準化、均等化為抓手，持續推進城鄉公共文化服務體系一體建設，着力解決城鄉之間、區域之間公共文化服務不平衡問題。落實國家基本公共服務標準，推進縣級文化館、圖書館總分館制，目前基層分館和服務點數量超過 10 萬個。支持引導「城市書房」等新型公共文化空間建設，打造老百姓身邊的「文化客廳」，目前這類空間數量超過 3.3 萬個。創新實施文化惠民工程，廣泛開展群眾文化活動，形成「四季村晚」、「大地歡歌」、廣場舞大會等文化品牌。創新公共文化服務體制機制，支持社會力量廣泛參與公共文化服務，創新開展「春雨工程」，鼓勵一大批優質文化和旅遊資源以志願和公益形式向邊疆和民族地區流動。實施國家文化數字化戰略，推進智慧圖書館體系和公共文化雲項目建設，優化基層數字文化服務網絡，提升公共文化服務數字化水平。

（二）**文旅產業加快恢復發展**。完善文化經濟政策，推動文化產業體系和市場體系不斷完善。啟動實施一批重大文化產業項目，有效發揮對區域文化產業輻射帶動作用。數字科技賦能文化產業提質升級，文化新業態新模式帶動作用明顯增強。據統計，全國 7.3 萬家規模以上文化及相關產業企業實現營業收入 13 萬億元，同比增長 8.2%；其中文化新業態特徵較為明

顯的 16 個行業小類實現營業收入 5.2 萬億元、同比增長 15.3%。去年以來，國家和地方密集出台一系列文旅產業支持政策和促消費政策，有力推動文旅市場快速復甦。激活各類文化消費新玩法新空間，演唱會、音樂節等演出市場持續火爆，雲演藝、國風國潮、沉浸式體驗等新文化消費深受青睞。2023 年前三季度，全國營業性演出場次 34.2 萬場、票房收入 315.4 億元、觀演人數 1.1 億人次，分別比 2019 年同期增長 121%、84.2%、188.5%。國務院辦公廳印發《關於釋放旅遊消費潛力推動旅遊業高質量發展的若干措施》，優質旅遊產品供給不斷增加，觀光旅遊與休閑度假並重發展，自駕遊、定製遊、研學遊、親子遊、冰雪旅遊、避暑旅遊、智慧旅遊等細分市場發展迅速，淄博、哈爾濱等網紅旅遊城市吸引大量遊客。開展演出票務、劇本娛樂等專項整治和旅遊市場秩序整治百日行動等，有效維護文化和旅遊市場秩序。

　　（三）文化遺產保護傳承全面推進。2023 年 6 月黨中央召開文化傳承發展座談會，習近平總書記發表重要講話，文物保護利用和文化遺產保護傳承力度空前加大。深入實施中華優秀傳統文化傳承發展工程和中華文明探源工程，夏文化研究、巴蜀文明進程研究等 18 項「考古中國」重大項目研究持續深化。推動「普洱景邁山古茶林文化景觀」列入世界遺產名錄，中國世界遺產數量增至 57 項。啟動第四次全國文物普查，加強廊橋、石窟寺、壁畫彩塑、名碑名刻等保護研究。核定公布第二批革命文物名錄，紅色遊徑、紅色草原、紅色研學等在傳承紅色基因、激發愛國熱情方面作用彰顯。加大打擊防範文物犯罪力度，推動流失文物追索返還，55 件流失海外文物藝術品回歸祖國。推進第六批國家級非遺代表性傳承人認定，加快非遺工坊、非遺保護示範基地、國家文化生態保護區等建設，有力促進了非物質文化遺產保護和傳承。推動長城、大運河等國家文化公園建設，加強黃河、長江文物等文化遺產系統性保護。推進各級各類博物館建設，三星堆博物館新館、北京大運河博物館等一批新館建成開放，全國備案博物館達到 6565 家。積極創新展陳方式、優化開放服務、開發文創產品，進館看展日益成為人們休閑生活的新風尚。同時，針對「博物館熱」引發的參

觀預約難等問題，不少博物館採取延長開放時間、提高參觀人數限額等方式擴大服務供給、滿足群眾需求。打造《尋古中國》、《何以中國》、《非遺裏的中國》等文化遺產全媒體傳播精品，讓恢宏燦爛的中華文明更加真實可感。

（四）文明交流互鑒成果豐碩。踐行全球文明倡議，堅守中華文化立場，積極推動中外人文交流，不斷增強中華文化傳播力影響力。舉辦首屆良渚論壇、藝匯絲路——中阿知名藝術家採風作品展、紀念費城交響樂團訪華 50 周年演出等活動，搭建交流平台，促進民心相通。推動成立亞洲文化遺產保護聯盟並發布《西安宣言》，推進文化遺產領域國際合作，共同推動人類文明發展進步。實施「文化絲路」計劃，舉辦「歡樂春節」、「茶和天下·雅集」、「多彩中國 佳節好物」等活動，開展「你好！中國」國家旅遊形象推廣，推動中華文化、中國旅遊更好走向世界。

（王曉丹）

21. 支持旅遊市場恢復方面採取了哪些政策措施?

2023 年是三年新冠疫情防控轉段後經濟恢復發展的一年。黨中央、國務院對促進文化旅遊等服務消費作出部署並出台相關政策措施,推動我國旅遊市場強勢復甦。全年國內出遊 48.9 億人次、同比增長 93.3%,國內遊客出遊總花費 4.9 萬億元、同比增長 140.3%。旅遊業展現出的蓬勃生機,成為中國經濟韌性強、潛力大、活力足的生動體現。

(一)扶持旅遊業經營主體恢復發展,優化旅遊產品供給。一是助力旅遊企業恢復經營。推動穩增長、助企紓困幫扶政策延續實施,開展旅行社服務質量保證金暫退工作,允許新設立旅行社暫緩交納,幫助應對階段性困難。健全全國導遊資格考試管理制度,修訂《導遊服務規範》國家標準,加大人員培訓力度,提升導遊隊伍服務水平。二是推動旅遊產品提質升級。出台《國內旅遊提升計劃(2023—2025 年)》,「十四五」文化保護傳承利用工程 2023 年度中央預算內投資對 69 個國家文化公園和重大旅遊基礎設施項目進行補助。打造國家級旅遊休閑城市、旅遊度假區,認定兩批共 110 家國家級旅遊休閑街區。支持遊艇旅遊發展,首艘國產大型郵輪「愛達・魔都」號投入運營。持續打造鄉村旅遊重點村鎮體系,浙江下姜村、江西篁嶺村、甘肅紮尕那村、陝西朱家灣村入選第三批聯合國世界旅遊組織「最佳旅遊鄉村」。三是積極培育旅遊新業態。促進旅遊與文化、體育、科技融合發展,組織開展一系列重大節慶展演展覽活動,發布全國旅遊演藝精品名錄,推動「跟著演出去旅行」。評定國家旅遊科技示範園區 27 家,發展線上演播、劇本娛樂等業態。同時,各地區結合自身資源稟賦踴躍創新,「淄博燒烤」、「村 BA」、「村超」等融合業態持續涌現,2023—2024 年冰雪季哈爾濱火爆出圈,帶動東北地區冰雪運動、冰雪文化、冰雪裝備、冰雪旅遊全產業鏈發展。

(二)改善旅遊環境和體驗,釋放旅遊消費需求。一是開展旅遊促消

費活動。制定實施《關於釋放旅遊消費潛力推動旅遊業高質量發展的若干措施》，實施「百城百區」金融支持文化和旅遊消費行動計劃，促進消費惠民。舉辦迎亞運、迎學青會等文體旅融合促消費活動。推動國家級夜間文化和旅遊消費集聚區創新發展，2023年前兩批243個集聚區客流量31.2億人次，平均每個集聚區每夜3.5萬人次。二是加強旅遊產品宣傳推廣。實施中華文化主題旅遊線路推廣工程，開展「旅遊中國·美好生活」等宣傳活動。舉辦第十三屆中國旅遊產業博覽會，發揮其促消費作用。三是優化旅遊消費環境。制定實施提升暑期旅遊景區開放管理水平的政策措施，指導旅遊景區優化管理，緩解一些景區出現的「一票難求」現象。加強旅遊服務中心建設，推進旅遊廁所革命，不斷優化旅遊公共服務。開展旅遊市場秩序整治百日行動，嚴查「不合理低價遊」、強迫購物等問題。開展行業安全生產檢查，加強景區遊樂設施、特種設備等安全隱患排查整治，守住安全底線。

（三）加力破解難點堵點，促進入境旅遊穩步恢復。一是優化來華簽證措施。中國已與157國締結了涵蓋不同護照種類的互免簽證協定，與44個國家達成簡化簽證手續協定或安排。放寬來華外籍人員申辦口岸簽證條件、樞紐空港口岸24小時直接過境免辦查驗手續，2023年全國邊檢機關共查驗入境人員2.1億人次。二是降低入境交通成本。從降低收費、加大時刻供給等方面支持航空公司增加運力投放。截至2024年1月，我國國際定期客運航班共通航67個國家，英國等25個國家航班量已超過疫情前水平。三是便利外國遊客在華生活。圍繞交通樞紐、景區、度假區、文博場館、星級酒店、文商旅綜合體等場景進行支付便利化升級，在北京首都、大興機場和上海浦東、虹橋機場推動開展境外來賓支付便利化服務。加強導遊以及景區、酒店等服務人員外語培訓，完善重點場所多語種標識及導覽設施。四是持續營造友好環境。深入開展「你好！中國」國家旅遊形象系列推廣活動，支持國內文化和旅遊企業、機構參加各類國際文化和旅遊展會，吸引外國相關企業來華參展參會，為以旅遊為媒介促進中國與世界各國和地區人民的友好交往創造良好條件。

（劉開標）

22. 體育事業取得哪些新成績?

2023年是推動體育發展、加快推進體育強國建設的重要一年。二十屆中央第一輪巡視對體育總局黨組開展機動巡視，充分體現了對體育工作的高度重視。在以習近平同志為核心的黨中央堅強領導下，各地區各有關部門共同努力，全國體育戰線振奮精神、紮實工作，推動體育事業發展邁出了新的步伐。

（一）群眾體育迸發新活力。制定《全民健身場地設施提升行動工作方案（2023—2025年）》，大力推進群眾健身場地設施建設，開展健身設施強基礎、提質量、優服務、增效益四大行動，全國體育場地總數達到459.3萬個，人均體育場地面積達2.89平方米，分別比上年增加8.6%和10.3%。積極推動各類場館向群眾開放，越來越多的體育場館享受國家免費或低收費開放補助政策，受益人次超過4億。全民健身線上運動會圓滿成功，累計參賽接近2200萬人。全國各地馬拉松賽事在疫情後紛紛重啟，帶動國內路跑賽事快速回暖、不斷升溫，助力城市恢復活力。貴州省「村超」、「村BA」吸引上百萬人次到場觀戰，為舉辦地帶來360多萬人次的夜間消費。在此引領下，和美鄉村籃球大賽等一系列豐富多彩的「村超」及「類村超」賽事在全國各地遍地開花，吸引更多人從體育旁觀者轉變為體育參與者。

（二）競技體育整體實力不斷增強。2023年可以說是競技體育的「大年」。我國成功舉辦成都大運會、杭州亞運會和亞殘運會、廣西學青會等重大賽事活動，實現了運動成績和精神文明雙豐收，極大鼓舞和激發了全國人民的愛國熱情和民族自豪感。特別是杭州亞運會和亞殘運會，是黨的二十大勝利召開、我國疫情防控實行「乙類乙管」後舉辦的重大國際綜合性體育賽事，我們秉持「綠色、智能、節儉、文明」辦賽理念，以一流的場館設施、出色的組織服務，兌現了舉辦一屆「中國特色、亞洲風采、精彩紛呈」亞運盛會的莊嚴承諾，受到了亞洲各國和國際社會的廣泛贊譽。

在杭州亞運會上，我國體育健兒勇創佳績，取得201枚金牌的歷史最好成績，第11次蟬聯亞運會金牌榜首位，展現了中國競技體育發展的新成就。殘疾人運動員在杭州亞殘運會上獲得214枚金牌，獎牌總數達521枚，第4次蟬聯亞殘運會金牌榜和獎牌榜首位。針對一段時期以來「三大球」成績持續下滑等問題，國務院成立了推進足球改革發展工作專班機制，有關部門進一步加強足球、籃球等相關協會建設，完善規章制度和治理能力，淨化行業風氣，強化賽風賽紀，取得了新的成效。

（三）**青少年體育工作紮實推進**。深入落實《關於深化體教融合促進青少年健康發展的意見》，推動青少年體育快速發展。各地積極開展豐富多彩的青少年體育賽事，組織4.3萬餘場「奔跑吧·少年」主題健身活動，參與青少年6329萬人次。引導規範校外體育培訓機構發展，助力「雙減」政策落地。動員895名志願者赴山西、內蒙古等省（區）部分中小學校開展體育支教服務，惠及50萬名中小學生。

（四）**體育產業和體育消費快速發展**。2023年中央政治局會議和中央經濟工作會議，對推動體育休閑消費提出明確要求，強調要把體育賽事作為培育壯大新型消費增長點，這為體育產業發展提供了重要機遇。有關部門制定了《關於恢復和擴大體育消費的工作方案》等多個政策性文件，提出一系列有力舉措，不斷完善體育產業發展政策體系，積極恢復和擴大體育消費。新認定7個國家級滑雪旅遊度假地、13個國家體育旅遊示範基地，命名23個國家體育產業基地，推出24條國慶、春節假期體育旅遊精品線路，舉辦首屆中國戶外運動產業大會，體育服務和產品供給更加豐富。創新開展「跟著賽事去旅行」系列活動，促進文體旅融合發展，在全國掀起了體育消費熱潮。以杭州亞運會為例，在賽事舉辦期間，杭州接待遊客總量達4345.9萬人次，比上年同期增長112.4%，帶動住宿、餐飲、零售消費489.6億元。冰雪經濟成為2023年的又一個突出亮點。抓住後冬奧時期冰雪運動、冰雪經濟發展機遇，持續鞏固「帶動三億人參與冰雪運動」成果，組織開展「全國大眾冰雪季」等品牌活動，加大冰雪場地設施供給，各地因地制宜開展群眾性冰雪活動和冰雪賽事，群眾參與熱情得到充分激發，

冰雪「冷資源」成為了「熱經濟」。根據最新統計，我國體育產業總規模已經超過 3.3 萬億元。

（五）國際體育交流合作深入開展。利用成都大運會、杭州亞運會和亞殘運會的契機，廣泛開展體育對外交往活動，進一步擴大體育領域的「朋友圈」。以中俄體育交流年為契機，舉辦第九屆中俄夏季青少年運動會。發揮體育獨特優勢，深化對美體育交流與合作，鞏固與亞非拉體育界的深厚友誼。充分調動地方在體育交流合作方面的積極性，黑龍江省謀劃推進中國—上海合作組織冰雪體育示範區建設，雲南省推動與南亞東南亞體育對外交流合作，有力服務了國家外交大局。

（孫慧峰）

23. 政府自身建設取得哪些新成效？

過去一年，在以習近平同志為核心的黨中央堅強領導下，各級政府全面加強自身建設，認真落實機構改革任務，紮實推進依法行政，持之以恒正風肅紀反腐，真抓實幹、善作善成，行政效能持續得到提升。

（一）**堅持把黨的領導貫穿政府工作各方面全過程**。本屆政府履職之初，就旗幟鮮明提出要當好貫徹黨中央決策部署的執行者、行動派、實幹家。各級政府深入開展學習貫徹習近平新時代中國特色社會主義思想主題教育，深刻領悟「兩個確立」的決定性意義，增強「四個意識」、堅定「四個自信」、做到「兩個維護」，不斷提高政治判斷力、政治領悟力、政治執行力，始終在思想上政治上行動上同以習近平同志為核心的黨中央保持高度一致。國務院建立和落實專題學習制度，重點圍繞貫徹落實習近平總書記重要指示批示精神和黨中央決策部署，加強經濟、科技、產業等領域新知識學習，增強推動高質量發展本領、服務群眾本領、防範化解風險本領。堅持和完善黨中央重大決策部署落實機制，修訂《國務院工作規則》等制度規定，把維護黨中央權威和集中統一領導作為最根本的政治紀律和政治規矩，自覺同黨中央要求對標對表，確保黨中央決策部署不折不扣落實。

（二）**以機構改革為契機推進政府職能轉變**。按照黨的二十屆二中全會審議通過的《黨和國家機構改革方案》和十四屆全國人大一次會議審議批准的國務院機構改革方案，有序推進國務院機構改革工作，紮實做好科學技術、金融監管、數據管理、鄉村振興、知識產權等重點領域的機構職責優化調整，完善國務院直屬特設機構、直屬機構、辦事機構、直屬事業單位、部委管理的國家局設置。嚴肅改革紀律，做好思想政治工作，精心組織、周密實施，確保機構、職責、隊伍等及時調整到位，確保了改革期間各項工作正常運轉、有序銜接。國務院新組建和重新組建的部門均已掛牌運行，地方政府機構改革有序推進。以這次機構改革為契機，堅持優化協

同高效，深化轉職能、轉方式、轉作風。推動各部門完善內部工作機制，進一步明確工作責任，優化工作流程。強化政府工作「一盤棋」意識，加強部門協同配合，提高聯辦效率和規範化水平，形成工作合力。

（三）依法行政紮實推進。貫徹落實《法治政府建設實施綱要（2021—2025 年）》，不斷提高運用法治思維、法治方式解決問題的能力。自覺接受人大監督和政協民主監督，國務院各部門按時辦結全國兩會期間提出的人大代表建議 7955 件、政協提案 4525 件，採納代表委員所提意見建議近 4700 條，出台相關政策措施 2000 餘項，有力推動解決了一系列事關改革發展、人民群眾急難愁盼的問題。提請全國人大常委會審議法律議案 10 件，全面梳理 604 部行政法規，制定修訂未成年人網絡保護條例、無人駕駛航空器飛行管理暫行條例、專利法實施細則等行政法規 25 部，取消和調整罰款事項 33 個。強化行政執法監督，全國辦理行政複議案件 31.5 萬件，糾正違法或者不當行政行為 2.7 萬件，審查備案地方性法規、地方政府規章和部門規章 3021 件。實施提升行政執法質量三年行動，完善行政執法程序，健全行政裁量基準，全面推進嚴格規範公正文明執法。

（四）大力提升行政效能。優化督查工作機制，抓實抓好督查問效，組織開展國務院推動經濟持續回升向好督查調研、推動高質量發展綜合督查以及其他專項督查和「互聯網＋督查」，高度重視企業群眾的急難愁盼和工作推進的堵點難點，督促有關方面對督查發現的問題一項一項抓好整改。把「高效辦成一件事」作為優化政務服務、提升行政效能的重要抓手，加強協同配合，優化辦事流程，精簡辦事材料，提高辦事效率。依托全國一體化政務服務平台推動政務服務效能提升常態化，不斷提升政務服務水平。全國一體化政務服務平台註冊用戶超過 10 億人，電子社會保障卡服務總量達 151 億人次，全國已建設 32 個省級政務服務移動端，80% 的地區開通了微信或支付寶小程序提供政務服務，「一網通辦」、「異地可辦」、「最多跑一次」逐步成為現實。

（五）政府黨風廉政建設和反腐敗鬥爭縱深推進。全面落實習近平總書記在二十屆中央紀委二次全會上的重要講話精神和黨中央關於全面從嚴治

黨戰略部署，召開國務院廉政工作會議，突出重點領域和關鍵環節，深入推進轉政風提效能、嚴紀律肅貪腐。嚴格落實中央八項規定精神，加強政府作風建設，鍥而不捨糾治「四風」。大興調查研究之風，深入研究重大問題、提出重大舉措、推進重大工作，以改革創新的思路舉措實打實地解決一批突出問題。落實過緊日子要求，堅持勤儉辦一切事業，努力降低行政運行成本，中央本級三公經費支出預算比疫情前的 2019 年下降了 20%。促進文件會議減量提質，國務院各部門發文和開會數量分別較年初計劃壓減 18%、36%。有力推進金融單位、國有企業等巡視整改。認真抓好審計查出問題整改工作，促進增收節支和挽回損失 3600 多億元。堅決守住廉潔底線，始終以嚴的標準、嚴的措施抓好廉潔政府建設，一體推進不敢腐、不能腐、不想腐，深化標本兼治、系統治理，嚴格防範和嚴肅查處重點領域腐敗問題，堅決懲治群眾身邊的腐敗和不正之風。

（汪先鋒）

24. 基層社會治理方面主要做了哪些工作?

習近平總書記強調，基層強則國家強，基層安則天下安。過去一年，各地區各部門深入學習貫徹習近平總書記關於基層治理的重要論述和黨中央有關決策部署，統籌推進鄉鎮（街道）和城鄉社區治理，不斷提升社會治理效能，基層治理現代化取得新的成效。

（一）**完善城鄉基層治理體系**。深入落實中共中央、國務院《關於加強基層治理體系和治理能力現代化建設的意見》，加快完善網格化管理、精細化服務、信息化支撐的基層治理平台，強化系統治理、依法治理、綜合治理、源頭治理。推動全面從嚴治黨向基層延伸，持續整治群眾身邊的不正之風和腐敗問題。加強黨的基層組織建設和基層政權治理能力建設，優化鄉鎮（街道）政務服務流程，推動各地政務服務平台向鄉鎮（街道）延伸，增強鄉鎮（街道）議事協商、為民服務能力。加強村（居）民委員會規範化建設，完善村（居）民自治機制，深化基層民主協商，增強基層組織動員能力。提升社區治理效能，實施城市社區嵌入式服務設施建設工程，推動優質普惠公共服務下基層、進社區，城市、農村社區綜合服務設施覆蓋率分別為100%和85%左右，在辦好「一老一小」等民生實事和公共事務中發揮了重要作用。加快補齊鄉村基礎設施短板，累計建設28.9萬個村級寄遞物流綜合服務站，農村自來水普及率達到90%。推廣運用積分制、清單制、接訴即辦、「村民説事」等務實管用鄉村治理方式，加快提升鄉村治理水平。

（二）**健全多元化矛盾糾紛化解機制**。堅持和發展新時代「楓橋經驗」，認真解決涉及群眾切身利益的問題，及時把矛盾糾紛化解在基層、化解在萌芽狀態，築牢社會和諧穩定的基礎。行政複議化解行政爭議主渠道建設有力推進，強化調解和解手段運用，實質性解決人民群眾急難愁盼問題。認真落實《信訪工作條例》，用心用情辦理群眾來信來訪，持續加強信訪問

題源頭治理和積案化解，深入推進信訪工作法治化。全國省市兩級信訪工作聯席會議機制覆蓋率達到 100%，縣級覆蓋率達到九成，27 個省份實現了鄉鎮（街道）一級全覆蓋。加強信訪信息化建設，網上信訪佔比達七成，快速高效解決群眾訴求。健全行政調解工作體制，完善行業性專業性調解制度規則，推進人民調解組織規範化建設和作用發揮。全國共有人民調解委員會近 70 萬個，人民調解員近 320 萬人，全年調解矛盾糾紛 1720 萬件，有力促進矛盾糾紛源頭預防和調解化解。

（三）夯實安全穩定的基層基礎。 全國公安機關堅持「派出所主防」，推進警力下沉，深化「一村（格）一警」、派出所「兩隊一室」等機制模式建設，深化「楓橋式公安派出所」創建和「百萬警進千萬家」等活動，注重專群結合、群防群治，保持社會大局持續安全穩定。全國公安機關日均投入 74 萬社會面巡防力量開展巡邏防控，大幅提高街面見警率、管事率，「兩搶一盜」案件立案數下降 22.1%，社會治安環境明顯改善。加強食品藥品等安全監管，全國食品安全評價性抽檢合格率、國家藥品抽檢總體合格率均保持在 99% 以上。特種設備事故大幅減少。大力提升基層應急管理能力，推動應急管理工作力量下沉、保障下傾、關口前移。深入開展重大事故隱患專項排查整治行動，明確 51 個行業領域重大事故隱患判定標準和重點檢查事項，各地排查重大事故隱患 39.5 萬項，推進重大事故隱患動態清零。推進基層應急管理專業化規範化，實施「安全生產月」、「消防宣傳月」等主題宣教活動，常態化開展安全宣傳「五進」活動，提升從業人員安全素質和技能，不斷夯實築牢安全生產人民防線。

（四）引導社會力量參與基層治理。 完善辦事公開制度，拓寬基層各類群體有序參與基層治理渠道。加強對社會組織支持引導和監督管理，完善財政補助、購買服務、稅收優惠、人才保障等支持政策，推動社會組織在助力高質量發展、支持穩崗就業、提供社會服務等方面發揮積極作用。引導全國性社會組織、東部省市社會組織結對幫扶 160 個國家鄉村振興重點幫扶縣，助力鞏固脫貧攻堅成果、推進鄉村全面振興。開展行業協會商會服務高質量發展專項行動，清理違法違規收費，為企業減輕負擔。開展打

擊整治非法社會組織專項行動，依法處置非法社會組織 1100 餘家，關停非法社會組織網站和應用程序 164 個。完善促進公益慈善事業發展政策措施，引導更多有意願有能力的企業、社會組織和個人參與公益慈善。支持和發展社會工作服務機構和志願服務組織，搭建更多志願服務平台，壯大志願者隊伍，健全志願服務體系。全國登記認定慈善組織 1.3 萬餘家，註冊志願者超過 2.3 億人，公益慈善和志願服務事業持續健康發展。

（汪先鋒）

25. 2023 年中國外交取得哪些新成果？

2023 年，面對異常嚴峻複雜的國際形勢和諸多外部挑戰，在以習近平同志為核心的黨中央堅強領導下，中國特色大國外交全面推進，為強國建設、民族復興營造有利環境，為維護世界和平、促進共同發展做出積極貢獻。主要有以下新成果：

（一）元首外交發揮戰略引領作用。2023 年，習近平主席等黨和國家領導人出訪多國、出席多場多邊會議。習近平主席親自擘畫、親力親為，主持中國—中亞峰會、第三屆「一帶一路」國際合作高峰論壇兩大主場外交，出席上合組織領導人峰會、金磚國家領導人會晤、亞太經合組織領導人非正式會議共三場多邊峰會，先後出訪俄羅斯、南非、美國、越南，舉行百餘場會見、通話。習近平主席深刻闡述中方關於堅持經濟全球化、維護世界和平穩定、完善全球治理、加強應對全球性挑戰國際合作、促進綠色低碳轉型等立場主張，推動各方落實全球發展倡議、全球安全倡議、全球文明倡議，携手構建人類命運共同體。元首外交打開了中國對外關係的嶄新局面，在國際事務中日益發揮重要和建設性作用。2023 年是習近平主席提出構建人類命運共同體倡議十周年。十年來，構建人類命運共同體已從中國倡議擴大為國際共識，從美好願景轉化為豐富實踐，從理念主張發展為科學體系，連續七年寫入聯大決議，不斷拓展延伸到各個地區、各個領域，成為中國外交的光輝旗幟，引領中國外交不斷取得新成績。

（二）促進國際開放合作和世界經濟復甦。中國堅持對外開放的基本國策，堅定奉行互利共贏的開放戰略，推動建設開放型世界經濟。堅持經濟全球化正確方向，推動貿易和投資自由化便利化，促進國際宏觀經濟政策協調，堅決反對保護主義、「脫鉤斷鏈」、單邊制裁。鞏固落實《區域全面經濟夥伴關係協定》各領域合作，推進中國—東盟自貿區 3.0 版談判，為深化東亞區域經貿合作做出積極貢獻。舉辦年度博鰲論壇、進博會、服貿會、

廣交會、消博會、鏈博會等，宣布一系列擴大進口和吸引外資新舉措，增加航班數量、簡化來華簽證手續、對多國實行單方面免簽政策，制度型開放步伐加快。2023 年是習近平主席提出共建「一帶一路」倡議十周年。中方成功舉辦第三屆「一帶一路」國際合作高峰論壇，提出高質量共建「一帶一路」八項行動，150 多個國家、40 多個國際組織參會，達成 458 項重要成果清單、972 億美元合作協議。

（三）鞏固完善全球夥伴關係網絡。中國堅持獨立自主的和平外交政策，堅持走和平發展道路，致力於發展同各國的友好合作，深化拓展全球夥伴關係，推動構建相互尊重、公平正義、合作共贏的新型國際關係，不斷鞏固完善全方位外交布局。

維護大國關係總體穩定。中國積極推動構建和平共處、總體穩定、均衡發展的大國關係格局，反對大國競爭對抗，促進大國良性互動。深化中俄全面戰略協作。習近平主席年內同普京總統兩次會晤。兩國政治和戰略互信日益鞏固，各領域務實合作不斷深化，為維護全球戰略穩定作出貢獻。推動中歐關係穩健發展。2023 年是中歐建立全面戰略夥伴關係 20 周年。習近平主席同法國、德國等歐洲多國及歐盟機構領導人深入溝通，就加強對話合作達成重要共識，中方同各方在戰略、經貿、綠色、數字等領域的高層對話成果豐碩。中美關係經雙方努力有所緩和。習近平主席應邀同拜登總統舉行舊金山歷史性會晤，就事關中美關係的戰略性、全局性、方向性問題坦誠深入交換意見，雙方達成 20 多項成果共識，恢復和建立一系列對話溝通機制，形成了面向未來的「舊金山願景」。

夯實周邊命運共同體。習近平主席對越南進行歷史性國事訪問，雙方同意進一步深化和提升中越全面戰略合作夥伴關係，構建具有戰略意義的中越命運共同體。中國同印尼宣布雅萬高鐵建成通車，同新加坡關係定位提升為「全方位高質量的前瞻性夥伴關係」，瀾湄合作紮實推進，構建更為緊密的中國—東盟命運共同體取得新的進展。習近平主席同中亞五國元首舉行首屆中國—中亞峰會，正式建立中國—中亞元首會晤機制，就建立中國—中亞能源發展夥伴關係、支持跨里海國際運輸走廊建設等重大合作

達成共識，共同決定構建更加緊密的中國—中亞命運共同體。中方推動上合組織牢記初心使命，堅持團結協作，為維護世界和平與發展注入更多確定性和正能量。

深化與發展中國家的團結合作。始終同廣大發展中國家站在一起，維護發展中國家共同利益。去年約翰內斯堡峰會期間，五國領導人決定金磚機制正式擴員，此舉將使金磚機制在推動全球治理體系改革中發揮更大作用，也開啟了「全球南方」聯合自強的新紀元。習近平主席訪問南非，同拉馬福薩總統宣布携手構建高水平中南命運共同體，提出支持非洲發展三項舉措，中方支持非盟加入二十國集團，中非關係邁入歷史新階段。深化中阿、中拉、中國—太平洋島國互利合作，支持發展中國家加快實現現代化。

（四）積極參與和推進全球治理。中國始終堅持並踐行真正的多邊主義，堅定維護以聯合國為核心的國際體系、以國際法為基礎的國際秩序、以聯合國憲章宗旨和原則為基礎的國際關係基本準則，推動全球治理體系朝着更加公正合理的方向發展。積極推動落實全球發展倡議，目前 70 多國加入「倡議之友小組」，200 多個合作項目落地，中方已成立總額 40 億美元的全球發展和南南合作基金，支持減貧、糧食安全、工業化、數字時代互聯互通等重點領域合作。全球安全倡議影響日益擴大，現已獲得 100 多個國家和國際組織支持，寫入多份雙多邊文件，明確 20 項國際安全重點合作領域，綜合安全觀受到多方認同。全球文明倡議從理念不斷轉化為實踐，弘揚全人類共同價值，中希文明互鑒中心在雅典大學落成，「讀懂中國」國際會議、「良渚論壇」成功舉辦，中華文明、世界不同文明之間的交流互鑒持續深化。

（五）為解決熱點問題發揮積極建設性作用。中國促成沙特和伊朗歷史性和解，是對話與和平的重大勝利，全面展示了中國特色的國際和地區熱點問題解決之道。在烏克蘭問題上，中方積極勸和促談，先後提出「四個應該」、「四個共同」和「三點思考」的主張，發布《關於政治解決烏克蘭危機的中國立場》文件，派出政府特使同各方廣泛接觸，為勸和促談、恢復

和平作出持續努力。巴以衝突以來，中方派出特使勸和促談，發布《中國關於解決巴以衝突的立場文件》，呼籲盡快停火止戰，推動巴勒斯坦問題早日得到全面、公正、持久解決。中方支持阿富汗包容建政、和平重建，積極斡旋緬北衝突各方實現和解，推動政治解決朝鮮半島問題、伊核問題，成為維護地區和平安寧的重要力量。

（劉武通）

第二部分

2024 年經濟社會發展
總體要求和政策取向

26. 如何理解政府工作的總體要求和需要把握的重點?

今年是中華人民共和國成立75周年,是實現「十四五」規劃目標任務的關鍵一年。李強總理在十四屆全國人大二次會議上所作的《政府工作報告》中,明確了做好政府工作的總體要求和需要把握的重點。我們要在以習近平同志為核心的黨中央堅強領導下,以習近平新時代中國特色社會主義思想為指導,全面貫徹落實黨的二十大和二十屆二中全會精神,貫徹落實中央經濟工作會議部署,落實《報告》要求,做好今年經濟社會發展工作。

(一)完整、準確、全面貫徹新發展理念,着力推動高質量發展。發展是我們黨執政興國的第一要務,新時代的發展必須是高質量發展。經濟發展是一個螺旋式上升、階梯式遞進的過程,既要注重量,更要注重質,當量積累到一定階段,必須轉向質的提升,這是經濟發展的一般規律。只有堅持高質量發展,持續提升發展質量、壯大經濟實力,才能不斷滿足人民日益增長的美好生活需要,如期基本實現現代化、達到中等發達國家水平,進而全面建成社會主義現代化強國。要切實貫徹落實堅持高質量發展這個新時代的硬道理,紮實推動使創新成為第一動力、協調成為內生特點、綠色成為普遍形態、開放成為必由之路、共享成為根本目的的發展,實現經濟質的有效提升和量的合理增長。

(二)堅持穩中求進工作總基調,鞏固和增強經濟回升向好態勢。中央經濟工作會議強調要堅持穩中求進、以進促穩、先立後破。堅持穩中求進,穩是大局和基礎。各地區各部門要多出有利於穩預期、穩增長、穩就業的政策,謹慎出台收縮性抑制性舉措,清理和廢止有悖於高質量發展的政策規定。進是方向和動力,要堅持以進促穩,着力在轉方式、調結構、提質量、增效益上積極進取,掌握戰略主動,增強發展韌性。穩和進、立和破是辯證統一、相輔相成的,要作為一個整體來把握,堅持先立後破,該立

的要積極主動立起來，該破的要在立的基礎上堅決破，在固本培元中塑造高質量發展新優勢。

（三）加大宏觀調控力度，增強宏觀調控針對性有效性。積極的財政政策要適度加力、提質增效，科學合理安排財政赤字、財政收支、地方政府專項債、超長期特別國債、轉移支付、結構性減稅降費等政策舉措，既用好財政政策空間，又優化政策工具組合。穩健的貨幣政策要靈活適度、精準有效，加強總量和結構雙重調節，加大對重大戰略、重點領域和薄弱環節的支持力度，促進社會綜合融資成本穩中有降。增強宏觀政策取向一致性，加強財政、貨幣、就業、產業、區域、科技、環保等政策協調配合，把非經濟性政策納入宏觀政策取向一致性評估，強化政策統籌，確保同向發力、形成合力。

（四）全面深化改革開放，增強發展內生動力。改革攻堅要突出重點領域和關鍵環節，着力促進有效市場和有為政府更好結合，營造市場化、法治化、國際化一流營商環境，推動構建高水平社會主義市場經濟體制。不斷完善落實「兩個毫不動搖」的體制機制，深入實施國有企業改革深化提升行動，全面落實促進民營經濟發展壯大的意見及配套舉措，為各類所有制企業創造公平競爭、競相發展的良好環境，激發各類經營主體活力。加快建設全國統一大市場，着力推動產權保護、市場准入、公平競爭、社會信用等方面制度規則統一，大力治理地方保護、市場分割、招商引資不當競爭等突出問題，堅決維護公平競爭的市場秩序。切實抓好財稅金融、農業農村、生態環保、社會民生等領域改革。擴大高水平對外開放要努力推動由商品和要素流動型開放向規則、規制、管理、標準等制度型開放轉變，形成以開放促改革促發展的新格局。增強國內國際兩個市場兩種資源聯動效應，推動外貿質升量穩，加大吸引外資力度，鞏固外貿外資基本盤。抓好支持高質量共建「一帶一路」八項行動的落實落地，推動高質量共建「一帶一路」走深走實。

（五）統籌高質量發展和高水平安全，切實防範化解風險。堅持高質量發展和高水平安全良性互動，以高質量發展促進高水平安全，以高水平安

全保障高質量發展。防範化解房地產、地方債務、中小金融機構等風險要標本兼治，一方面穩妥有序處置風險隱患，完善重大風險處置統籌協調機制，優化房地產政策，進一步落實一攬子化債方案，穩妥推進一些地方的中小金融機構風險處置；另一方面健全風險防控長效機制，加快構建房地產發展新模式，建立同高質量發展相適應的政府債務管理機制，健全金融監管體制。還要加強糧食、能源、網絡、數據等重點領域安全能力建設，不斷築牢高質量發展的安全屏障。

（六）堅持以人民為中心的發展思想，不斷增進民生福祉。把實現好、維護好、發展好最廣大人民根本利益作為一切工作的出發點和落腳點，通過做大「蛋糕」不斷增進民生福祉，讓現代化建設成果更多更公平惠及全體人民。堅持盡力而為、量力而行，緊緊抓住人民群眾最關心最直接最現實的利益問題，着力解決人民群眾急難愁盼問題，健全基本公共服務體系，提高公共服務水平，切實履行好保基本、兜底線職責，把惠民生的事辦實、暖民心的事辦細、順民意的事辦好，紮實推進共同富裕，促進社會和諧穩定。

（肖炎舜）

27. 怎樣認識今年經濟增長預期目標?

貫徹落實以習近平同志為核心的黨中央決策部署和中央經濟工作會議精神，十四屆全國人大二次會議審議通過的李強總理所作的《政府工作報告》，明確了今年國內生產總值增長 5% 左右的預期目標。這一目標綜合考慮了國內外形勢和各方面因素，兼顧了需要和可能，既積極進取，又穩妥務實。

國內生產總值增速是反映經濟運行狀況的綜合性、基礎性指標。無論是確定就業、物價、居民收入、國際收支等宏觀調控目標，還是確定財政收支、貨幣信貸等宏觀政策的力度規模，經濟增長預期目標都是重要依據。新冠疫情防控平穩轉段後，我國經濟運行總體回升向好，去年國內生產總值實際增長 5.2%，較好完成了「增長 5% 左右」的預期目標，增速在世界主要經濟體中繼續位居前列。今年是中華人民共和國成立 75 周年，也是實現「十四五」規劃目標任務的關鍵一年，保持經濟平穩運行和社會大局穩定具有重要意義。《報告》提出，今年「國內生產總值增長 5% 左右」，與去年預期目標一致，這是經過反覆權衡慎重確定的。

（一）這個目標體現了促進就業增收、防範化解風險的需要。經濟增長是就業增收、防範化解風險的基礎。只有保持一定的經濟增速，就業和居民收入才能增加。如果經濟增速過低，不僅充分就業的目標難以實現，風險因素也會增多。從這些年經濟增長與就業的聯動看，要實現較為充分的就業，完成城鎮新增就業目標和城鎮調查失業率目標，今年需要有 5% 左右的增速。同時，這一增速也能為推動結構調整、防範化解風險創造有利條件。

（二）這個目標有利於引導預期、提振信心。對經濟增長預期目標的設定，很大程度上決定了宏觀政策的取向、相關工作的開展，對企業安排生產經營計劃也具有導向作用，各方面都高度關注。增長預期目標如果定得

偏低，不利於穩定市場預期和信心，但如果定得過高，又可能完成起來比較困難。疫情衝擊的三年，我國經濟實現了平均4.5%的增長，充分反映了我國經濟的韌性和潛力。隨着疫情平穩轉段，社會普遍預期總需求將逐漸恢復性增長。2024年我國經濟仍處於恢復期，將增長預期目標設定為5%左右，與2023年實際增速接近，保持了年度預期目標的連續性穩定性，是較為科學合理的，有利於引導預期、提振信心、凝聚發展共識。

（三）**與基本實現現代化的目標相銜接**。黨的二十大報告已經明確，到2035年基本實現社會主義現代化，其中一個很重要的標志就是人均國內生產總值要達到中等發達國家水平，這實際上隱含着對經濟增速的要求。儘管目前並沒有關於中等發達國家的公認標準，但從各國的發展情況看，還是有相應門檻值的。現在距離2035年只有12年的時間，發展的任務很重。根據各方面測算，基本實現社會主義現代化，未來一個時期經濟增速需要保持在5%左右的水平。

（四）**這個目標經過努力是能夠實現的**。從潛在增速看，5%左右的增速目標與我國潛在經濟增長率基本匹配。儘管測算方法不同，對勞動力、資本存量和全要素生產率的估算不一致，導致不同方面測算的潛在經濟增速也不完全相同。在深化改革開放情境下，多數估算認為當前和未來一段時期我國潛在經濟增速仍保持在5%左右。

從短期基本面看，經濟總體保持回升向好勢頭，疫情造成的「疤痕」效應在逐步減弱，各類經營主體和人民群眾生產生活全面恢復。居民消費升級趨勢仍在持續，市場信心有所好轉，新業態新模式不斷湧現，有效需求不足的狀況在逐步改善。防範化解房地產、地方債務、中小金融機構等風險取得積極成效，總體上經濟發展中的下拉因素在趨於弱化。

從中長期支撐條件看，我國發展仍面臨較多有利因素，制度優勢、需求優勢、供給優勢、人才優勢顯著，科技創新能力持續提高，新動能不斷成長壯大，經濟抗衝擊能力和韌性持續增強，經濟長期向好的基本趨勢沒有改變也不會改變。

從宏觀政策看，政策力度對今年總需求增長會形成一定支撐。財政政

策工具組合發力，新增地方政府專項債比上年增加 1000 億元；赤字規模比去年年初預算增加 1800 億元；還將發行超長期特別國債 1 萬億元；中央預算內投資比去年增加 200 億元；去年增發的 1 萬億元國債資金大部分也結轉到今年使用。貨幣政策將保持流動性合理充裕，社會融資規模、貨幣供應量同經濟增長和價格水平預期目標要相匹配。同時，還將增強宏觀政策取向一致性，加強財政、貨幣、就業、產業、區域、科技、環保等政策協調配合，綜合施策形成合力。加上去年減稅降費等政策舉措在今年繼續發揮作用，這些都將為經濟平穩運行提供支撐。另外，我國財政金融狀況總體穩健，政府法定負債率不到 60%，宏觀政策仍有較大空間，如果形勢發生超預期變化，宏觀政策工具箱裏還有不少工具可用。

同時也要看到，今年外部環境依然複雜嚴峻，國內經濟也存在一些困難，5% 左右的增長目標是不低的目標，實現起來是不容易的，體現了積極進取、奮發有為的要求，要跳一跳才能夠得着，需要政策聚焦發力、工作加倍努力、各方面齊心協力。工作中，要堅持質量第一、效益優先，大力轉方式、調結構、增動能，持續推動經濟實現質的有效提升和量的合理增長。

（陳昌盛）

28.怎樣把握2024年國內外形勢?

《政府工作報告》指出，今年我國發展面臨的環境仍是戰略機遇和風險挑戰並存，有利條件強於不利因素。這是關於2024年國內外形勢的綜合分析研判。

從國際形勢看，世界百年變局加速演進，外部環境的複雜性、嚴峻性、不確定性上升。突出體現為三個方面：一是當今世界變亂交織。國際政治紛爭和軍事衝突多點爆發，烏克蘭危機延宕進入第三年，巴以衝突升級，地區熱點問題頻發，保護主義、單邊主義上升，給全球經濟發展帶來新的風險與挑戰。二是世界經濟增長動能不足。據國際機構預測，2024年世界經濟和貿易整體不如新冠疫情之前，經濟運行仍然面臨多重困難挑戰。國際貨幣基金組織1月份的預測認為，全球經濟有可能實現軟着陸，但風險仍然存在。預計2024年全球經濟增速為3.1%，但仍低於2000—2019年年均增長3.8%的歷史平均水平。世界銀行的預測悲觀一些，預計2024年全球經濟增速放緩到2.4%，大多數經濟體增速比新冠疫情之前的十年慢得多。美國、日本增長放緩，歐洲增長乏力，一些發展中國家陷入困境。全球經濟運行中高利率、高通脹、高債務問題依然突出，美國等發達經濟體政策利率水平可能在一段時期內維持高位，全球物價水平回落至正常水平仍需時日，這些因素繼續制約全球經濟增長。三是科技和新質生產力競爭加劇。以人工智能、量子技術、生命科學等為代表的新一輪科技革命和產業變革加速發展，以低碳節能環保為標誌的綠色發展推動生產消費加速轉型，生產方式、生活方式和社會治理方式加速變革，全球主要經濟體搶佔科技制高點的競爭日趨激烈。這些重大調整重大變革對我國發展帶來新的挑戰，同時也蘊藏着新的機遇。

從國內形勢看，經濟回升向好、長期向好的基本趨勢沒有改變也不會改變。我國經濟社會發展具有多方面突出優勢。比如我國具有超大規模市

場的需求優勢。我國中等收入群體超過 4 億人，未來十幾年將達到 8 億人，隨着城鄉居民收入水平持續提高，對越來越多商品、服務的需求從「有沒有」向「好不好」轉變，消費擴張和升級的動能持續強勁。我國常住人口城鎮化率為 66.2%，比發達國家平均水平低十幾個百分點，特別是戶籍人口城鎮化率和常住人口城鎮化率的差距還較大，以人為本的新型城鎮化深入推進將產生巨大需求。近期我國又部署推動大規模設備更新和消費品以舊換新，隨着高端化、智能化、綠色化轉型持續推進，新舊動能轉換和產品更新換代將從增量和存量兩個方面推動形成規模龐大的市場需求。諸如此類內需潛力的釋放，將為穩增長和高質量發展提供強大支撐。又如我國具有產業體系完備的供給優勢。我國是唯一擁有聯合國產業分類中全部工業門類的國家，製造業增加值佔全球比重約 30%、穩居世界首位，已經形成200 多個成熟的產業集群，不論是產業體系的總體規模、完備程度還是配套能力，都能夠滿足社會生產力快速發展的需要，也將為優化全球生產要素配置、提高全球生產能力作出貢獻。再如我國具有高素質勞動者眾多的人才優勢。我國「人口紅利」正向「人才紅利」提升，人才資源總量、科技人力資源、研發人員總量均居全球首位。此外還要看到的是，近年來，我國科技創新能力持續提升，關鍵核心技術攻關取得新突破，新產業、新模式、新動能加快壯大，新質生產力加快發展，發展內生動力不斷積聚，支撐高質量發展的生產要素條件逐步改善。最為重要的是，我國具有顯著的制度優勢，我們有黨的堅強領導，有集中力量辦大事的政治優勢，全面深化改革不斷釋放發展動力，宏觀調控能力不斷增強。這為穩大局、應變局、開新局提供了堅強保障。

當然也要清醒看到，我國前進道路上仍然面臨各種可以預料和難以預料的困難挑戰。我國經濟持續回升向好的基礎還不穩固，有效需求不足，居民消費和企業投資的意願不夠強；部分行業產能過剩，一些領域存在重複建設和「內卷式」競爭；社會預期偏弱，企業存在不願投、不敢投現象；風險隱患仍然較多，化解多年積累的房地產、地方債務、金融風險需要一個過程。國內大循環存在堵點，國際循環存在干擾。就業總量壓力和結構

性矛盾並存。科技創新能力還不強，重點領域改革仍有不少硬骨頭要啃，經濟轉型升級需要一定的時間。這些都是前進中的問題、發展中的煩惱。我們要增強信心和底氣，堅持底線思維，積極做好應對各種風險挑戰的充分準備。

綜合起來看，我國高質量發展具有堅實基礎和諸多優勢，發展前景長期看好，發展的趨勢、主流明顯好於世界其他主要經濟體。只要我們貫徹落實好黨中央決策部署，緊緊抓住有利時機、用好有利條件，把各方面幹事創業的積極性充分調動起來，一定能戰勝困難挑戰，推動經濟持續向好、行穩致遠。

（黃良浩）

29. 如何理解要堅持穩中求進、以進促穩、先立後破?

堅持穩中求進、以進促穩、先立後破,是以習近平同志為核心的黨中央統攬全局提出的指導做好各項工作的重要遵循,是實現 2024 年經濟社會發展目標在工作中需要把握的重要方面,為推動經濟社會發展行穩致遠提供了科學的方法論指引。

穩中求進,強調把「穩」作為大局和基礎。習近平總書記深刻指出:「穩中求進、積極作為,就是大方向要穩,方針政策要穩,戰略部署要穩,在守住根基、穩住陣腳的基礎上積極進取,不停步、能快則快,爭取最好結果。」當前,鞏固和增強經濟回升向好態勢,推動高質量發展,既要堅定信心、保持戰略定力,還要針對性解決經濟運行中的突出矛盾問題。要突出穩預期,考慮到當前社會預期仍然偏弱的狀況,找準影響信心和預期的難點堵點精準施策,持續發力提振發展信心、激發發展活力。突出穩增長,繼續固本培元,強化宏觀政策逆周期和跨周期調節,增強宏觀調控針對性有效性,努力實現全年增長目標。突出穩就業,這是改善民生、保障社會穩定的關鍵所在,要突出就業優先導向,加強財稅、金融等政策對穩就業的支持,加大促就業專項政策力度,多措並舉穩就業促增收。行穩才能致遠。各地區各部門要多出有利於穩預期、穩增長、穩就業的政策,謹慎出台收縮性抑制性舉措,清理和廢止有悖於高質量發展的政策規定,不斷夯實「穩」的基礎,為實現「進」創造有利條件。

以進促穩,強調把「進」作為方向和動力。特別是要在轉方式、調結構、提質量、增效益上積極進取,不斷鞏固穩中向好的基礎。把握新一輪科技革命和產業變革的機遇,以科技創新推動產業創新,催生新產業、新模式、新動能,加快發展新質生產力,努力贏得國際競爭的主動。堅持用改革的辦法解決前進中的問題,創新和完善宏觀調控,通過更加積極主動的作為,努力掌握穩定經濟增長、引導社會預期、防範化解風險等工作的

戰略主動。在工作中增強前瞻性，改革舉措和宏觀政策要努力走在市場變化和風險暴露之前，確保經濟發展行穩致遠。面對多重困難挑戰，事不避難、義不逃責，全力把矛盾問題一個個解決好，不能消極應對、不思進取。

先立後破，強調要尊重規律、穩紮穩打。立與破，體現了事物發展變革的動態過程。該立的要積極主動立起來，加快構建和完善有利於高質量發展的政策制度，用好科學合理的新機制、新經驗、新規則，打造新的增長動能。該破的要在立的基礎上堅決地破，不符合高質量發展要求的體制機制和政策舉措要及時破除。立與破，不能脫離實際、急於求成。習近平總書記在談到發展新質生產力時強調，發展新質生產力不是忽視、放弃傳統產業；各地要堅持從實際出發，先立後破、因地制宜、分類指導。在談到實現「雙碳」目標時，曾打過一個比方——「不能把手裏吃飯的家夥先扔了」，強調「要先立後破，而不能夠未立先破」。這些都表明，做好經濟工作需要統籌兼顧，把握好「立」和「破」的次序，把握好政策調整和制度改革的節奏，不斷提高「立」的實效、降低「破」的影響。

總的來看，穩和進、立和破是辯證統一的，應當作為一個整體來把握。面對異常複雜的國際環境和艱巨繁重的改革發展穩定任務，要把握穩和進、悟透立與破，把穩中求進、以進促穩、先立後破的要求落實到經濟社會發展工作各方面，保持戰略定力、積極擔當作為，在固本培元中塑造高質量發展新優勢。

（黃良浩）

30. 今年積極的財政政策適度加力主要體現在哪些方面？

今年我國發展依然面臨不少困難和挑戰，外部環境的複雜性、嚴峻性、不確定性上升，國內經濟回升向好態勢尚需鞏固。在此情況下，財政政策需要進一步強化逆周期和跨周期調節，加大政策實施力度，推動經濟持續回升向好。今年積極的財政政策適度加力，主要體現在用好財政政策空間，加強財政資源統籌，通過赤字、專項債、超長期特別國債等多種工具的有機組合來實現整體規模效應。

（一）合理調整赤字率和赤字規模。赤字率即為財政赤字佔名義 GDP 的比重，是衡量財政政策力度和財政風險水平的重要指標。我國財政赤字口徑以收付實現制為基礎編制，主要聚焦於一般公共預算收支差額，同時兼顧跨年度動態因素和四本預算的聯繫，反映了年度可用財力。國際上通常將 3% 作為赤字率的警戒線，有些國家一段時間遠高於此。我國政府從控制財政風險、實現財政可持續等角度考慮，一直將赤字率保持在合理適度的水平。2015—2019 年的赤字率分別為 2.4%、2.9%、2.9%、2.6% 和 2.8%，都沒有超過 3%。2020 年和 2021 年，為應對新冠疫情的嚴重衝擊，赤字規模明顯增加，預算將赤字率分別按 3.6% 以上、3.2% 左右安排，這是非常時期的非常之舉，2022 年就下調至 2.8% 左右。去年年初預算將赤字率按 3% 安排，相應的赤字規模為 3.88 萬億元；之後在四季度增發國債 1 萬億元，用於支持地方災後恢復重建和提升防災減災救災能力，預算調整後的赤字率為 3.8% 左右、赤字規模為 4.88 萬億元。《政府工作報告》提出今年的赤字率擬按 3% 安排，雖然比去年預算調整後有所降低，但還是這些年來的較高水平，僅低於 2020、2021 年的年初預算安排。今年的赤字規模為 4.06 萬億元，比上年年初預算增加 1800 億元；其中，中央財政赤字 3.34 萬億元，地方財政赤字 7200 億元。總體來看，這樣的赤字安排，有利於向外界釋放我國經濟恢復發展的積極信號，也有利於控制政府負債率、

增強財政可持續，為應對將來可能出現的風險挑戰預留政策空間。

（二）擴大地方政府專項債券規模。2015 年，我國新《預算法》明確發行地方債是地方政府唯一合法的舉債方式。其中，地方政府專項債券用於有一定收益的公益性項目，以對應的政府性基金或專項收入償還，不計入赤字。近年來，地方政府專項債券是積極財政政策的重要工具，是擴大有效投資、穩定宏觀經濟的重要手段。去年安排地方政府專項債券規模 3.8 萬億元，將城中村改造、5G 融合設施等納入投向領域，將供熱、供氣等納入用作項目資本金範圍。今年擬安排地方政府專項債券 3.9 萬億元、比去年增加 1000 億元，此外還有去年一部分限額結轉過來分配使用，實際用於項目建設的專項債資金規模明顯增加。今年要合理擴大專項債券投向領域和用作項目資本金範圍，保障在建項目後續融資，額度分配向項目準備充分、投資效率較高的地區傾斜。還要圍繞重點投向領域做好項目儲備工作，強化投向領域負面清單管理，加強對項目實施情況的穿透式監測，確保按時足額還本付息，更好發揮專項債資金的使用效益。需要說明的是，儘管專項債規模有所擴大，但我國政府負債率仍然低於主要市場經濟國家和新興市場國家，債務風險總體可控。

（三）發行超長期特別國債。我國曾三次發行過特別國債，不列財政赤字，納入國債餘額限額管理。其中，1998 年發行特別國債 2700 億元，主要用於補充四大銀行資本金。2007 年發行特別國債 1.55 萬億元，作為中投公司資本金。2020 年發行 1 萬億元抗疫特別國債，全部轉給地方主要用於公共衛生等基礎設施建設和抗疫相關支出，有效對衝了疫情影響。按照黨中央決策部署，為系統解決強國建設、民族復興進程中一些重大項目建設的資金問題，從今年開始擬連續幾年發行超長期特別國債，專項用於國家重大戰略實施和重點領域安全能力建設，今年先發行 1 萬億元。《報告》對此進行了專門闡述。目前我國在區域協調發展、新型城鎮化、鄉村振興等重大戰略實施中仍有薄弱環節，在糧食、能源、產業鏈供應鏈等領域安全能力建設方面也存在短板制約。這些領域潛在建設需求巨大、投入周期長，現有資金渠道難以充分滿足要求。發行超長期特別國債能夠較好發揮支持

作用，既可以拉動當前的投資和消費，又能打下長期高質量發展的基礎。下一步，要制定實施好具體行動方案，按照問題導向、精準突破、系統集成、協同高效的原則，運用改革方法和市場化舉措，統籌好硬件投資和制度建設，一手抓好重點項目推進，強化項目和資金監管；一手加快配套政策出台實施，強化政策的跟蹤落實，高質量推動這項重大舉措落地見效。

　　總體而言，今年財政的盤子是比較大的。從一般公共預算看，考慮到去年1萬億元增發國債資金的大頭在今年使用，加上經濟回升帶動財政收入自然增長，再考慮調入預算穩定調節基金以及使用其他結轉結餘資金等，安排的一般公共預算支出規模為28.5萬億元，比去年增長4%、增加1.1萬億元。從政府性基金看，安排的支出規模約為12萬億元，比去年增長18.6%、增加1.9萬億元。把這些資金分配好使用好，將會對穩定經濟增長、保障和改善民生等發揮重要作用。此外，還要加強財政政策與貨幣、就業、產業、區域、科技、環保等政策協調配合，增強宏觀政策取向一致性，做好政策解讀和預期引導，放大政策的組合拳效應，着力提升促進高質量發展的效果。

（杜浩然）

31. 如何優化財政支出結構?

《政府工作報告》提出，現在很多方面都需要增加財政投入，要大力優化支出結構，強化國家重大戰略任務和基本民生財力保障，嚴控一般性支出。這是積極的財政政策提質增效的重要體現，就是每一分錢都不能亂花，同樣的錢要花出更大效果，切實把寶貴的財政資金用在刀刃上、用出實效來。

（一）加強國家重大戰略任務的財力支持。國家重大戰略任務事關我國發展全局，是財政資金必須強化保障的重點。一是支持加快現代化產業體系建設。中央財政產業基礎再造和製造業高質量發展專項資金安排 104 億元，支持加快突破基礎產品、核心技術等短板，增強產業鏈供應鏈韌性和競爭力。加強製造業領域重點研發計劃、重大專項等保障，推動解決產業關鍵共性技術難題。充分發揮製造業轉型升級基金、先進製造產業投資基金等政府投資基金的撬動作用，以市場化方式引導社會資本投入製造業重點領域。實施好專精特新中小企業財政支持政策。促進數字技術和實體經濟深度融合。二是支持深入實施科教興國戰略。教育方面，落實「一個一般不低於，兩個只增不減」要求，健全財政教育投入機制，今年中央本級教育支出安排 1649 億元、增長 5%。強化義務教育經費保障，深入推進義務教育薄弱環節改善與能力提升。中央財政補助資金安排 120 億元，支持改善縣域普通高中基本辦學條件。中央財政安排相關轉移支付 404 億元，支持地方高校特別是中西部地區高校改革發展。科技方面，中央本級科技支出安排 3708 億元、增長 10%，重點向基礎研究、應用基礎研究、國家戰略科技任務聚焦。完善競爭性支持和穩定支持相結合的基礎研究投入機制，持續增加基礎研究財政投入，中央本級基礎研究支出安排 980 億元、增長 13.1%。三是支持擴大國內需求。消費方面，發揮社會保障、轉移支付等調節作用，改善居民消費能力和預期；圍繞居民消費升級方向，研究鼓勵和

引導消費的財稅政策，推動消費品以舊換新，培育壯大文化、旅遊、教育、健康、養老等領域新的消費增長點。投資方面，政府投資重點支持科技創新、新型基礎設施、節能減排降碳，加強民生等經濟社會薄弱領域補短板，推進防洪排澇抗災基礎設施建設，推動各類生產設備、服務設備更新和技術改造，加快實施「十四五」規劃重大工程項目，更好發揮帶動放大效應。中央預算內投資安排 7000 億元，比上年增加 200 億元。四是支持推進鄉村全面振興。適當提高小麥最低收購價，合理確定稻穀最低收購價，繼續實施玉米大豆生產者補貼、稻穀補貼政策，加大產糧大縣支持力度。擴大完全成本保險和種植收入保險政策實施範圍，實現三大主糧全國覆蓋，鼓勵地方發展特色農產品保險，農業保險保費補貼安排 545 億元、增長 18.7%。適當提高高標準農田建設中央和省級投資補助水平。中央財政銜接推進鄉村振興補助資金規模增加到 1770 億元，增強脫貧地區和脫貧群眾內生發展動力。支持實施鄉村建設行動，繼續實施農村公益事業建設財政獎補政策，持續改善農村生產生活條件。五是支持城鄉融合、區域協調發展。中央財政農業轉移人口市民化獎勵資金安排 400 億元，用於增強各地區落實農業轉移人口市民化政策的財政保障能力。中央預算內投資、城鎮保障性安居工程等領域財政補助資金向吸納農業轉移人口較多的城市傾斜，支持實施城市更新行動，加強城鎮老舊小區改造。進一步完善財稅支持政策，推動區域重大戰略、區域協調發展戰略落地實施，增強區域發展平衡性協調性。六是支持加強生態文明建設。大氣、水、土壤污染防治資金分別安排 340 億元、267 億元、44 億元，資金分配聚焦污染防治攻堅戰重點難點，向重點區域、體制機制改革創新區域、治理績效突出區域傾斜。中央財政重點生態功能區轉移支付安排 1121 億元，引導地方加強生態保護。出台財政支持「三北」工程建設的意見，中央財政設立專項補助資金並安排 120 億元，全力支持打好「三北」工程攻堅戰。研究建立健全與「雙碳」目標相適應的財稅政策體系。

（二）強化對基本民生的財力保障。提供公共服務和保障民生，是公共財政最基本的功能。就業、醫療、養老等老百姓身邊事、操心事，都是財

政保障的重點。今年的財政資金將繼續強化民生領域支持，堅持盡力而為、量力而行，加強基礎性、普惠性、兜底性民生建設，推動提高公共服務水平和可及性、均衡性。一是支持實施好就業優先政策。加強財稅政策與就業政策聯動，促進擴大就業容量。中央財政就業補助資金安排 667 億元，支持地方提高公共就業服務能力，落實落細就業創業扶持政策。統籌運用貸款貼息、稅費減免、創業補貼等政策，多渠道支持企業穩崗擴崗、個人創業就業。二是推動提升醫療衛生服務能力。城鄉居民基本醫療保險人均財政補助標準提高 30 元，達到每人每年 670 元，同時深化醫保支付方式改革，加強醫保基金監管，完善困難群眾醫療救助制度。基本公共衛生服務經費人均財政補助標準提高 5 元，達到每人每年 94 元。推動深化以公益性為導向的公立醫院改革，促進優質醫療資源擴容下沉和區域均衡布局，強化基層醫療衛生能力建設和衛生健康人才培養。三是健全多層次社會保障體系。深入實施企業職工基本養老保險全國統籌，繼續提高退休人員基本養老金標準，城鄉居民基礎養老金月最低標準提高 20 元、增長 19.4%，達到每人每月 123 元。中央財政相關轉移支付增長 10.6%，落實地方支出責任，保障養老金按時足額發放。加強分層分類社會救助保障，中央財政安排困難群眾救助補助資金 1567 億元，用於支持各地統籌做好低保、特困人員救助供養、臨時救助、流浪乞討人員救助、孤兒基本生活保障、困難失能老年人基本養老服務救助等工作。四是支持完善現代公共文化服務體系。加強文物保護利用和非物質文化遺產保護傳承，支持開展第四次全國文物普查。推動創新實施文化惠民工程，提高公共文化場館免費開放服務水平。改進文化藝術領域專項資金運行機制，加強文化人才隊伍建設，引導創作更多優秀文藝作品，支持文化產業高質量發展。推動群眾體育和競技體育全面發展，支持公共體育場館向社會免費或低收費開放。

（三）落實黨政機關習慣過緊日子要求。艱苦奮鬥、勤儉節約是中華民族的傳統美德，也是我們黨的政治本色和優良傳統。習近平總書記在去年底召開的中央經濟工作會議上明確要求，黨政機關要習慣過緊日子。貫徹落實這一重要部署，要進一步完善過緊日子制度機制，將過緊日子的要

求貫穿預算管理全過程，強化預算績效管理，在合理保障部門履職支出的基礎上，嚴格控制一般性支出，持續從嚴控制「三公」經費管理，繼續壓縮論壇、展會等活動，從緊安排非剛性、非重點項目支出，騰出更多財政資源用於推動高質量發展、增進民生福祉，防止大手大腳花錢、鋪張浪費。加強政府採購預算管理，節約政府採購成本。嚴格新增資產配置，積極盤活存量資產，推進資產共享共用，防止資產閑置浪費。同時，要嚴肅財經紀律，加強財會監督，嚴格執行各項財經法律法規和制度，嚴肅查處各類違法違規行為，堅決防止財政資金「跑冒滴漏」。

（杜浩然）

32. 如何切實保障基層財政平穩運行？

疫情衝擊三年多來，地方土地出讓收入持續回落，一些基層財政收支運行趨緊，「三保」壓力有所加大。《政府工作報告》特別關注了基層財政問題，強調要多措並舉加強保障，確保運行平穩。

（一）積極推動財力下沉。基層政府履職、民生保障和改善，都需要一定的財力支撐。財政轉移支付是上級政府為解決地區財政不平衡問題，對下級政府進行的無償資金撥付。經過多年的調整完善，轉移支付已經成為我國均衡地區間財力、推進基本公共服務均等化和引導重大決策部署落實的重要政策工具。中央對地方轉移支付規模由 2019 年的 7.4 萬億元增加至 2023 年的超過 10 萬億元（分年度看，2019—2023 年中央對地方轉移支付的規模依次為 7.4 萬億元、8.3 萬億元、8.2 萬億元、9.7 萬億元、10.3 萬億元），年均增長 8.5%。今年中央對地方轉移支付安排 10.2 萬億元，剔除支持基層落實減稅降費和重點民生等專項轉移支付、災後恢復重建和提升防災減災救災能力補助資金等一次性因素後，比上年同口徑增長了 4.1%。其中，安排均衡性轉移支付 2.6 萬億元，比上年增長 8.8%，適當向困難地區和欠發達地區傾斜；安排縣級基本財力保障機制獎補資金 4462 億元，比上年增長 8.6%；安排共同財政事權轉移支付 3.8 萬億元，比上年增長 3.7%。中央對地方轉移支付保持在一定的規模，既強化了資金保障，也調動了發展的積極性。要嚴格轉移支付資金監管，真正發揮好這筆資金的使用效益。此外，結合推進省以下財政體制改革，進一步優化省以下財力分布，省級政府要加強資源統籌、推動財力下沉，增強市縣基層高質量發展的能力。

（二）築牢兜實基層「三保」底線。基層「三保」是保障人民群眾切身利益的基本要求，是推動政府履職和穩住經濟基本盤、維護社會大局穩定的基礎條件。只有築牢兜實了「三保」底線，基層運行和治理才能平穩高效，民生福祉才能越來越厚實。習近平總書記在 2023 年底召開的中央經濟

工作會議上明確要求，要增強財政可持續性，兜牢基層「三保」底線。要始終將「三保」擺在財政工作的優先位置，按照縣級為主、市級幫扶、省級兜底、中央激勵原則，落實各級「三保」責任。地方要統籌上級轉移支付和自有財力，優先使用穩定可靠的經常性財力安排「三保」支出，「三保」支出預算未足額安排前，不得安排其他支出預算。依托預算管理一體化系統，動態掌握「三保」支出需求，推動「三保」全過程信息化管理。加強「三保」運行動態監測、分級預警，及時提醒提示風險，依法依規妥善處置，嚴肅追責問責。重點關注財政收支矛盾突出、債務風險高、暫付款規模大、庫款保障水平長期偏低的縣區，加強庫款調度，有效保障「三保」方面的資金需求，確保基層「三保」不出風險。同時，切實採取有效措施確保教師等重點群體工資、養老金等按時發放，杜絕出現拖欠等問題。對審計監督和日常監測中發現的個別縣區未按時足額保障的問題，及時督促整改到位。另外，緩解財政運行緊平衡狀態是一個比較長期的過程，這意味着築牢兜實基層「三保」底線也是一項長期的重要任務。「三保」工作不僅要保眼前，還要謀長遠。要在落實分級負責制度、多措並舉強化資金來源的同時，推動建立管長遠、固根本、見長效的縣級財力保障長效機制，特別是推進省以下財政體制改革，合理配置各級政府權責，規範省以下收入劃分，促進基層財政運行更加穩健、更可持續。

（杜浩然）

33. 如何落實好結構性減稅降費政策?

税費是政府收入的基本形式,減稅降費兼具需求管理和供給管理屬性,既能擴大需求、激發市場活力,又能促進產業結構升級、提升潛在增長率。這些年隨着大規模減稅降費政策的實施,我國宏觀税負不斷降低,税收收入佔國內生產總值的比重(即小口徑宏觀税負)從2016年的17.5%降低至2023年的14.4%,與發達國家、發展中國家的平均水平相比偏低。從履行政府職能角度看,目前我國税收收入主要是滿足基本公共服務需要,經濟建設領域支出更多依靠債務籌資滿足;從經濟社會發展角度看,我國從中等收入國家向高收入國家邁進、推進中國式現代化建設過程中需要保持一定的財政汲取能力;從防範化解風險角度看,也需要增強財政可持續性、確保財政安全。基於以上考慮,下一步我國宏觀税負宜保持在合理水平,減稅降費有必要從重規模轉向更加注重精準性、針對性、有效性,平衡好當前和長遠、需要和可能的關係,把政策資源用在關鍵點、緊要處。

根據《政府工作報告》安排,今年將統籌宏觀調控、財政可持續和優化税制的需要,在實施好去年延續和優化的税費優惠政策基礎上,落實好結構性減稅降費政策,重點支持科技創新和製造業發展。結構性減稅降費有別於普惠性、全面的税費優惠,主要針對特定群體或領域、特定稅種來減輕税費負擔,政策的精準性、針對性、有效性進一步提高。科技創新是推動高質量發展的重要引擎,製造業是壯大實體經濟的關鍵力量。可以説,科技創新和製造業的高質量發展,關係到我國高質量發展全局,儘管近年來取得了長足進步,但還處在「爬坡過坎」的階段,仍面臨不少問題和挑戰。税費優惠政策具有重要的引導和激勵作用。要以科技創新開闢發展新領域新賽道、塑造發展新動能新優勢,推動製造業輕裝上陣和高質量發展,還需要税費優惠政策的有力支撐和保障。

從科技創新看,近年來,一系列支持科技創新的税費優惠政策相繼實

施，已經初步形成了一套覆蓋面廣、優惠力度大、涵蓋企業創新全流程各環節的稅費支持體系。比如，2023 年 3 月，國家將符合條件的行業企業研發費用稅前加計扣除比例由 75% 提高至 100%，並明確作為一項制度性安排長期實施。在此基礎上，進一步聚焦集成電路和工業母機行業高質量發展，對上述兩個行業符合條件企業的研發費用稅前加計扣除比例再提高至 120%。此外，還實施了鼓勵創業投資、支持研發設備更新等方面的稅費優惠。要持續加大支持科技研發稅費政策的落實力度，進一步優化科技成果轉化的政策環境，暢通「政策紅利引導—研發投入增加—產品質量提升—企業效益增加」的鏈條，有效激發企業科技創新主體的積極性、主動性，助力加快實現高水平科技自立自強。

從製造業看，現行稅費優惠政策中，相當一部分與製造業密切相關。比如製造業佔據研發活動的主體地位，享受研發費用稅前加計扣除政策的戶數、金額佔全部研發企業的一半以上。近年來，我國還推出了下調製造業增值稅稅率、加大製造業增值稅留抵退稅力度、實施先進製造業企業增值稅加計抵減等一系列專門針對製造業的優惠政策，有力增強了製造業發展動能。稅收大數據顯示，2023 年全國製造業及與之相關的批發零售業企業累計新增減稅降費及退稅緩費 9495.3 億元，佔比 42.6%，受益最為明顯。下一步，要更好發揮稅費優惠政策的重要作用，精準有效抓好政策落實落地，優化「政策找人」工作機制，加強宣傳輔導，持續為製造業企業紓困解難、提振信心，助力實體經濟健康發展。

（杜浩然）

34. 穩健的貨幣政策如何靈活適度、精準有效?

繼續實施穩健的貨幣政策，始終保持貨幣政策的穩健性，要充實貨幣政策工具箱，發揮好總量和結構雙重調節作用，保持流動性合理充裕，同時聚焦重點、有進有退，優化資金供給結構，採取多種方式盤活信貸存量，提升信貸資源效能，引導金融機構加大對科技創新、綠色轉型、普惠小微、數字經濟等方面支持力度。

（一）保持流動性合理充裕。穩健的貨幣政策要求流動性既不能過緊，也不能過鬆，過緊不利於經濟恢復發展，過鬆不利於經濟轉型升級，而要把握好平衡，合理有度並基本穩定。當前我國經濟持續回升向好的基礎還不穩固，實現全年目標任務，客觀上要求宏觀經濟政策加大逆周期和跨周期調節力度。貨幣政策作為主要宏觀經濟政策，需要始終保持穩健性，適當加大調節力度，為擴大國內需求、促進經濟持續穩定發展營造良好的貨幣金融環境。保持流動性合理充裕，既要在金融體系內部保持流動性合理充裕，防止金融機構流動性緊缺；也要保持市場和宏觀層面的流動性合理充裕，讓資金更多流向實體經濟，防止流動性在金融體系內部淤積而實體經濟流動性緊張、形成不必要的流動性約束和緊縮效應。

（二）社會融資規模增速、貨幣供應量同經濟增長和價格水平預期目標相匹配。把握好社會融資規模和貨幣供應量增速，是保持流動性合理充裕的關鍵。理論上可以根據貨幣數量理論推導出貨幣供應量與經濟增長和物價水平的數量關係，在貨幣流通速度相對穩定的情況下，貨幣供應量增速可以視為經濟增速與物價漲幅之和。在具體操作中，廣義貨幣供應量 M_2 可以按照經濟增長預期目標加物價漲幅控制目標、再根據貨幣流通速度情況適當加減點的方式把握。這既是改革開放以來金融調控實踐得到的原則性經驗，也是保持流動性合理充裕的定量保障。《報告》提出了今年經濟增長預期目標和居民消費價格漲幅控制目標，可以據此確定貨幣供應量增長目

標，使貨幣供應量同名義經濟增速相適應。同時，根據經濟運行情況和宏觀調控需要，合理確定信貸、股市、債券、股權等融資規模，保持社會融資規模增速、貨幣供應量同經濟增長和價格水平預期目標相匹配，為經濟持續恢復發展提供合理適度的金融支持。

（三）加大對重大戰略、重點領域和薄弱環節的支持力度。一方面，要利用好再貸款、再貼現、窗口指導等政策手段和階段性、長期性的結構性貨幣政策工具，合理引導資金流向，大力支持實施創新驅動發展戰略、區域協調發展戰略等國家重大戰略，確保國家糧食和能源安全，支持重點領域建設特別是「十四五」規劃重大工程項目等方面。要大力支持現代化產業體系建設，加快發展新質生產力，加快推進新型工業化。延續科技創新再貸款，引導金融機構加大對實施科教興國戰略的支持力度，推動加快教育強國、科技強國、人才強國等建設，強化高質量發展的基礎支撐。發揮相關貨幣信貸政策措施的合力作用，加大對擴大內需戰略的支持，着力擴大國內需求，促進消費穩定增長，積極擴大有效投資，推動經濟實現良性循環。加大對重點領域和關鍵環節改革攻堅的支持，堅定不移深化改革，增強發展內生動力。綜合運用好出口信貸、出口信保等政策工具，鼓勵金融機構支持擴大高水平對外開放，支持貿易強國建設，推動外貿質升量穩，加大吸引外資力度，促進互利共贏。充分發揮支農再貸款的作用，引導金融機構支持農業強國建設，加大糧食和重要農產品穩產保供，鞏固拓展脫貧攻堅成果，推進鄉村全面振興。利用好抵押補充貸款等政策工具，支持深入實施區域協調發展戰略、區域重大戰略、主體功能區戰略和新型城鎮化戰略，促進城鄉融合和區域協調發展。用好碳減排支持工具、支持煤炭清潔高效利用專項再貸款等工具，精準支持生態文明建設，推進綠色低碳發展，促進綠色發展方式轉型。同時，貨幣金融政策實施要充分考慮就業等需求，有力支持保障和改善民生，加強和創新社會治理，增進民生福祉。另一方面，要着力解決薄弱環節的融資難題。薄弱環節往往是市場配置金融資源難以有效覆蓋的盲區，或者各類支持政策執行中的難點堵點。要在充分發揮市場配置資源的決定性作用基礎上更好發揮政府的作用，通過支

農再貸款、支小再貸款、再貼現、普惠小微貸款支持工具等政策手段，精準引導金融機構資金投放，促使資金更多流向民營企業、小微企業，以及暫時遇到困難的經營主體等。當前，要有針對性地精準解決民營小微企業、個體工商戶等融資面臨的具體難題。金融管理部門要加強業務指導，完善政策性支持工具。相關金融機構要與信用評級、融資擔保等市場中介機構加強合作，創新貸款投放和風險管理方式方法，積極探索適應民營企業特點的貸款投放和其他融資模式。

（宋　立）

35. 如何促進社會綜合融資成本穩中有降？

穩健的貨幣政策要做到靈活適度、精準有效，要從「量」和「價」兩個方面發力。在「量」的方面，保持社會融資規模和貨幣信貸合理增長、流動性合理充裕，滿足實體經濟的流動性需要。在「價」的方面，要通過降低存款準備金率、促進政策利率下降、壓減銀行存款成本和貸款中介環節的收費等，促進降低綜合融資成本。《報告》肯定了去年貨幣政策兩次降低存款準備金率和政策利率、精準有力支持實體經濟的做法，提出要促進社會綜合融資成本穩中有降，要抓緊抓好貫徹落實。為此，需要金融機構、中介機構和企業等相關各方共同努力，一方面金融機構等要從供給側發力，多措並舉降低銀行貸款利率和資本市場直接融資成本；另一方面企業要從需求側發力，提高自身信用等級，以提高自身信用貸款和其他低成本貸款可獲性，減少對抵押擔保的依賴，從而壓降自身貸款成本和中間收費，帶動自身融資成本總體降低。

（一）適度降低存款準備金率和銀行負債成本。存款準備金率在一定程度上影響銀行資金成本高低。促進社會綜合融資成本穩中有降，首先要進一步降低存款準備金率，在擴大貨幣供應的同時從源頭上為降低融資成本創造條件。當前，金融機構加權平均存款準備金率約為7%，客觀上有一定的下調空間，市場對下調也一直有期盼，可以根據一季度經濟形勢需要和可能，適時適度下調準備金率。同時，要着力推動降低銀行負債成本，為降低貸款利率創造必要條件。鑒於存款成本在銀行負債成本中佔比較高，要引導銀行進一步優化存款利率期限結構，緩解存款定期化、長期化趨勢，穩定銀行負債成本和淨息差。

（二）推動實際貸款利率進一步降低。促進社會綜合融資成本穩中有降，必須適當降低貸款利率。最近一次貸款市場報價利率調整以來，一年期貸款市場報價利率（LPR）為3.45%，五年期以上貸款市場報價利率為

3.95%。2月份，工業生產者出廠價格指數（PPI）同比下降2.7%，企業承擔的實際貸款利率比較高，市場對降低一年期貸款市場報價利率有期待。當前，影響利率調整的有多方面的因素。從國內看，商業銀行利差縮小是制約下調利率的重要因素，目前，商業銀行存款利率淨息差為1.69%，處於歷史上比較低的水平。從國際上看，根據利率平價理論，利差（利率差或息差）是短期跨境資本流動和匯率變化的重要影響因素。如果人民幣與主要世界貨幣利差過大，導致資本外流，不利於人民幣匯率和外匯儲備穩定。目前，市場預計主要發達國家下一步有可能啟動降息進程，為我們適當調整貸款利率打開了新的空間，可根據宏觀經濟形勢綜合權衡，適時適度調整利率。在利率傳導方面，要進一步完善貸款市場報價利率形成機制，暢通「政策操作利率—市場報價利率—銀行貸款利率」的傳導鏈條，推動企業實際貸款利率進一步下行，使政策利率下調能夠及時傳導到企業。

（三）**繼續規範、降低融資中間環節相關收費**。從貸款中介收費看，要促進綜合融資成本穩中有降，首先要鞏固壓減貸款中介收費成果，防止中介收費反彈。近年來，金融機構和中介機構相繼壓減了在小微企業貸款中間環節收費，為企業特別是中小微企業減輕了融資成本，要把相關收費水平穩定保持下去，防止以各種方式直接間接反彈。其次，要在條件允許的情況下，繼續推進中介收費適當下調。當前企業貸款仍然面臨中介環節收費比較高的問題，要繼續規範相關收費行為，適當降低合規項目的收費特別是明顯偏高的收費，促進收費水平整體適度降低。再次，要堅決取消不必要不合理的收費項目，堅決取消搭車收費、變相收費等各種亂收費。同時，要合理確定上市、發債等資本市場直接融資相關中介費用，切實降低不合理收費。

（四）**支持引導企業特別是中小微企業提高信用評級**。企業信用水平是直接影響融資成本的重要因素，降低社會綜合融資成本，提高企業信用水平極為重要。融資難度比較大的企業特別是中小微企業，要高度重視並提升自身信用建設，着力強化內部管理，建立規範的財務制度，注重財務數

據的積累，維護好自身信用記錄，努力提高信用貸款和其他低成本貸款可獲性。各級政府有關部門要在會計、稅務等方面為企業提供必要的指導和技術服務。當然，對於經營前景確實不佳、欠缺市場信用、屬於市場淘汰的企業，也要遵循市場規律合理出清，避免企業基於生存博弈僵而不退，不利於產業轉型升級、信用環境整體改善和金融資源優化配置。

（宋　立）

36. 暢通貨幣政策傳導機制應採取哪些措施?

當前貨幣政策傳導面臨一些阻滯，一方面一些信用狀況比較好的企業融資需求不強，存在利用成本比較低的貸款資金購買理財等金融產品，形成資金「空轉」沉澱等問題，另一方面一些企業特別是民營中小微企業反映融資難融資貴問題仍然存在，企業融資需求與金融機構資金供給之間存在比較明顯的不對稱，導致金融宏觀調控的效果受到一定限制。提高貨幣政策效能，從根源上還是要挖掘實體經濟潛能，拓展金融服務着力點，同時進一步暢通貨幣政策傳導機制，疏通資金進入實體經濟的渠道，使貨幣政策總量和結構調節作用，能夠及時有效傳導到實體經濟。

（一）加強信貸投放窗口指導和監管指引。一些金融機構反映，當前一些自身並不缺資金的企業，利用信用評級比較高的優勢，在商業銀行獲得信貸資金甚至是享受政策優惠的低成本資金，返存銀行吃利息，或購買理財等金融產品套利，有的甚至以拆借方式轉貸給其他企業獲取利息收入。這些貸款或形成了虛假的資金投放，或由企業轉貸其他企業，或通過銀行的「存款—貸款」派生機制形成了新的貸款，客觀上以迂迴方式間接進入實體經濟，但畢竟產生了違規的套利行為，形成了虛假的貸款，導致了一定時期的資金空轉乃至沉澱，擾亂了信貸指標的宏觀信號作用，需要及時加以規範。金融管理部門要加強監管檢查，及時進行窗口指導或監管指引，督促銀行加強信貸投放管理，優化信貸結構。一方面，要加強審貸放貸管理，通過多種方式瞭解企業真實貸款需求，引導貸款企業合理合規獲取並使用信貸資金，杜絕虛假貸款套利活動，特別是對優惠利率政策的虛假套利行為。另一方面，加強和改進對民營中小微企業信貸投放，進一步解決企業融資難題，使資金快速流向真正有需要的企業。同時，還要發揮好宏觀政策合力，穩投資、促消費、擴內需，讓金融資源有好的去向可投，從根本上杜絕金融機構違規套利的動能。

（二）疏通資金進入實體經濟的渠道。從需求端要通過深化改革不斷增強高質量發展動力，激發實體經濟內生融資有效需求。從供給端要着力打造現代金融機構和金融市場體系，優化融資結構，發揮好銀行信貸、資本市場和保險等資金的作用。短期要着力打通資金進入實體經濟的最後一公里。在商業銀行方面，要對信用評級不太高的中小微企業合理授信，擴大對民營、小微企業等貸款規模。賦予一線分支機構必要的信貸審批權限，適當提高分支機構的放款能力。進一步完善落實盡職免責制度，關鍵是細化實化具體化，提高可操作性，讓基層機構和信貸業務人員真正敢貸、願貸、能貸。同時，要完善金融機構考核和評價制度，監管部門要完善對銀行特別是國有大型銀行的考核評估，既要考核經營效益和風險防控，更要注重考核服務國家發展目標和實體經濟情況。銀行要完善對分支機構和員工的績效考核。在資本市場方面，要發展多元化股權融資，更好發揮資本市場樞紐功能，推動債券市場高質量發展，促進擴大直接融資。當前，要更新完善民營企業債券融資支持工具，破解民營企業債券發行難題，穩步恢復並擴大民營企業債券發行規模。

（三）着力優化融資增信、風險分擔、信息共享等配套措施。無論是加大對重大戰略、重點領域和薄弱環節的支持力度，還是做好金融五篇大文章，要及時有效發揮作用並盡快傳導到實體經濟，都離不開相關配套措施方面的支撐。當前要着力優化融資增信、風險分擔、信息共享等配套措施。一方面，要完善融資增信和貸款風險分擔補償機制。經歷三年疫情衝擊，中小企業對於融資增信和風險分擔的需求更加迫切，完善增信和風險分擔機制十分必要和緊迫。現階段企業融資增信和風險分擔方面的主要制度安排是融資擔保機構。當前融資擔保機構普遍存在放大倍數比較低、收費偏高、反擔保要求嚴苛等問題，要進一步深化政府性融資擔保機構改革，明確非公共產品的市場化定位，統一管理體制，進一步提高放大倍數，降低擔保費率，取消反擔保等要求，讓風險分擔機制有效發揮作用。另一方面，要進一步推進信用信息共享。缺信息、缺信用是小微企業融資難的重要原因，以企業用電、用氣、納稅及營業登記等信息作為企業信用信息的補充，

是當前破解地區信用難題的重要途徑。為了解決分散在各個部門或機構的信息開放和共享問題，近年來做了積極的探索，要及時總結經驗，推廣有益做法。有關部門都要主動作為，共同推動替代性涉企信息共享，加快解決小微企業信用信息難題，助力解決融資難問題。

（宋　立）

37. 如何做好金融五篇大文章？

做好金融五篇大文章，既是當前金融服務的薄弱環節所在，也是推動高質量發展的必然要求。要抓好五篇大文章各自的重點任務，大力發展科技金融、綠色金融、普惠金融、養老金融、數字金融。在比較優勢突出的科技金融、綠色金融、數字金融領域要着力築強項，鞏固服務成效。在相對薄弱的普惠金融、養老金融等領域要加快補短板，提升服務能力。

（一）科技金融要迎難而上、聚焦重點。科技金融是 20 世紀 90 年代以來金融支持科技創新發展的重要手段。我國科技金融具有比較好的基礎，要運用好科技金融領域的結構性工具，落實好加大力度支持科技型企業融資行動方案。健全激勵約束機制，引導金融機構在優化傳統信貸支持手段的同時，統籌運用好股權、債券、保險等手段，充分發揮銀行信貸、創投基金、保險資金、債券等的不同作用，形成多種金融工具共同支持科技創新的強大合力，為科創企業提供長周期、低成本、多元化、接力式的全鏈條、全生命周期金融服務，支持創新驅動發展。

（二）綠色金融要乘勢而上、先立後破。綠色金融是應對氣候變化、支持綠色低碳轉型的金融創新。我國綠色金融起步早、發展快，綠色信貸和綠色債券規模位居世界前列。要加強和引領綠色金融標準建設，進一步鞏固我國綠色金融的國際領先優勢，將綠色金融打造成中國特色現代金融體系突出亮點。當前，要加強信息披露和透明度，着力完善綠色金融支持、標準和產品體系，豐富綠色金融產品，擴大碳排放權交易市場，大力支持清潔能源的研發、投資、推廣應用，繼續促進煤炭清潔高效利用，促進我國綠色產業發展，在推動新型能源體系建設和能源企業轉型過程中防範化解金融風險。

（三）普惠金融要雪中送炭、服務民生。發展普惠金融對於縮小貧富差距、促進社會包容性發展和激發經濟活力至關重要。要系統總結過去一個

時期發展普惠金融的經驗做法，健全普惠金融發展模式和政策支持體系，形成支持普惠金融發展的長效機制。要持續完善金融支持中小微企業和民營企業的政策措施，大力發展與中小微企業高度適配的低成本產品與服務，進一步緩解融資難、融資貴等問題。要改進金融機構服務方式，讓兼具安全性、收益性、流動性的金融產品走進尋常百姓家。同時，要加大對鄉村振興的金融投入，支持牢牢端穩糧食飯碗、服務鄉村產業發展、促進農村增收致富。要合理配置農村金融機構布局，堅持服務「三農」定位，培養合格基層信貸人員，積極運用數字技術優化服務、降低成本，提高金融服務便捷性和普及率，加快農村信用體系建設，加快補齊農村金融服務短板，為提升農村金融服務質效提供有力支撐。

（四）養老金融要健全體系、增進福祉。發展養老金融對應對人口老齡化等具有重要意義。要適應我國老齡化加快趨勢，制定和完善養老金融相關法規制度，加大對健康產業、養老產業、銀髮經濟的財稅金融政策支持，重點解決好養老保險三大支柱發展不均衡和健康保險供給不足等突出問題，豐富養老保險產品和服務體系。要強化財稅、監管等政策支持，有針對性地加大養老產品供給，積極發展第三支柱養老保險，更好滿足日益多元化的養老金融需求，加快形成中國特色養老金融體系。

（五）數字金融要把握機遇、重視安全。數字金融是金融創新的重要方向。我國數字金融特別是移動支付等領域優勢明顯，要進一步鞏固發展，形成中國特色，打造中國特色現代金融體系的靚麗新名片。一方面，加快推動金融機構特別是中小金融機構數字化轉型，創新適應高質量發展新需求的數字金融產品，提高金融服務便利性和競爭力。另一方面，要在嚴監管前提下積極探索數字金融服務新形態、新領域，培育新的競爭優勢。同時，要加強數字金融基礎設施建設，應用金融科技加強和改進金融監管，提高數字化監管能力和金融消費者保護能力，積極穩妥推進數字人民幣。需要注意的是，發展數字金融也要堅持先立後破甚至只立不破，多種方式並行發展、互相補充，提高包容性，在發展移動支付等涉及社會公眾利益的金融科技時一定要兼容現金支付、信用卡等傳統手段，防止和解決金融

領域「數字鴻溝」。今年要加快解決老年人、特殊需要人群和外國人在現金使用、刷卡支付等方面遇到的難題，保障基本金融服務。

做好金融五篇大文章，要在抓好各自領域重點任務的同時，着力加強具有共性的基礎制度建設和體制機制完善，增強金融機構優化相關領域金融服務的主動性、積極性和可持續性。在激勵機制方面，要加快完善支持政策和考核評價體系，貨幣政策要給予必要的支持，監管政策要有差異化措施，財稅政策要給予適當優惠，切實落實盡職免責制度，考核機制要適當合理傾斜。在標準體系方面，要加快建立健全各領域的評估、認定、核算、統計等方面標準和業務規則，為相關部門、金融機構和企業給予明確指引。在配套機制方面，要建立健全知識產權、綠色資產、林權等評估交易體系，加快推進企業信用信息共享平台建設，更好發揮政府性融資擔保作用，完善個人養老金稅收優惠和賬戶管理制度。在風險管理方面，要堅持發展與規範並重，及時完善相應的法律法規和監管機制，始終保持相關領域金融創新在法治、安全、規範的軌道上健康發展。

（宋　立）

38. 如何增強宏觀政策取向一致性?

習近平總書記在 2023 年底召開的中央經濟工作會議上明確提出要增強宏觀政策取向一致性,《政府工作報告》對此作了具體安排。增強宏觀政策取向一致性,是按照系統觀念實施宏觀調控的重要舉措,是鞏固和增強經濟回升向好態勢的現實需要,是改善社會預期、提振發展信心的內在要求。宏觀政策在取向上保持一致,才能在舉措上做到系統集成,在推進上做到高效協同,打好政策組合拳,更加有力有效推動高質量發展。

(一)要從發展大局的高度把握宏觀政策取向一致性。《報告》在闡述宏觀政策取向一致性時,首先強調「圍繞發展大局」。什麼是發展大局?以中國式現代化全面推進強國建設、民族復興偉業,是新時代新征程黨和國家的中心任務。新征程上推進中國式現代化,必須完整、準確、全面貫徹新發展理念,集中力量推動高質量發展。圍繞發展大局增強宏觀政策取向一致性,就是要從中國式現代化建設出發審視把握各項政策各項工作,把堅持高質量發展作為新時代的硬道理,聚焦經濟建設這一中心工作和高質量發展這一首要任務,高質量做好政策設計,創新和完善宏觀調控。具體來看,關於 2024 年經濟工作的政策取向,中央經濟工作會議已經作了明確,提出「堅持穩中求進、以進促穩、先立後破」,「積極的財政政策要適度加力、提質增效」,「穩健的貨幣政策要靈活適度、精準有效」等。要統籌把握發展戰略要求和年度宏觀政策取向,構建和完善有利於高質量發展的政策制度,在轉方式、調結構、提質量、增效益上積極進取,確保把中國式現代化宏偉藍圖一步步變成美好現實。

(二)着力強化經濟政策和非經濟性政策取向的一致性。無論什麼時候,推動經濟發展,都不能僅僅考慮經濟因素,必須綜合考慮政治、安全、文化、民生、資源、生態、國際等多方面因素。不管是經濟政策,還是非經濟性政策,都會對發展全局產生影響。非經濟性政策不可能完全獨立於

經濟活動之外，有的非經濟性政策會直接調整利益格局，有的非經濟性政策則會影響經營主體和群眾的信心與預期，進而影響投資消費行為，有的非經濟性政策對經濟發展的影響巨大。因此，有必要把非經濟性政策也納入宏觀政策取向一致性評估。這就要求經濟、社會等大類政策出台之前，都要對照宏觀政策取向，進行綜合性全局性的評估，充分考慮是否有利於穩增長和高質量發展大局，在統籌考慮多重目標和多重約束條件下優化政策設計，努力尋求最優解決方案。

（三）全面加強分項政策和政策工具的協同聯動。增強宏觀政策取向一致性，不僅經濟政策和非經濟性政策之間要保持政策取向的一致性，而且各個大類政策中的分項政策也要更好協同起來。財政、貨幣、就業、產業、區域、科技、環保等政策之間都要加強協同，特別是財政政策和貨幣政策作為宏觀調控的兩大主要政策手段，對經濟運行有着廣泛深刻的影響，更加需要加強協調配合。要針對經濟運行的不同場景和突出特點，着眼經濟增長、充分就業、物價穩定、國際收支平衡等多重政策目標，着眼推動轉方式、調結構、提質量、增效益，採取不同類型的財政政策和貨幣政策組合，努力推動經濟實現質的有效提升和量的合理增長。進一步來看，為了實現同一政策目標，往往有多種不同的政策工具可供選擇。不同政策工具各有特點、各具優勢，在適用場景、動用資源、政策傳導、政策作用效果等方面有所不同。因此，要根據形勢需要，科學合理選擇使用不同政策工具，加強政策工具創新和協調配合，努力以最小的政策資源推動實現最好的政策效果。

（四）注重保持政策制定和政策執行的動態一致性。在現實經濟生活中，各類經營主體感受到的宏觀政策取向不一致性，不僅包括不同政策之間的不一致性，還包括前後政策制定的不一致性，以及政策執行與政策規定的不一致性等。這些問題如果處理不當，也會放大政策的不穩定性不確定性。事物總是發展變化的，宏觀政策也需要順應形勢變化相機抉擇進行調整，但在具體操作中需要以穩健審慎態度，統籌把握短期應急舉措、階段性任務和長期發展導向的關係，盡可能在宏觀政策取向上保持穩定性和

可預期性。同時，政策制定出台後應該不折不扣貫徹執行。如果出台的政策得不到執行，政策執行與政策規定不一致，就難以取信於民，難以形成穩定政策預期。

在實際工作中，要把宏觀政策取向一致性要求落到實處，還要着眼政策制定、解讀、執行、評估等各環節全面加強管理，構建完善相關工作機制。要高質量做好宏觀政策取向一致性評估，把非經濟性政策納入宏觀政策取向一致性評估，科學精準評估各類政策影響及疊加效應，引導推動各部門聚焦經濟建設這一中心工作和高質量發展這一首要任務，多出有利於穩預期、穩增長、穩就業的政策，謹慎出台收縮性抑制性舉措，清理和廢止有悖於高質量發展的政策規定。加強政策制定實施各環節全鏈條管理，制定政策要認真聽取和吸納各方面意見，實施政策要強化協同聯動、放大組合效應，研究儲備政策要增強前瞻性、豐富工具箱，精準做好政策宣傳解讀，把宏觀政策取向一致性要求落實到政策制定實施全過程，全方位提高政策科學性有效性，確保政策最終效果符合黨中央決策意圖。

（黃良浩）

第三部分

2024 年政府工作任務

39. 推動產業鏈供應鏈優化升級有哪些措施?

推動產業鏈供應鏈優化升級，是推進新型工業化、發展新質生產力的重要舉措，也是構建新發展格局、實現高質量發展的應有之義。要在保持工業經濟平穩運行的基礎上，大力推動產業鏈供應鏈現代化，着力提升產業鏈供應鏈韌性和安全水平，加快建設以先進製造業為骨幹的現代化產業體系。

（一）推動製造業重點產業鏈高質量發展。推動產業鏈供應鏈優化升級，要首先抓住牽一髮而動全身的重點產業鏈，集中力量打通卡點堵點，帶動整體產業體系實現躍升。去年圍繞製造業重點產業鏈「一鏈一策」啟動實施了高質量發展行動，要持續推進，着力補齊短板、拉長長板、鍛造新板，打造自主可控、安全可靠的產業體系。發揮新型舉國體制優勢，實行「揭榜掛帥」、「賽馬」等制度，繼續圍繞重點領域和薄弱環節推進關鍵核心技術攻關，力爭盡快取得更大突破，特別是要注重通過飛機製造、軌道交通、深海裝備等重大技術裝備攻關帶動上下游企業融通創新。深入實施產業基礎再造工程，聚焦基礎零部件、基礎元器件、基礎軟件、基礎材料、基礎工藝、產業技術基礎等「六基」，推進關鍵基礎產品創新突破。做好創新產品應用推廣「後半篇文章」與做好技術突破「前半篇文章」同樣重要。要健全創新產品應用激勵和容錯免責機制，用好首台（套）裝備、首批次材料、首版次軟件示範應用等政策，支持創新產品在應用中不斷優化改進。在關鍵材料、重大裝備等關鍵領域建設一批試驗驗證平台和中試平台，加快建設一批專業化的中試公共服務機構，布局現代化中試能力，更好滿足企業多樣化需求。提升產業科技創新能力是推動製造業重點產業鏈高質量發展的關鍵所在。目前全國已布局建設了 27 家國家製造業創新中心、2 家國家地方共建製造業創新中心、260 家省級製造業創新中心，今年要在重點領域再新建一批國家製造業創新中心。實施製造業卓越質量工程

和新產業標準化領航工程，完善科技服務業發展政策，培育專業化市場化國際化科技中介組織，進一步強化產業科技創新服務支撐。

（二）大力發展先進製造業。先進製造業是推動產業鏈供應鏈優化升級的重要方向，它既包括技術突破催生的新產業，也包括運用新技術改造傳統產業形成的新產業形態。當前國際先進製造業競爭日趨激烈，發達國家都在抓緊先進製造業戰略布局，我們決不能落在人後，必須增強緊迫感。要實施製造業技術改造升級工程，加大製造業企業技術改造資金支持，落實技術改造投資稅收優惠和專項再貸款政策，完善企業技術改造標準，加強相關法規制度建設，推動鋼鐵、有色、化工、建材、紡織等傳統產業高端化、智能化、綠色化轉型。今年將啟動實施大規模設備更新行動，要聚焦重點行業需求，圍繞節能降碳、超低排放、安全生產、數字化轉型、智能化升級等重點方向，推動大規模設備更新和技術改造。產業集群是發展先進製造業的重要載體。我國已經建成 45 個國家級先進製造業集群，要繼續深入實施先進製造業集群發展專項行動，聚焦新一代信息技術、高端裝備、新材料、新能源、生物醫藥及高端醫療裝備等戰略性全局性領域和優勢長板領域，完善國家級集群重點行業和重點區域布局，加快形成一批競爭力強的先進製造業集群。今年將啟動創建國家新型工業化示範區，要支持有條件的城市和城市群圍繞推進新型工業化的重大任務、重要政策、重點難點問題，因地制宜探索推進新型工業化的實施路徑，打造一批示範引領標桿，形成一批可複製推廣的典型經驗，帶動推進新型工業化、建設現代化產業體系。

（三）加強製造業高質量發展的支撐引領。推動產業鏈供應鏈優化升級，需要大力發展與製造業密切相關、高附加值的生產性服務業。要加快發展現代生產性服務業，以開展服務業融合發展行動為抓手，提升第三方物流、檢驗檢測認證、人力資源服務、節能環保等生產性服務業專業化水平，培育具有國際競爭力的服務企業，推動現代服務業與先進製造業深度融合。企業特別是量大面廣的中小企業是製造業高質量發展的微觀主體。目前我國已培育專精特新中小企業 10.3 萬多家、專精特新「小巨人」企業

1.2 萬家，要完善優質企業梯度培育體系，加大財税、金融、人才、知識產權、數據等支持力度，激發涌現更多專精特新企業。實施促進大中小企業融通創新「携手行動」，引導大企業向中小企業開放各類創新資源要素。產業鏈供應鏈優化升級離不開標準引領和質量支撐。要提升重點行業能耗限額和終端產品能效標準，提升家用電器、家居等大宗消費產品和服務標準的質量安全要求，升級智能製造、綠色製造、服務型製造標準，聚焦集成電路、工業機器人、北斗規模應用等重要產業鏈攻關關鍵環節技術標準，發揮先進標準對製造業轉型升級的引領帶動作用。要大力實施產業基礎質量提升工程，加快構建更高水平質量基礎設施，實施一批質量強鏈重大標志性項目建設，創新質量激勵政策，支持重點行業和廣大企業提高產品一致性、可靠性、安全性。同時要持續推進品牌文化，弘揚工匠精神，打造更多有國際影響力的「中國製造」品牌。

（宋　哲）

40. 如何培育新興産業和未來産業?

培育新興産業和未來産業,是建設現代化産業體系、發展新質生産力、塑造發展新動能新優勢的必然選擇。要按照黨中央、國務院部署,把握新一輪科技革命和產業變革機遇,大力推進科技創新,以科技創新推動產業創新,以顛覆性技術和前沿技術催生新產業新模式新動能,完善產業生態,拓展應用場景,促進新興産業和未來産業持續健康發展。

(一)積極培育新興產業。這些年我國戰略性新興產業持續快速發展,在推動高質量發展中的作用日益凸顯。要瞄準「十四五」期末戰略性新興產業增加值佔國內生產總值比重提升到17%以上這一目標,堅持分類施策,着力推動新興產業成長壯大。一是鞏固提升優勢產業。對智能網聯新能源汽車等產業,要加快強鏈延鏈補鏈,強化關鍵環節自主可控,支持企業積極參與國際產業分工與協作,提升全產業鏈競爭優勢,並在新一代動力電池技術、智能網聯技術等領域加強前瞻布局,力求長期保持核心競爭力。二是加快發展前沿新興產業。充分發揮超大規模市場優勢和創新引領作用,制定實施相關支持政策,助推產業快速健康發展。氫能要着力降低「製儲輸用」成本,加強安全技術攻關;新材料要制定創新發展行動方案,提升關鍵材料和高端產品供給能力;創新藥要對原輔料、試劑、耗材、最終產品等給予全鏈條支持。三是積極打造一批新增長引擎。生物製造、商業航天、低空經濟等產業發展空間廣闊,要加快生物製造關鍵技術攻關和工程化產品化;加速突破可重複使用運載火箭、高性價比商業衛星等技術,建設商業航天發射場,推進北斗規模應用和衛星互聯網建設應用;開展低空經濟試點,釋放更多發展資源,鼓勵發展低空物流等新業態新模式。四是促進戰略性新興產業融合集群發展。深入實施國家戰略性新興產業集群發展工程,加強產業集群核心承載區和公共服務體建設,強化東中西部產業集群協同聯動,構建各具特色、優勢互補、結構合理的戰略性新興產業集

群梯次發展體系。

（二）超前布局未來產業。當前，引領性、顛覆性和基礎前沿技術持續湧現，並加速向經濟和產業領域滲透。誰掌握了未來科技與未來產業，誰就掌握了未來發展主動權。一是制定未來產業發展規劃。面向國家重大需求和戰略必爭領域，科學研判產業發展和技術演進趨勢，堅持前瞻部署、梯次培育，堅持創新驅動、應用牽引，建立前瞻性、顛覆性技術遴選更新機制，建設未來產業概念驗證中心，以前沿技術和市場需求引領未來產業發展。發布前沿技術應用推廣目錄、典型應用場景清單和推薦目錄，支持重點企業打造標志性產品。主動參與全球未來產業分工和合作，深度融入全球創新網絡。二是開闢未來產業新賽道。對量子技術、生命科學等產業，要根據不同發展階段分類制定實施差異化的支持政策。聚焦重點領域，組織實施未來產業孵化與加速計劃，加強產業需求導向的科學問題研究、增加基礎技術源頭供給，突出早期應用場景與市場拓展、加速成果產業化落地，建好常態化機制持續培育突破，打造一批具有核心競爭力的行業領軍企業，打通創新鏈供應鏈。三是創建一批未來產業先導區。着眼未來產業重點方向，鼓勵有條件的地區在優化創新組織、創新生態、人才引育、產融合作等方面先行先試，率先打造未來產業創新孵化高地，在更大範圍內發揮引領示範作用。

（三）營造良好發展環境。培育新興產業和未來產業涉及範圍廣、主體多、鏈條長，需要有力的政策引導和制度保障。一是實施產業創新工程。根據重點產業發展、重大工程項目建設和戰略性產品開發需求，實施國家科技重大項目和重大科技攻關工程，組織開展關鍵核心技術攻關，一體化配置項目、基地、人才、資金等創新資源，推動產業鏈上中下游、大中小企業融通創新，暢通創新成果轉化渠道，及時將科技創新成果應用到具體產業和產業鏈上。二是構建多元化投入機制。一方面，要推動政府性資金「耐心投」，優化產業投資基金功能，發揮好財政資金的帶動引領作用和政府投資基金的增信撬動作用，推動製造業轉型升級基金、國家中小企業發展基金和政策性金融機構等加大投入。另一方面，要鼓勵社會資本「放心

投」，鼓勵發展創業投資、股權投資，出台促進創業投資發展的具體政策，拓展資金募集來源，暢通退出渠道，支持創業投資、銀行、擔保、融資租賃等機構深化合作，充分運用市場化手段支持新興產業和未來產業發展。三是加強重點行業統籌布局和投資引導。堅持全國一盤棋，堅持先立後破、因地制宜、分類指導，加強重點行業投資項目窗口指導和產能監測預警，引導各地立足資源稟賦，遵循產業規律，找準功能定位，有選擇地推動新產業、新模式、新動能發展，防止產能過剩和低水平重複建設。四是創新和完善產業治理體系。探索適應新興產業和未來產業發展特點的管理機制，及時調整完善產業政策，充分發揮標準對產業發展的引領支撐作用。處理好鼓勵創新與規範監管的關係，科學劃定「紅線」和「底線」，完善安全監測、預警分析和應急處置手段，建立試錯容錯機制，為新興產業和未來產業創造寬鬆適度的發展環境。

（李　釗）

41. 推進數字經濟創新發展有哪些措施?

當今時代，數字技術迭代創新日新月異，數字經濟日益成為國際競爭的焦點。習近平總書記強調，要抓住先機、搶佔未來發展制高點，不斷做強做優做大我國數字經濟。李強總理在十四屆全國人大二次會議上所作的《政府工作報告》，對深入推進數字經濟創新發展作出部署安排。要制定支持數字經濟高質量發展政策，積極推進數字產業化、產業數字化，促進數字技術和實體經濟深度融合。

（一）**加強數字技術自主創新**。高水平數字技術供給是數字經濟發展的基礎。要以國家戰略需求為導向，聚焦集成電路、操作系統、工業軟件、核心算法與框架等重點領域和薄弱環節，集聚力量打好關鍵核心技術攻堅戰，力求盡快取得更多重大突破，實現高水平自立自強，把發展數字經濟自主權牢牢掌握在自己手中。瞄準下一代移動通信、人工智能、量子計算等前沿新興領域，加強基礎研究和應用基礎研究，推進原創性引領性顛覆性技術研發。發揮領軍企業引領帶動作用，鼓勵構建多元化參與、網絡化協同、市場化運作的創新聯合體，促進產學研用深度融合，打造一批原創技術策源地，特別是要重視支持開源社區等新型協作平台發展。

（二）**壯大數字經濟核心產業**。數字產業是經濟發展的重要引擎。一要積極開闢數字產業新賽道。聚焦數字化戰略前沿，深化大數據、人工智能等研發應用，培育一批具有國際競爭力的大企業和具有產業鏈控制力的生態主導型企業。當前人工智能進入新一輪發展加速期，要在加快補齊算力、數據、算法等短板的同時，深入開展「人工智能＋」行動，在經濟社會重大領域和重點產業培育重大應用場景，帶動打通堵點卡點、提升投入產出效率。二要大力培育數字產業集群。數字產業國際競爭很大程度上是產業集群、產業生態的競爭。我國已經建設了一批代表性數字產業集群，要繼續引導優質要素資源向集群高效集聚，構建科技創新、金融服務、數字人

才等高度融合的集群發展生態，打造具有國際競爭力的數字產業集群。三要促進平台經濟有序競爭創新發展。平台經濟此前經過專項整治，一些企業壟斷經營、無序擴張等問題得到有效治理。要進一步健全市場准入制度，提升常態化監管水平，促進平台企業合規經營，支持平台企業在促進創新、增加就業、國際競爭中大顯身手。

（三）加快產業數字化轉型。產業數字化是數字經濟的主戰場。要立足不同產業特點和差異化需求，利用數字技術對傳統產業進行全方位全鏈條改造，提高數字化網絡化智能化水平。一是縱深推進製造業數字化轉型。大力實施製造業數字化轉型行動，以發展智能製造為主攻方向，以加快工業互聯網規模化應用為重要抓手，分行業制定轉型路線圖，推動製造業「智改數轉網聯」。人工智能日益成為製造業數字化轉型的關鍵變量，要引導人工智能企業和製造業企業聯合攻關，培育一批行業垂直大模型和智能裝備產品，促進人工智能全方位深層次賦能新型工業化。二是持續提升服務業和農業數字化水平。大力發展數字商務，加快商貿、物流、金融等服務業數字化轉型，提升服務業品質和效益。創新發展智慧農業，全面提升農業生產、加工、銷售等數字化水平。三是深入推進企業數字化轉型。針對中小企業「不願轉、不敢轉、不會轉」等問題，組織開展中小企業數字化賦能專項行動，培育一批面向中小企業的產業互聯網平台和解決方案提供商，推行普惠性「上雲用數賦智」服務，加大對中小企業數字化轉型的支持。

（四）建設智慧城市、數字鄉村。數字經濟不僅能滲透千行百業、賦能經濟發展，也能提高公共服務效能、推動社會治理高效化科學化精準化。要繼續推進數字政府建設，提升社會服務數字化普惠水平，打造智慧共享的新型數字生活。完善城市信息模型平台和運行管理服務平台，着力突破數據融合難、業務協同難、應急聯動難等問題，提升城市綜合管理服務能力，建設智慧城市。加快城市智能設施和公共服務向鄉村延伸覆蓋，完善農村地區信息服務供給，推進鄉村治理數字化，建設數字鄉村。統籌推動智慧城市和數字鄉村建設，促進形成以城帶鄉、共建共享的數字城鄉融合

發展格局。

（五）優化數字經濟發展環境。一要適度超前建設數字基礎設施。持續推進5G、衛星互聯網、工業互聯網等新型基礎設施建設，特別是要順應人工智能等技術快速發展趨勢，深入推進「東數西算」工程，加快形成全國一體化算力體系，培育算力產業生態。二要充分激發數據要素價值潛力。健全數據基礎制度，推進數據分類分級確權授權使用，培育數據要素全國統一大市場，大力推動數據開發開放和流通使用。優化數據跨境流動監管措施，推動數據有序跨境流動。深入實施「數據要素×」行動，更好為各行各業賦能。三要不斷健全數字經濟治理體系。堅持促進發展和監管規範兩手抓、兩手都要硬，完善法律法規和政策制度，在鼓勵創新的同時堅守數據安全、網絡安全等安全底線。深化數字經濟國際交流與合作，積極參與國際治理規則制定，推動打造開放、公平、公正、非歧視的數字經濟發展環境。

（李攀輝）

42. 如何加快義務教育優質均衡發展和城鄉一體化?

義務教育是國民教育的重中之重。我國各級各類學歷教育在校生共有 2.91 億人，其中義務教育階段在校生有 1.6 億人。當前，全國雖然已實現了義務教育基本均衡，但鄉村學校量大、面廣、點散，補短板的任務依然艱巨，推動義務教育優質均衡發展和城鄉一體化任重道遠。

（一）**加強思政課建設，落實立德樹人根本任務**。深入推進習近平新時代中國特色社會主義思想和黨的二十大精神進教材進課堂進頭腦，用好中小學《習近平新時代中國特色社會主義思想學生讀本》。推進大中小學思想政治教育和思政課一體化建設，合理確定各學段教材內容布局，開發各學段思政課「金課」、案例、故事、視頻等。

（二）**着力擴優提質，擴大義務教育優質資源供給**。要聚焦義務教育優質均衡發展的重點領域和關鍵問題，擴大優質教育資源供給，努力辦好學生家門口每一所學校。推動各地根據常住適齡人口變化情況，建立學齡人口學位需求預測預警機制，前瞻布局教育資源。大力推進現有優質中小學挖潛擴容，「一校一案」合理制定挖潛擴容工作方案。加大優秀校長和骨幹教師交流輪崗力度，通過集團化辦學、縣中託管幫扶等形式，幫助薄弱學校、鄉村學校、新建學校加快提升辦學水平。

（三）**堅持教育公平，着力補齊義務教育發展短板**。教育公平是社會公平的重要基礎，也是建設教育強國的內在要求。要把促進教育公平融入到深化義務教育改革發展的各方面各環節，不斷縮小城鄉、區域、校際、群體差距，更好滿足群眾對「上好學」的需要。要改善農村寄宿制學校辦學條件，辦好必要的鄉村小規模學校。現在，全國義務教育階段寄宿制學校有 6.5 萬所，寄宿學生有 3154 萬人、佔義務教育學生總數的 19.6%，其中不少是留守兒童。要改善農村寄宿制學校辦學條件，配齊並及時更新教學設施設備，改善床鋪、食堂、飲用水、廁所、浴室等基本生活條件，根據

教學、管理實際需要，通過統籌現有編制資源、加大調劑力度等方式適當增加編制，配備好宿管、食堂、安保等工勤服務人員及衛生人員。高度重視對農村學校的布局調整，堅持從群眾切身利益出發，在深入調研論證的基礎上實事求是、穩慎操作，切忌搞「一刀切」。繼續做好隨遷子女、留守兒童、事實無人撫養兒童、困境兒童教育保障，健全入學升學制度，以公辦學校為主落實「同城同待遇」。強化特殊教育普惠發展，積極開展普特融合教育，推動20萬人口以上的縣（市、區、旗）辦好一所達標的特殊教育學校。

（四）推進數字教育，促進優質教育開放共享。習近平總書記指出，教育數字化是我國開闢教育發展新賽道和塑造教育發展新優勢的重要突破口。推進數字教育對加快義務教育優質均衡發展和城鄉一體化具有重要意義。要深入推進教育數字化戰略，推進教育新型基礎設施建設，完善國家智慧教育公共服務平台體系，建立資源開發匯聚、激勵評價、更新迭代機制。要把數字化多場景應用作為重要舉措，提升師生數字素養與技能，將優質教育資源向欠發達地區、鄉村學校、薄弱學校持續輸送，提升教師教學能力，激發學生學習興趣，提高課堂教學效率，為每個孩子提供更加公平和優質的教育。

（五）弘揚教育家精神，培養高素質專業化教師隊伍。教育家精神是建設教育強國的寶貴精神財富，必須深刻領悟、全面把握。要推動更多高水平大學開展義務教育階段教師培養，加強師範院校和師範專業建設。科教協同開展專項培訓，提升中小學教師科學素質。實施基礎教育國家級優秀教學成果推廣應用計劃和中西部教學支持計劃。加大教職工統籌配置和跨區域調整力度，推動出台鄉村小規模學校、寄宿制學校教師編制標準，深化「縣管校聘」管理改革。持續鞏固義務教育教師平均工資收入水平不低於當地公務員平均工資收入水平成果，加快邊遠艱苦地區鄉村學校教師周轉宿舍建設，不斷完善以公租房、保障性租賃住房和共有產權住房為主體的住房保障體系，實施好原連片特困地區縣鄉村教師生活補助政策。要弘揚尊師重教社會風尚，提高教師的政治地位、社會地位、職業地位，支持

和吸引優秀人才熱心從教、精心從教、長期從教、終身從教。

（六）實施素質教育，促進學生身心健康全面發展。素質教育是教育的核心。促進學生身心健康、全面發展，是群眾關切、社會關注的重大課題。要健全學校家庭社會協同育人機制，堅持科學的教育理念，以身心健康為突破點強化五育並舉，大力開展素質教育。持續推進體教融合，深化學生體質強健計劃、美育浸潤計劃、勞動習慣養成計劃和科學教育促進行動。分類推進適合學生身心特點的心理健康教育，深化學生心理健康促進行動，既要為每所中小學配置專兼職心理健康教育教師，還要完善心理健康監測預警機制，不斷完善早發現、早干預和轉介、治療體系，多措並舉培養學生積極樂觀的心理品質。「雙減」的重要目的，是在全社會樹立科學的人才觀、成才觀、教育觀，加快扭轉教育功利化傾向，形成健康的教育環境和生態。要鞏固深化「雙減」成果，加強非學科類培訓規範和監管，強化課堂主陣地作用，提升課堂教學水平、課後服務水平和作業設計水平。鼓勵做好科學教育加法，改進學校科學教育教學與服務，推動社會資源整合，支持高校和科研院所對接中小學校，打造科學教育實踐基地，構建科學教育新體系。

（侯萬軍）

43. 實施高等教育綜合改革試點有哪些措施？

建設教育強國，龍頭是高等教育。放眼全球，任何一個教育強國都是高等教育強國。必須以改革創新為動力，加快高等教育高質量發展。要堅持系統觀念，統籌推進育人方式、辦學模式、管理體制、保障機制改革，堅決破除一切制約教育高質量發展的思想觀念束縛和體制機制弊端，全面提高教育治理體系和治理能力現代化水平。

（一）全面提高人才自主培養質量，加快培養拔尖創新人才。要把加快建設中國特色、世界一流的大學和優勢學科作為重中之重，大力加強基礎學科、新興學科、交叉學科建設，瞄準世界科技前沿和國家重大戰略需求推進科研創新，不斷提升原始創新能力和人才培養質量。加強拔尖創新人才自主培養，積極探索符合中國國情的培養模式，健全本研貫通培養機制，統籌實施各類人才培養計劃，提升博士研究生教育全球競爭力，讓更多科技領軍人才、工程師、大國工匠等競相涌現，推動人才規模與人才質量同步提升。要注重複合型人才的培養，加快建設一批高等研究院，深入推進新工科、新醫科、新農科、新文科建設。深化工程教育改革，提升卓越工程人才培養質量。深化醫教協同，加快臨床醫學人才培養改革，推進高水平公共衛生學院建設。動態調整急需學科專業引導發展清單，持續優化整體學科專業結構，完善本科專業類設置與調整機制。

（二）完善高等教育分類發展體系，全面提升服務高質量發展的能力。要系統分析我國各方面人才發展趨勢及缺口狀況，根據科學技術發展態勢，聚焦國家重大戰略需求，研究出台高校分類設置、分類支持、分類評價的舉措，促進高等教育資源布局優化調整，切實增強培養經濟社會發展需要的各類人才的契合度。推動高校建設特色優勢專業集群，打造具有國際比較優勢的學科群體。建強行業特色大學和應用型本科高校，推動文科優勢高校特色發展，支持新型理工科大學建設，支持部省合建高校建設發展，

深入推進新時代中西部高等教育振興，精準實施對口支援西部地區高等學校計劃。要深化新時代教育評價改革，用好教育評價的「指揮棒」，構建多元主體參與、符合我國實際、具有世界水平的高等教育評價體系，引導各類高校辦出特色、爭創一流。

（三）深化現代職業教育體系建設改革，切實增強職業教育吸引力。職業教育是國民教育體系和人力資源開發的重要組成部分。2022年，我國有高等職業院校（含職業本科）1521所，在校生1694萬人，佔高等教育階段的46.3%。辦好高職院校不僅是教育高質量發展的內在要求，也是教育強國建設的重要內容。當前，職業教育發展存在一些急需突破的問題，比如職業教育體系還不夠健全，產教融合不深入，在實訓中心、實驗實訓環境、教材、教師隊伍等方面建設落後於產業發展需求，特別在新興和高速發展領域，存在學校人才培養與經濟社會發展脫節問題等。解決這些問題，必須加快現代職業教育體系建設改革步伐，充分調動各級政府、行業企業、社會等各方面的積極性主動性，推動形成多元育人良好格局。要進一步落實省級政府領導和發展職業教育主體責任，啟動實施省域現代職業教育體系建設新模式試點，在職業學校關鍵能力建設、產教融合、職普融通、投入機制、制度創新、國際交流合作等方面改革突破。通過「條塊結合」方式，建強行業產教融合共同體、建強市域產教聯合體，不斷提升職業教育與地方經濟結合的緊密度、與行業發展需求的適配度。抓住專業、課程、教材、教師、實訓等關鍵要素進行系統改革，夯實職業教育關鍵辦學能力，為經濟社會發展培養數量充足、結構合理、質量優良的高技能人才。

（四）推動教育數字化，開闢高等教育發展新賽道。習近平總書記指出，教育數字化是我國開闢教育發展新賽道和塑造教育發展新優勢的重要突破口。推進高等教育數字化對擴大優質高等教育資源覆蓋面具有重要意義。要加強高等教育新型基礎設施建設，完善國家智慧教育公共服務平台體系，建設國家教育數字化大數據中心，建立高等教育資源開發匯聚、激勵評價、更新迭代機制。要把數字化多場景應用作為重要舉措，提升各級各類高校師生的數字素養與技能，將更多優質教育資源向中西部地區薄弱

高校持續輸送。進一步提升各級各類高校網絡安全能力，完善相關標準規範，強化內容安全、技術安全、數據安全、供應鏈安全和算法安全。

（五）推進高等教育高水平對外開放，增強我國教育的國際影響力。要完善教育對外開放戰略策略，統籌做好「引進來」和「走出去」兩篇大文章，有效利用世界一流教育資源和創新要素，使我國成為具有強大影響力的世界重要教育中心。統籌官方民間合作、雙邊多邊互動，找準與不同國家高校開展合作的切入點和支撐點，與世界各國開展多種形式的教育交流合作。大力推進「留學中國」品牌建設。健全國際中文教育標準、辦學、資源、品牌項目體系。推動中外合作辦學高質量發展，積極參與全球教育治理，加強與聯合國教科文組織合作，為推動構建人類命運共同體作出新貢獻。

（侯萬軍）

44. 怎樣提高職業教育質量?

　　職業教育是國民教育體系的重要組成部分,是培養高素質技能型人才的基礎性工程。改革開放以來,職業教育為各行各業累計培養輸送了 2 億多高素質勞動者,現代製造業、戰略性新興產業和現代服務業 70% 以上的新增從業人員來自職業院校。當前,職業教育發展存在一些亟待解決的問題,如在實驗實訓條件、教材、教師隊伍等方面建設落後於產業發展需求,特別在新興和快速發展的產業領域,存在學校人才培養與經濟社會發展脫節等問題。必須把推動現代職業教育高質量發展擺在更加突出的位置,充分調動各級政府、行業企業、社會等各方面的積極性主動性,統籌職業教育、高等教育、繼續教育,推進職普融通、產教融合、科教融匯,推動形成多元育人良好格局。

　　(一)加快構建現代職業教育體系。進一步落實省級政府領導和發展職業教育主體責任,通過「條塊結合」方式,不斷提升職業教育與地方經濟結合的緊密度、與行業發展需求的適配度,推動職業教育有效融入區域、省域經濟社會發展。要推進省域現代職業教育體系建設改革試點,一省一策,辦好與省域經濟社會發展相適應的職業教育。優先選擇在全球產業中佔據重要份額、具有比較優勢的地級市、縣,開展市域產教聯合體建設;聚焦高端數控機床等國家重點產業鏈以及智慧農業技術、現代畜牧業、現代物流等重點產業,開展行業產教融合共同體建設。要抓住專業、課程、教材、教師、實訓等關鍵要素進行系統改革,全面提升職業學校辦學能力,不斷增強職業教育吸引力,為經濟社會發展培養數量充足、結構合理、質量優良的高技能人才。

　　(二)着力促進產教融合。產教融合是職業教育最基本的辦學模式,是構建現代職業教育體系的核心內容。要堅持以教促產、以產助教,延伸教育鏈、服務產業鏈、支撐供應鏈、打造人才鏈、提升價值鏈,健全職業教

育產教融合發展機制。完善職業教育產教融合政策支持體系，培育建設一批產教融合型企業，落實「金融＋財政＋土地＋信用」組合式激勵政策，對企業舉辦的職業院校按規定給予支持。持續推動建立以城市為節點、行業為支點、企業為重點的產教融合發展路徑與模式，發揮地方政府、重點產業協會牽頭作用，帶動行業骨幹企業聯合職業院校等組建產教融合聯盟，建設一批高水平產教融合園區。支持職業院校與重點產業、骨幹企業深度合作，打造一批創新綜合體，促進政產學研金服用融合創新。鼓勵出台和落實分行業的職業教育支持政策，推動職業院校面向生產一線開展科技創新，強化技術開發和成果轉化能力。

（三）**深化職業教育改革**。要深化職業教育供給側結構性改革，建立健全多形式銜接、多通道成長、可持續發展的梯度職業教育和培訓體系，推動職普協調發展、相互融通，讓不同稟賦和需要的學生能夠多次選擇、多樣化成才。提升職業學校關鍵辦學能力，加強「雙師型」教師隊伍建設，支持高水平學校和大中型企業共建「雙師型」教師培養培訓基地、企業實踐基地，建立高等學校、行業企業聯合培養「雙師型」教師機制。構建央地互動、區域聯動，政府、行業、企業、學校協同的發展機制，鼓勵支持省（自治區、直轄市）和重點行業結合自身特點和優勢，在現代職業教育體系建設改革上先行先試、率先突破、示範引領，形成制度供給充分、條件保障有力、產教深度融合的良好生態。實施現代職業教育教學改革計劃，以提升人才培養質量為目標，以深化產教融合為主軸，系統推進職業教育專業、課程、教材、教師、實訓改革。

（四）**營造職業教育發展良好環境**。良好的發展環境是職業教育高質量發展的重要保障。各級黨委和政府要將發展職業教育納入本地區國民經濟和社會發展規劃，並作為考核下一級政府履行教育職責的重要內容。要強化政策扶持，統籌職業教育改革發展，探索地方政府和社會力量支持職業教育發展投入新機制，吸引社會資本、產業資金投入，按照公益性原則，支持職業教育重大建設和改革項目。探索建立基於專業大類的職業教育差異化生均撥款制度，地方政府可以參照同級同類公辦學校生均經費等相關

經費標準和支持政策，對非營利性民辦職業學校給予適當補助。要培育和傳承好工匠精神，支持地方深化收入分配制度改革，提高生產服務一線技術技能人才工資收入水平，營造全社會充分瞭解、積極支持、主動參與職業教育的良好氛圍。用人單位不得設置妨礙職業學校畢業生平等就業、公平競爭的報考、錄用、聘用條件。完善結果導向的評價機制，對優秀的職業學校、校長、教師、學生和技術技能人才按照國家有關規定給予表彰獎勵，弘揚勞動光榮、技能寶貴、創造偉大的時代風尚。

（侯萬軍）

45. 如何推進關鍵核心技術協同攻關？

習近平總書記深刻指出，關鍵核心技術是國之重器，對推動我國經濟高質量發展、保障國家安全都具有十分重要的意義。李強總理在十四屆全國人大二次會議上所作的《政府工作報告》中，對推進關鍵核心技術協同攻關提出了明確要求。各地各有關部門要認真貫徹黨中央和國務院的決策部署，充分發揮新型舉國體制優勢，把政府、市場、社會有機結合起來，集成國家戰略科技力量、社會創新資源協同發力，打贏關鍵核心技術攻堅戰。

（一）加強戰略謀劃和系統布局。堅持國家戰略目標導向，瞄準事關我國產業、經濟和國家安全的若干重點領域及重大任務，明確主攻方向和核心技術突破口，大力研發具有先發優勢的關鍵技術。抓住新一輪科技革命和產業變革加速演進的重大機遇，超前布局顛覆性技術和前沿技術研究。當前，人口老齡化、少子化等給科技創新提出了不少新課題。要在人口健康、養老助殘、生態環境、防災減災等領域大力發展民生科技，促進科技創新，增進民生福祉。

（二）健全協同攻關體制機制。加強黨中央集中統一領導，建立權威的決策指揮體系。構建協同攻關的組織運行機制，高效配置科技力量和創新資源，發揮各類創新主體優勢，促進成果共享、風險共擔、利益共贏。強化跨領域跨學科協同攻關，優化學科專業布局，推動學科交叉和新學科建設，加快戰略型緊缺人才培養。加強對承擔攻關任務人員的物質激勵與精神激勵，在職稱評聘、崗位晉升、薪酬分配等方面向攻關人員傾斜，對作出突出貢獻的人員或團隊給予表彰獎勵。技術攻關不能只做樣品，更要做出產品、形成產業。我國有 14 億多人口，中等收入群體超過 4 億，正在整體邁向現代化，具有超大規模市場的需求優勢和產業體系配套完善的供給優勢。要以市場需求牽引創新供給，深入實施首台（套）重大技術裝備和

首批次重點新材料應用保險補償政策，以市場化方式支持破解瓶頸制約，促進成果轉化應用和產品迭代升級，加快形成商業價值。

（三）充分發揮國家戰略科技力量建制化優勢。國家實驗室、國家科研機構、高水平研究型大學、科技領軍企業等戰略科技力量，是國家創新體系的中堅，應當在關鍵核心技術攻關中發揮更大作用。要優化資源配置，形成功能互補、良性互動的協同創新新格局。支持國家實驗室緊跟世界科技發展大勢，適應我國發展對科技發展提出的使命任務，改革創新管理體制和科研組織機制，多出戰略性、關鍵性重大科技成果。積極推進全國重點實驗室重組，協同構建中國特色國家實驗室體系。充分發揮高水平研究型大學的基礎研究主力軍作用，聚焦國家戰略需求和世界科技前沿開展有組織科研，在科研攻關中提高基礎學科建設水平和拔尖創新人才自主培養能力。深化使命導向的國家科研機構管理改革，不斷鞏固拓展多學科體系化建制化優勢。強化企業科技創新主體地位，支持有實力的企業牽頭實施重大攻關任務，聯合高校、科研院所和上下游企業組建多元化創新聯合體，發揮好科技創新「出題人」、「答題人」、「閱卷人」作用。

（四）推動創新鏈產業鏈資金鏈人才鏈深度融合。我國創新要素和產業資源豐富，但還普遍存在銜接不暢、互通不足、融合不夠等問題，顯著制約了產業創新效率。要緊扣創新鏈產業鏈資金鏈人才鏈（以下簡稱「四鏈」）深度融合的關鍵環節和重要節點，健全「四鏈」間政策協同、各類主體協同創新機制，實現要素有序流動、政策同向發力，讓機構、人才、裝置、資金、項目都充分活躍起來。圍繞產業鏈部署創新鏈，圍繞創新鏈布局產業鏈，加強符合產業發展需求的創新成果供給，增加促進創新成果應用的場景和市場供給，充分發揮資金鏈和人才鏈支撐作用，打造主體高效協同、要素集聚融通的產業創新生態。要着力破解制約融合的堵點和障礙。比如，各類主體都有一些技術、人才、資金、政策等方面的資源，要加強平台建設，促進資源共享和信息互通。又如，針對各類主體參與不積極、利益不相容的問題，要強化激勵引導，在高校和科研院所科研人員成果賦權、國有企業創新績效考核、國有單位盡職免責機制等方面加大改革攻堅力度，建設一

批多方協同的「四鏈」深度融合載體。要強化政策協同，加強知識產權保護應用，完善促進要素有序流動的公平競爭環境。加強國際交流合作，支持高校、科研院所、科技型企業等與世界一流研究機構建立長期穩定的戰略夥伴關係，加大對外商投資在華設立研發中心開展科技創新活動的支持力度，促進互利共贏。

（王敏瑤）

46. 怎樣強化企業科技創新主體地位？

企業是科技和經濟緊密結合的重要力量，是實現高質量發展的微觀基礎。強化企業科技創新主體地位，是深化科技體制改革、推動實現高水平科技自立自強的關鍵舉措。黨的二十大對強化企業科技創新主體地位作出重要部署，提出明確要求。要貫徹落實黨中央決策部署，順應新一輪科技革命和產業變革發展趨勢，不斷提升企業科技創新活力能力，切實增強企業科技創新引領力和全球競爭力，實現從科技強到產業強、經濟強、國家強。

（一）強化企業技術創新決策的主體地位。支持企業更大範圍更深程度參與國家科技創新決策，特別是在重大技術創新方向確定和應用類國家科技項目遴選中要發揮企業的主導作用。提升企業技術創新自主決策能力，支持科技型骨幹企業開展戰略研究，帶動行業相關企業共同開展產業方向研判、技術標準創製、知識產權布局等研究。發揮企業家作用，充分尊重企業家的科技創新意識和舉措，營造尊重企業家價值、鼓勵企業家創新、發揮企業家作用的社會輿論氛圍，壯大善於創新、勇於擔當的企業家群體，成為創新發展的探索者、組織者、引領者。

（二）強化企業研發投入的主體地位。這些年我國企業科技投入增長很快，但還有很大提升空間。據歐盟對 2022 年全球研發投資額最多的 2500 家企業的統計，前 20 位中只有華為和騰訊兩家中國企業。要綜合採取多種方式支持企業加大研發投入，支持企業牽頭建設公益性創新平台，推動企業與國家、地方自然科學基金設立聯合基金，落實支持科技創新稅收優惠政策。大力發展適合科技創新企業特點的金融產品和服務，完善種子基金、創業投資、銀行信貸、上市融資等多方式全鏈條支持機制，用好用足科技創新再貸款、科技創新和基礎研究專項貸款等政策工具，引導社會資本投早、投小、投長、投創新，構建科技產業金融三角循環。推動高水平研發

人才向企業集聚，健全企業與高校、科研院所科研人員雙向流動機制，強化對企業科技領軍人才的物質激勵與精神激勵，支持企業建立青年科技人才全鏈條培養制度。培育數據要素市場，大力推動數據開發開放和流通使用，深入開展中小企業數字化賦能專項行動，支持企業充分利用數據要素驅動創新。

（三）強化企業科研組織的主體地位。發揮好科技創新「出題人」、「答題人」、「閱卷人」作用。改革立項機制，支持科技領軍企業牽頭梳理關鍵核心技術攻關任務，聯合上下游、產學研力量凝練提出基礎研究問題。目前國家重點研發計劃中，企業參加或牽頭的佔比已接近 80%。要完善「揭榜掛帥」機制，綜合運用「賽馬攻關」、「聯合攻關」等模式，支持有實力的企業牽頭實施重大攻關任務，集聚力量進行原創性引領性科技攻關。推動企業通過設立內部研發機構、參與國家重大創新平台建設等方式，持續提升資源統籌、技術創新、系統集成水平。改革科技項目驗收機制，堅持應用導向、實踐檢驗，技術開發類項目成果評估和考核驗收要發揮企業和用戶單位主導作用，應用研究類項目要充分聽取企業意見。我國有高新技術企業超過 40 萬家，科技型中小企業約 45 萬家。要發揮大企業引領支撐作用，聯合高校、科研院所和上下游企業組建多元化創新聯合體，通過多種方式帶動中小微企業深度融入創新鏈產業鏈，共同推動產業創新發展。

（四）強化企業成果轉化的主體地位。深化產學研用結合，健全成果對接和產業化機制，支持企業主動與高校、科研院所加強對接，激活高校、科研院所存量專利資源，增強科研成果與市場需求的適配性。大力支持企業建設中試驗證平台，推動國家實驗室、全國重點實驗室、重大科技基礎設施、大型科研儀器等進一步向企業開放。完善成果轉化激勵約束機制，鼓勵高校、科研院所探索通過先使用後付費方式將科技成果許可給企業使用。

（五）完善有利於企業科技創新主體作用發揮的生態環境。全面落實公平競爭審查制度，增強創新政策的系統性、協同性、一致性、穩定性，完善適應創新產品和服務特點的監管機制，形成企業專注創新發展的穩定預

期。加強知識產權保護運用，全面建立實施知識產權侵權懲罰性賠償制度，支持知識產權質押融資，引導企業加強知識產權創造。支持企業加強國際創新合作，促進企業與相關國家在科技人文交流、共建聯合實驗室、科技園區合作、技術轉移等方面合作，支持有條件的企業布局海外科技創新中心，鼓勵跨國企業來華投資設立研發中心，營造企業國際化創新發展良好環境。

（王敏瑤）

47. 深化科技體制改革有哪些新舉措?

深化科技體制改革是加快建設科技強國的內在要求。以習近平同志為核心的黨中央對科技體制改革作出一系列重要戰略部署，推動我國科技體制改革全面發力、多點突破、縱深推進。同時也要看到，我國科技發展還存在不少障礙和堵點，特別是科技和經濟深度融合不足的問題仍然比較突出。下一步要圍繞創新要幹什麼、誰來組織創新、如何支持激勵保護創新，根據科學研究、技術開發、產業創新的不同規律，加強體制機制改革的全局性謀劃、整體性推進，加快形成支持全面創新的基礎制度，不斷激發創新創造活力。

（一）**完善科研人員激勵機制**。我國有世界上規模最大的科研人員隊伍，研發人員全時當量由 2012 年的 324.7 萬人年提高到 2022 年的 635.4 萬人年，十年間翻了近一番。要着力構建有利於加快實現高水平科技自立自強的激勵機制，營造促進原創成果不斷湧現的創新生態，激勵廣大科研人員勇攀高峰、各盡其才。落實以增加知識價值為導向的分配政策，紮實推進高校、科研院所薪酬制度改革試點，堅持薪酬分配要同績效緊密挂鈎，向紮根教學科研一線、承擔急難險重任務、作出突出貢獻的人員傾斜，向從事基礎學科教學和基礎前沿研究、承擔國家關鍵核心技術攻關任務、取得重大創新成果的人員傾斜，促進形成知識創造價值、價值創造者得到合理回報的良性循環。要發揮好評價「指揮棒」作用，持續推進破除唯論文、唯帽子、唯職稱、唯學歷、唯獎項，特別是不能簡單以「帽子」論人才、配資源、定薪酬；同時着力抓好「立新標」，加快建立以創新價值、能力、貢獻為導向的人才評價體系。加強學風作風建設，倡導嚴肅認真的學術討論和評論，反對浮誇浮躁、「圈子」文化，嚴守科研誠信底線，引導科研人員自覺踐行、大力弘揚科學家精神，在科技攻關實踐中強化擔當作為。科技是發展的利器，也可能成為風險的源頭。要進一步完善科技倫理體系，

提升科技倫理治理能力，有效防控科技倫理風險，不斷推動科技向善、造福人類。

（二）深化科研項目和經費管理制度改革。這些年，我們圍繞科研人員反映強烈的填表多、報銷繁、事務性負擔重等問題，持續推進項目經費管理制度改革，為科研人員減負鬆綁。2018 年啟動的減輕科研人員負擔專項行動，開展了減表、解決報銷繁、精簡牌子、清理「四唯」、檢查瘦身、信息共享、眾籌科改等 7 項具體行動；2020 年在前期行動的基礎上，又推進了成果轉化盡責擔當、科研人員保障激勵、新型研發機構服務和政策宣傳 4 項新行動；2022 年聚焦青年科研人員，部署了挑大梁、增機會、減考核、保時間、強身心等 5 方面任務。要持續鞏固前期成效，緊緊圍繞科研人員反映強烈的突出問題深化改革，以硬招實招為科研人員減負。要健全勤勉盡責、寬容失敗的科研管理和評價機制，特別是對路徑不明確、失敗率較高、研究周期長的探索性項目，支持科研機構建立盡職免責制度，保障科研人員潛心研究。

（三）促進科技成果加快轉化。成果轉化率不高，制約了科研能力轉化為現實生產力。根據國家知識產權局發布的《2022 年中國專利調查報告》，我國高校發明專利實施率為 16.9%、產業化率僅為 3.9%。導致這一問題的原因是多方面的，比如高校、科研院所科研成果與企業需求不匹配，對科研人員實施成果轉化的激勵不足，公共研發平台、中試驗證平台等缺乏系統布局，缺少技術經理人等服務成果轉化的專業人員，成果評價行業不成熟、機制不健全等。要圍繞這些問題綜合施策，制定完善促進成果轉化的法律法規、配套政策和執行規範。增強科研成果與市場需求的適配性，激活高校和科研院所的存量專利資源，支持有條件的高校和科研院所設立專門的技術轉移機構，建立專業化多層次的技術轉移人才培養體系。針對科研人員「不敢轉化、不願轉化」的問題完善激勵機制，充分賦予高校和科研院所科技成果處置自主權，推進賦予科研人員職務科技成果所有權或長期使用權改革，建立相關參與方共同獲益的收益分配機制。

（四）加強知識產權保護。知識產權一頭連着創新，一頭連着市場，是

成果轉化的橋梁和紐帶。要全面提高知識產權保護效能，深入實施新修改的專利法實施細則，加大行政保護和專業指導力度，強化與司法保護的衔接，高標準建設國家知識產權保護示範區。深入實施專利轉化運用專項行動，培育和發展知識產權要素市場，推動知識產權市場化運營。

（五）擴大國際科技交流合作。我國科技事業的發展進步與廣泛而深入的國際科技合作是分不開的。要以更加開放的思維和舉措主動融入全球創新網絡，完善政府間創新對話機制，務實推進公共衛生、氣候變化、人類健康等領域國際合作。大力推進民間科技合作，鼓勵科研人員交流互訪。建立與國際接軌的科研製度，加大國家科技計劃開放力度，支持各國科研人員共同攻克前沿科學問題，擴大科技基礎設施和創新基地平台的開放共享，提高科研國際化水平。前瞻謀劃和深度參與全球科技治理，參加或發起設立國際科技組織，啟動國際大科學計劃和大科學工程，推動科學技術更好造福各國人民。

（王敏瑶）

48. 怎樣推進高水平人才高地和吸引集聚人才平台建設?

建設高水平人才高地和吸引集聚人才平台，是黨中央着眼我國建設世界重要人才中心和創新高地作出的戰略部署。要堅持全球視野、對標世界一流、突出中國特色，把人才高地和人才平台建設與國家實驗室、國際科技創新中心、區域科技創新中心、綜合性國家科學中心、「雙一流」高校和學科、高新產業基地建設等銜接起來，推動教育、科技、產業、人才等布局一體落實，加快形成人才發展的戰略支點和雁陣格局。

（一）在北京、上海、粵港澳大灣區建設高水平人才高地。當前，新一輪科技革命和產業變革深入發展，圍繞高素質人才和科技制高點的國際競爭空前激烈。北京、上海、粵港澳大灣區作為我國科技基礎最雄厚、創新資源最豐富、創新主體最活躍的區域，在教育、科技、人才等方面具有獨特優勢，理應在人才強國戰略中發揮支點作用和「頭雁」效應。近年來，北京着力構建國家實驗室體系及國家級創新平台，高質量實現昌平、中關村、懷柔3個國家實驗室在軌運行；上海面向前沿賽道和共性技術，布局建設了張江復旦國際創新中心、長三角國家技術創新中心等一批新型研發機構；粵港澳大灣區紮實推進鵬城實驗室等戰略科技力量建設，着力打造世界級「人才灣區」。三地在全球科技創新集群排名中均躋身前十行列，正在加速成為創新人才高度集聚、創新要素高度整合、創新活動高度活躍的全球人才高地。要聚焦建設國際科技創新中心，圍繞服務京津冀協同發展、長三角一體化發展、粵港澳大灣區建設等國家重大戰略，進一步把準定位、發揮優勢、突出特色，加強國家實驗室和新型研發機構建設，做好人才培養引進工作，深化人才發展體制機制改革，優化人才創新創造環境，自主培養更多國家戰略人才力量，吸引集聚更多高層次人才，努力打造成為創新人才高地示範區。

（二）逐步有序布局建設若干吸引和集聚人才平台。解決關鍵核心技術

「卡脖子」問題、加快實現高水平科技自立自強，需要各地區各部門共同發揮作用。一些經濟社會發展水平較高、科教資源相對豐富、區域位置重要的中心城市，在建設吸引和集聚人才平台上具備一定基礎和條件，這些年也在政策創新、人才投入、環境營造等方面進行了積極探索，出台了一系列有力政策措施。要堅持突出重點、梯次推進，因地制宜、量力而行，圍繞國家科技創新總體布局和區域協調發展戰略、區域重大戰略實施，在一些高層次人才集中的中心城市，布局建設高水平人才平台。要根據不同城市功能定位和教育水平、科技創新能力、人才隊伍規模質量、基礎設施建設等方面資源條件，把發揮市場決定性作用與發揮政策導向、組織引導作用結合起來，推動人才平台建設差異化、錯位化、特色化發展。要堅持有所為、有所不為，探索實行負面清單管理，建立嚴格的自我約束和外部監督制度，成熟一個、審批一個、建設一個，防止一哄而起、遍地開花。

（三）促進人才區域合理布局和協調發展。2023 年，我國勞動年齡人口超過 8.6 億，勞動年齡人口平均受教育年限達 11.05 年，具有大學文化程度人口超過 2.5 億，人才資源總量、科技人力資源、研發人員總量均居全球首位。但同時也要看到，我國人才主要聚集在經濟發達的東部沿海地區，人才流動「孔雀東南飛」的現象比較普遍。針對這一狀況，要堅持系統觀念、注重統籌兼顧，繼續加大對西部地區、東北地區的人才政策傾斜支持力度，建立東西部省份人才對口幫扶機制，紮實做好向重點幫扶縣組團式選派醫療、教育人才和科技特派員工作，積極引導人才向艱苦邊遠地區和基層一線流動。要注重發揮人才高地和人才平台的輻射帶動作用，探索建立同區域協調發展戰略相適應的人才交流機制，推動人才共育共引共用。要落實地方人才計劃和引才政策備案審核制，堅決糾正地方、用人單位在國內靠比拼財力搶挖人才問題，引導人才合理有序流動。

（秦青山）

49. 在加快建設國家戰略人才力量上有哪些舉措？

戰略人才站在國際科技前沿、引領科技自主創新、承擔國家戰略科技任務，是支撐我國實現高水平科技自立自強的重要力量。目前來看，與加快建設教育強國、科技強國、人才強國的目標要求相比，我國人才隊伍結構性矛盾還比較突出，高水平創新人才仍然不足。《政府工作報告》提出，加快建設國家戰略人才力量，這既是掌握科技自主權、發展主動權的內在要求，也是搶佔科技競爭和發展制高點的重要任務。要把建設戰略人才力量作為重中之重來抓，努力培養造就更多大師、戰略科學家、一流科技領軍人才和創新團隊、青年科技人才、卓越工程師、大國工匠和高技能人才。

（一）大力培養使用戰略科學家。戰略科學家是科學帥才，是國家戰略人才力量中的「關鍵少數」。我國需要的戰略科學家，既包括能夠進行方向性、全局性、前瞻性思考，具有卓越科技組織領導才能的戰略科學家，也包括在某個專業領域起引領作用的領軍科學家，主持大科技工程的技術總師、工程總指揮等。這些人才都需要從科技創新主戰場中涌現出來，從科技創新主力軍中成長起來。要堅持實踐標準、樹立長遠眼光，在國家重大科技任務攻關實踐中發現具有深厚科學素養、長期奮戰在科研第一線，視野開闊，前瞻性判斷力、跨學科理解能力、大兵團作戰組織領導能力強的科學家，有意識地發現和培養更多具有戰略科學家潛質的高層次複合型人才，形成戰略科學家成長梯隊。對於戰略科學家，不能簡單以學術頭銜、人才稱號等「帽子」進行評判，要突出政治素質、實踐標準、戰略眼光、業界公認，從國家重大科技任務擔綱領銜者中去發現遴選。相關部門要加強和完善對國家重大科研項目的領導和指導，支持戰略科學家在引領重大原始創新、參與教育和科技戰略頂層設計、推動學科交叉融合和創新發展、突破關鍵核心技術等方面發揮帥才作用。青年人才是國家戰略人才力量的源頭活水，要注重從重大科技工程中發現和提拔戰略型青年科技人才，為

形成戰略科學家成長梯隊造就規模宏大的後備人才。

（二）打造大批一流科技領軍人才和創新團隊。科技領軍人才和高水平創新團隊是科學研究、科技創新的主力軍。數據顯示，我國科技人才資源儲備豐富，頂尖科技人才國際學術影響力持續提升，入選世界高被引科學家數量從 2014 年的 111 人次增至 2022 年的 1169 人次，排名世界第二。但總體來講，科技領軍人才依然比較匱乏。要充分利用全球人才流動的有利機遇，聚天下英才而用之，努力培養造就一大批世界級科技大師、領軍人才、尖子人才。在體制機制上，要圍繞科技攻關任務和解決「卡脖子」關鍵核心技術難題需要，優化領軍人才發現機制和項目團隊遴選機制，建立跨部門、跨地區、跨行業、跨體制的人才特殊調配機制，組建攻堅團隊。在平台建設上，要發揮國家實驗室、國家科研機構、高水平研究型大學、科技領軍企業的國家隊作用，加速集聚、重點支持一流科技領軍人才和創新團隊。在組織實施上，要圍繞國家重點領域、重點產業，組織產學研協同攻關，在重大科研任務中培養人才。要探索新的項目組織方式，對領軍人才實行人才梯隊配套、科研條件配套、管理機制配套的特殊政策。

（三）造就規模宏大的青年科技人才隊伍。有研究表明，自然科學發明創造的最佳年齡段是 25 歲到 45 歲。我國國家重點研發計劃參研人員中，45 歲以下佔比達 80% 以上；北斗導航、探月探火等重大戰略科技任務的許多項目團隊，平均年齡都在 30 多歲；在人工智能、信息通信等新興產業領域，一大批優秀青年科技人才成為技術創新的主力。但也要看到，青年科技人才擔綱機會少、成長通道窄、生活壓力大等問題依然比較突出，不少青年人才把精力過多投入到職稱評審、項目申報、「帽子」競爭上，難以潛心進行研究。去年，中辦、國辦印發了《關於進一步加強青年科技人才培養和使用的若干措施》，出台了一系列支持青年科技人才成長發展的「硬舉措」。今年《政府工作報告》提出，要「加大對青年科技人才支持力度」。相關方面要鼓勵青年科技人才跨學科、跨領域組建團隊承擔顛覆性技術創新任務，穩步提高國家自然科學基金對青年科技人才的資助規模，深入實施國家重點研發計劃青年科學家項目，支持青年科技人才在國家重大科技

任務中「挑大梁」。各類人才培養引進支持計劃要向青年人才傾斜，國家科技創新基地要大力培養使用青年科技人才。青年科技人才精力旺盛、思維活躍、知識更新快，一些優秀青年科技人才具有開闊的國際視野，能夠及時準確把握前沿領域和新興技術的變化趨勢。吸納更多青年科學家參與科技決策咨詢，既有利於推動科技決策民主化、科學化，也是發現和培育戰略科學家的重要途徑。要擴大科技評審專家庫中青年科技人才的規模，增加評審專家組中青年科技人才數量，推動各類學術組織吸納更多青年科技人才，更好發揮青年科技人才決策咨詢作用。

（四）培養大批卓越工程師和高技能人才。工程師是國家戰略人才力量的重要組成部分。近年來，我國工程師數量大幅提升，結構進一步改善，工程技術人才自主培養力度不斷加大，但依然存在總量不足、結構不盡合理、頂尖人才缺口大等問題，制約了我國製造業水平向高端邁進。2023年，黨中央、國務院開展了「國家工程師獎」首次評選表彰，授予81名個人「國家卓越工程師」稱號、50個團隊「國家卓越工程師團隊」稱號，充分體現了對卓越工程師和高技能人才的高度重視。要充分發揮高校和企業兩個積極性，推動實現產學研深度融合，進一步加大工程技術人才自主培養力度。一方面，要發揮好考核評價的指揮棒作用，指導和推動高校加大工程類學生培養力度，探索實行高校和企業聯合培養新工科人才的有效途徑，推動「雙一流」建設大學、行業特色高校和龍頭企業協同打造一批高端校企合作基地。另一方面，要支持、鼓勵和引導企業把培養環節前移，採取定向委託培養、開設「訂單式」特色班、共建聯合培養平台等方式，與高校聯合培養人才，實行校企「雙導師制」，着力解決工程技術人員培養與生產實踐脫節的突出問題。

（秦青山）

50. 如何進一步建立健全人才評價體系?

評價體系對人才成長和發展具有十分重要的「指揮棒」作用，目前部分科研人員中出現的急功近利、浮躁浮誇、跟風式科研甚至科研行為不端等問題，很大程度上受到不科學、不合理人才評價體系的影響。要堅持「破四唯」和「立新標」並舉，加快建立以創新價值、能力、貢獻為導向的科技人才評價體系，形成有利於科技人才潛心研究和創新的評價制度。

（一）健全完善科學的人才分類評價機制。近年來，我國在分類推進人才評價機制改革上出台了一系列措施，「四唯」現象和人才「帽子」滿天飛的情況有了改觀，但仍存在分類評價不足、評價標準單一、評價手段趨同、評價名目繁多等問題，導致人才評價的社會化程度不高、用人主體自主權難以落實。一些高校和科研院所仍簡單以刊物、頭銜、榮譽、資歷等判斷論文質量，過分依賴國際數據和期刊，將 SSCI、CSSCI 等論文收錄數作為崗位選聘、人才計劃申報評審的唯一指標，人才管理制度還不適應科技創新要求、不符合科技創新規律。要分類健全人才評價標準，改進和創新人才評價方式，深化重點領域人才評價改革，完善人才評價管理服務制度，加快形成導向明確、精準科學、規範有序、競爭擇優的科學化社會化市場化人才評價機制，全面準確反映人才的創新水平、轉化應用績效和對經濟社會發展的實際貢獻。基礎前沿研究要突出原創導向，社會公益性研究要突出需求導向，應用技術開發和成果轉化評價要突出市場導向，切實解決簡單以人才「帽子」對標薪酬待遇和科研資源分配問題，推動人才稱號回歸學術性、榮譽性本質。

（二）改革創新科研經費使用和管理方式。管好用好科研經費，對促進科技事業發展至關重要。黨的十八大以來，針對科研經費管理剛性偏大、撥付環節較多進度較慢、「有錢發不出」等問題，黨中央、國務院先後出台

一系列優化科研經費管理的舉措，從預算編制、經費申請、分配使用到撥付進度、監督審計等，全鏈條全過程對科研經費管理作了具體細緻規定。一些科研單位也在科研經費管理上探索推行了包干制、允許設置獎勵經費等措施，贏得了科研人員好評。但在科研經費管理方面，仍然存在政策落實不到位現象。要着眼於讓科研經費既「用好」又「好用」，用到該用的地方、用到刀刃上，進一步擴大科研經費管理自主權，簡化預算編制，完善經費撥付，擴大經費包干制實施範圍，支持科研事業單位探索試行更靈活的薪酬制度，加大科研人員激勵力度，加強從事基礎性、前沿性、公益性研究的科研人才隊伍建設。要落實讓經費為人的創造性活動服務的理念，進一步改進科研績效管理和監督檢查，加強事中事後監管，實現從重過程向重結果轉變。對科研經費管理和使用過程中出現的失信情況，納入信用記錄管理，並對盡職無過錯科研人員免予問責。

（三）**加大為人才鬆綁減負力度**。科學研究具有靈感瞬間性、方式隨意性、路徑不確定性的特點，不同領域人才成長的方式和路徑也有很大不同。世界上一流的科研機構、一流的科技人才，往往不是靠政府部門的工作人員管理管出來的，不能簡單套用行政管理的辦法對待科研工作，不能像管行政幹部那樣管科研人才。

要遵循人才成長規律和科研規律，進一步破除「官本位」、行政化的傳統思維，盡量減少「管」的手段，多出台服務、支持、激勵等方面措施，做到人才為本、信任人才、尊重人才、善待人才、包容人才。要推動重大項目立項和組織管理方式改革，建立健全責任制和「軍令狀」制度，完善和落實「揭榜挂帥」機制，賦予科學家更大技術路線決定權、更大經費支配權、更大資源調度權，切實減輕科研人員事務性負擔，把人才從科研管理的各種形式主義、官僚主義的束縛中解放出來。人才好不好用、怎樣用好，用人單位最有發言權。要根據需要和實際向用人主體充分授權，既要真授、授到位，又要接得住、用得好，切實發揮用人主體在人才培養、引進、使用中的積極作用。同時，要增強對人才的服務意識和保障能力，優

化各類人才工作生活保障制度，幫助解決子女入托入學、住房等方面的困難，重視並創造條件厚植人才成長的沃土，讓人才靜心做學問、搞研究，多出成果、出好成果。

（秦青山）

51. 培育壯大新型消費將採取哪些措施？

新型消費的產生和興起，既有技術賦能的驅動，也有需求的拉動。一方面，以雲計算、大數據、物聯網、移動互聯網、人工智能等為代表的新技術，催生了大量新產品新服務、新業態新模式，既擴大了消費選擇範圍，又改善了消費體驗，激發了新型消費需求。另一方面，伴隨經濟社會發展，居民的需求層次不斷提升，也會自發地產生對新型消費的需要。因此，相對傳統消費，新型消費增長速度更快，發展動能更強，能夠有效地促進消費擴容升級。李強總理在《政府工作報告》中指出，要「培育壯大新型消費」，並作出具體安排。主要包括以下幾個方面的舉措。

（一）創新消費業態和模式。消費新業態新模式的涌現，為便利居民生活、克服疫情影響、促進消費和經濟增長提供了有力支撐。去年實物商品網上零售額對社會消費品零售總額增長的貢獻率達到31.7%。要持續推動消費業態和模式創新，以新業態新模式引領新型消費加快發展。推動線上線下消費有機融合，加快傳統線下業態數字化、智能化改造，支持消費領域線上企業有序向線下延伸拓展。推動電子商務提高發展質量，促進直播電商、即時零售等健康發展。鼓勵在線文化娛樂、智慧旅遊、智能體育等新業態發展，拓展沉浸式、體驗式、互動式消費新場景，積極培育文娛旅遊、體育賽事等新的消費增長點。促進品牌品質消費，支持老字號創新發展，穩妥有序推進中華老字號示範創建，鼓勵打造更多國貨「潮品」。發展夜間經濟、首店經濟、首發經濟，促進智能消費、定製消費。

（二）促進數字消費。隨着新一代數字技術快速發展，社會生產生活加快數字化轉型，我國居民數字消費需求也在加速釋放。要抓住數字化機遇，持續提升數字化產品和服務供給，豐富數字化生活場景和體驗，不斷發展壯大數字消費。加強數字消費基礎設施建設，推動5G和千兆光網建設發展，深化城市地區網絡覆蓋，進一步向鄉鎮和農村地區延伸。加快傳統消

費數字化轉型，引導實體企業更多開發數字化產品和服務。鼓勵數字技術企業搭建面向生活服務的數字化平台，推進數字生活智能化，打造數字消費業態、智能化沉浸式服務體驗。加強移動支付等安全監管。推動新一代信息技術與更多消費領域融合應用。引導優質數字消費資源渠道下沉，激發農村數字消費市場活力。

（三）**推廣綠色消費**。綠色消費有利於生態環保和可持續發展。近些年，我國居民綠色環保意識不斷提高，越來越多的人熱衷購買綠色產品、積極踐行綠色消費理念，綠色消費漸成風尚。要把綠色環保和綠色消費有機結合起來，形成相互促進的良性循環。培育綠色消費理念，加快形成簡約適度、綠色低碳的生活方式和消費模式。全面促進重點領域消費綠色轉型，加快提升食品、服裝、居住、交通、文旅、電力等消費綠色化水平。推行綠色設計和綠色製造，生產更多符合綠色低碳要求、生態環境友好、應用前景廣闊的新產品新設備，擴大綠色低碳供給。加強綠色低碳產品質量和品牌建設。推動電子商務、商貿流通等綠色創新和轉型。進一步完善和強化綠色低碳產品和服務標準、認證、標識體系，提升綠色標識產品和綠色服務市場認可度和質量效益。

（四）**提升健康消費**。生活條件不斷改善，使得人們對健康問題日益關注。特別是經歷三年疫情，人們的健康理念進一步增強，健康生活方式意識明顯提高，健康消費需求快速增加。要因應這一趨勢，引導全社會樹立大健康理念、創新大健康技術、發展大健康產業、完善大健康服務，提升健康消費，提高人民群眾健康水平和生活質量。大力發展醫療醫藥產業，支持醫療器械、藥品等的研發生產。鼓勵相關產業發展，增加保健食品、健康產品、藥妝、功能性日用品等的供給。加快發展健康服務業，加強基本醫療衛生服務，推動優質醫療資源下沉，着力增加高質量的中醫醫療、養生保健、康復等服務。發展「互聯網＋醫療健康」，進一步完善互聯網診療收費政策，逐步將符合條件的「互聯網＋」醫療服務納入醫保支付範圍。開發面向老年人的健康管理、生活照護、康養療養等服務和產品。

（黃　濤）

52. 如何提振大宗消費？

汽車、家居、電子產品等大宗消費在居民消費支出中的佔比較高，對整體消費走勢有重要影響。近年來，受保有量提高等因素影響，傳統的汽車、家電等消費增速趨於放緩，但新能源汽車、綠色智能家電等消費方興未艾、快速增長。提振大宗消費，有潛力有條件。李強總理在《政府工作報告》中指出，要「穩定和擴大傳統消費，鼓勵和推動消費品以舊換新，提振智能網聯新能源汽車、電子產品等大宗消費」。主要包括以下幾個方面的工作。

（一）促進汽車消費。汽車及直接相關的汽油消費，佔社會消費品零售總額的比重在八分之一左右。去年汽車消費有所恢復，但總體仍較疲弱。限額以上單位汽車零售額增長 5.9%，增速比社會消費品零售總額低 1.3 個百分點。我國每千人汽車保有量僅為美國的四分之一，不到日本、韓國的一半，汽車消費仍有較大增長空間。要推動進一步優化汽車限購管理政策，鼓勵限購地區因地制宜擴大年度購車指標投放。改善汽車使用條件，增加停車場、充電樁、換電站等配套設施建設。推動老舊汽車更新消費，鼓勵地方綜合運用經濟、技術、標準等手段推動老舊車輛退出，開展汽車以舊換新。去年新能源汽車銷售突破 949.5 萬輛、增長 37.9%，市場佔有率達到 31.6%。要繼續支持新能源汽車消費，落實延續和優化新能源汽車車輛購置稅減免的政策措施，推動居民小區內的公共充換電設施用電實行居民電價，降低新能源汽車購置使用成本。智能網聯新能源汽車是發展方向，也是我國具有領先優勢的領域。要加快發展智能網聯新能源汽車，帶動對其的消費。深入開展新能源汽車下鄉活動，鼓勵企業研發適合農村居民出行需要、質優價廉、先進適用的新能源車型。二手車市場交易活躍，也有利於帶動新車消費。去年二手車交易量達到 1841.3 萬輛、增長 14.9%。要推動各地

落實取消二手車限遷、便利二手車交易登記等政策措施，提高二手車市場交易信息透明度，完善信用體系，支持達到質量要求的二手車出口。

（二）**推動家居消費**。家居消費涵蓋家電、家具、家裝等多個領域，是居民消費的重要組成部分。受房地產市場不景氣影響，去年家居消費較為低迷。限額以上單位建築及裝潢材料零售額下降 7.8%，降幅比 2022 年擴大 1.6 個百分點；家用電器和音像器材、家具零售額分別僅增長 0.5%、2.8%。要通過創新供給、豐富場景、推動以舊換新等辦法，推動家居消費盡快恢復。支持企業加快綠色智能家電、智能安防、智能照明、智能睡眠、智能康養、智能影音娛樂等家居產品研發。促進智能家居設備互聯互通，推動單品智能向全屋智能發展。支持家居賣場加強與上下游企業合作，構建「大家居」生態體系，為消費者提供一站式、一體化、全場景家居消費解決方案。鼓勵有條件的地區對居民購買綠色智能家居產品給予補貼，結合城鎮老舊小區改造等工作，支持居民開展舊房裝修和局部升級改造，推動家裝樣板間進商場、進社區、進平台，提升家裝便利化水平。完善廢舊物資回收網絡，推動在居民小區規範設置廢舊家具、裝修垃圾投放點，推廣線上預約收運，支持企業上門回收廢舊家電、家具。繼續開展綠色智能家電、綠色建材下鄉活動，激發農村家居消費潛力。

（三）**擴大電子產品消費**。近年來，電子產品向數字化、智能化發展趨勢明顯，由「有」向「優」的消費升級潛力旺盛，但也面臨着換機周期延長、部分群體滲透率偏低、回收渠道不暢等問題。要有針對性地採取措施，促進電子產品消費持續增長。準確把握消費電子產業技術發展方向，加快電子產品技術創新，推動電子產品升級換代。鼓勵企業積極應用人工智能技術提升電子產品智能化水平，增強人機交互便利性。支持企業開展電子產品個性化設計、反向定製、柔性化生產，更好滿足消費者個性化多樣化需求。着力消除電子產品使用障礙，降低農村居民、中老年居民使用門檻，進一步提高電子產品滲透率。打通電子產品回收渠道，推動集中回收、遠程回收，積極推行「互聯網＋回收」模式，降低回收二手電子產品成本。加

快完善個人信息保護法律法規，嚴格落實智能手機、可穿戴設備等電子產品消費者信息保護政策，優化電子產品消費環境。

（黄　濤）

53. 怎樣發展服務消費？

隨着收入水平提升，居民更多地從商品消費轉向服務消費，是消費升級的一般規律。除少數年份比如疫情期間外，我國居民服務消費增長都快於商品消費，在全部消費中的佔比呈不斷提高趨勢。去年居民人均服務性消費支出增長 14.4%，佔全部消費支出的比重為 45.2%，比 2022 年提高 2 個百分點，但仍遠低於主要發達國家服務消費佔比 74% 左右的水平。服務消費有着巨大的發展空間，要順應居民需求變化，推動養老、育幼、家政等服務擴容提質，支持社會力量提供社區服務，促進服務消費持續較快增長。

（一）促進養老服務健康發展。去年我國 60 歲以上老年人口 2.97 億，佔全部人口的比重達到 21.1%。未來一段時期老年人口數量和佔比還會進一步上升，對養老服務的需求將會持續增長，對服務能力和質量也將提出更高要求。要深入實施積極應對人口老齡化國家戰略，深化養老領域供給側結構性改革，注重普惠性、基礎性、兜底性，擴大服務供給，提升服務質量，完善服務體系，實現社會效益和經濟效益相統一，更好滿足千家萬戶的需求。改善養老服務基礎設施條件，建設連鎖化、標準化的社區居家養老服務網絡，引導專業化機構進社區、進家庭，強化日間照料、助餐助潔、康復護理、助醫助行等服務能力。新建或改擴建公辦養老服務機構，提升護理能力，強化對失能失智特困老年人的兜底保障。支持社會力量建設綜合性養老服務機構。綜合運用規劃、土地、住房、補助、稅費、資金等支持政策，發展質量有保障、價格可承受、方便可及的普惠養老服務供給。促進康養融合發展，深化醫養有機結合，建立健全高齡、失能老年人長期照護服務體系。加快補齊農村養老服務短板。

（二）發展完善普惠育幼服務體系。嬰幼兒照護事關家庭經濟負擔和女性職業發展，對生育意願也有直接影響。目前我國 0—6 歲嬰幼兒超過 7000

萬，發展育幼服務，不但能夠釋放巨大需求潛力，而且有利於減輕家庭負擔、促進和諧幸福。要支持公辦托育服務機構建設，鼓勵採取公建民營、購買服務等方式運營。支持社會力量發展社區托育服務設施和綜合托育服務機構。鼓勵依托社區、幼兒園、婦幼保健機構等新建和改擴建嵌入式、分布式、連鎖化、專業化的托育服務設施，提供全日托、半日托、計時托、臨時托等多樣化的普惠托育服務。培育承擔一定指導功能的示範性托育服務機構，發展互聯網直播互動式家庭育兒服務，鼓勵開發嬰幼兒養育課程、父母課堂等。探索發展家庭育兒共享平台、家庭托育點等托育服務新模式新業態。要健全老有所養、幼有所育政策體系，促進養老、育幼服務業持續健康發展。

（三）支持家政服務發展。家政服務業對促進農村勞動力就業、增加低收入群體收入、保障城鎮家庭生活具有重要作用。近年來，我國家政服務業快速發展，但仍存在有效供給不足、行業發展不規範、群眾滿意度不高等問題。要強化財稅金融支持，增加家政服務有效供給。推動家政進社區，支持家政企業在社區設置服務網點，提高服務覆蓋率，促進居民就近享有便捷服務。加大教育培訓力度，提高家政從業人員素質，增強專業服務技能。健全家政服務領域信用體系，推進服務標準化，提升家政服務規範化水平。完善公共服務政策，優化家政服務人員從業環境，增強行業吸引力。深入實施家政興農行動，持續深化家政服務勞務對接助力鄉村振興行動。

（四）增加社區服務供給。社區生活服務憑借「近距離、全天候」等優勢，在居民日常生活中的重要性不斷上升，社區服務內容也正在從基本生活需求向更多領域更高層次拓展。但與發達國家相比，我國社區服務發展仍相對滯後，服務的覆蓋面、多樣性和品質均有待提高。要支持社區服務發展，在為居民生活提供更多便利的同時，帶動社區消費增長。結合城鎮老舊小區改造，配套社區便利店、菜市場、餐飲店等消費場所，增加美容美髮、洗染、醫藥銷售、照相文印、維修、運動健身、教育培訓、休閑娛樂等服務功能。支持盤活分散的社區空間資源，因地制宜配齊商業設施，提升標準質量、環境衛生。建設改造一批社區便民消費服務中心。鼓勵大

型服務企業向社區下沉，增設社區門店，開展連鎖經營，提升標準化、規範化水平。

（黃　濤）

54. 激發消費潛能要在哪些方面發力?

消費對經濟發展具有基礎性作用。去年我國消費較快恢復,有力拉動了經濟增長,但受多種因素影響,恢復基礎仍待鞏固。李強總理在《政府工作報告》中指出,要「促進消費穩定增長」,並作出具體安排。其中一個很重要的方面,就是激發消費潛能。要通過增強消費能力、提升消費意願等舉措,把居民蘊藏的巨大消費潛力釋放出來,讓居民在改善生活的同時,更好暢通國民經濟循環、拉動經濟增長。

(一)多渠道增加居民收入。消費是收入的函數。只有收入增長了,消費能力提高了,消費才有持續擴大的基礎。去年居民人均可支配收入中,工資性收入、經營淨收入、轉移淨收入、財產淨收入分別佔到56.2%、16.7%、18.5%、8.6%。要針對不同收入來源,採取切實有效措施,促進居民增收。要穩定和擴大就業,繼續突出就業優先導向,實施好各項穩就業政策,加強對就業容量大的行業企業和重點群體的支持,強化職業技能培訓,促進勞動力供求更好銜接匹配。要促進農民增收,加強糧食和重要農產品穩產保供,穩定畜牧業、漁業生產,發展新型農村集體經濟,壯大鄉村富民產業,鞏固拓展脫貧攻堅成果。要強化基本民生保障,提高城鄉居民基礎養老金最低標準、居民醫保人均財政補助標準,繼續提高退休人員基本養老金,健全分層分類的社會救助體系,織密紮牢民生兜底保障安全網。要拓寬增收渠道,提高居民財產性收入。

(二)提升供給質量和水平。這些年,隨着供給側結構性改革持續推進,我國商品和服務的供給質量和水平不斷提升,但仍然存在優質供給不足、供給不能完全適應需求的問題,抑制了居民消費潛力的釋放。要持續優化供給,推動商品和服務質量不斷提高。鼓勵企業創新產品和服務,提高產品功效、性能、適用性、可靠性和外觀設計水平等,提升服務品質。便利新產品市場准入,對市場急需、消費需求大的新技術新產品,優先適

用國家標準制定快速程序。實施標準提升行動，加快構建適應高質量發展要求的標準體系，更好發揮標準引領作用。強化企業質量意識，嚴格落實企業質量主體責任，健全質量管理體系。推進內外貿產品同線同標同質。加強消費品品牌建設，提高知名度和美譽度。

（三）減少限制性措施。當前，在部分商品和服務領域，仍存在較多行政性限制措施。一些地區對汽車新車實施限購，部分城市限制皮卡進城，近 200 個城市禁止或限制摩托車上牌或上路行駛。一線城市和部分二線城市的核心城區仍對購房施加限制。一些城市出於方便管理需要，對開展促銷活動、舉辦文娛演出等嚴格限制，甚至一刀切地停辦或取消。餐館製售熱食類食品、冷食類食品，需要分別申請食品經營許可，如果製售自製飲品，還要再申請食品經營許可。在低空飛行、汽車改裝等領域，也存在較多制約。這些措施有的抑制購買使用，有的制約供給創新，最終都影響到消費實現和消費潛力的釋放。對各種行政性限制措施，要區分不同情況，分類加以處置。確有必要的，要進一步完善優化，能夠簡並的盡量簡並；缺乏合理性的，要堅決予以清理取消，為消費穩定增長創造良好條件。

（四）優化消費環境。消費環境對居民消費意願有直接影響。好的消費環境能夠提升消費體驗，增強消費意願，促進消費增長。反過來，消費環境不好，消費者可能擔心權益受損、「花錢買不痛快」而減少消費。近年來，我國消費環境總體上不斷改善，但也存在侵犯知識產權、製售假冒偽劣商品、虛假宣傳等問題。要加大監管監督力度，營造安全放心誠信的消費環境。一是加強消費者權益保護。實施「放心消費行動」。發揮全國 12315 平台作用，推動消費糾紛源頭治理，持續提升處置效能。制定消費投訴信息公示制度，擴大消費投訴公示範圍。加強質量安全監管，優化缺陷產品召回管理。落實好網購商品七日無理由退貨、經營者首問和賠償先付等制度。支持消費者協會發揮在公益訴訟、比較試驗等方面的監督作用，充分發揮新聞媒體輿論監督作用。二是維護市場秩序。嚴厲打擊侵犯知識產權和製售假冒偽劣商品等違法犯罪活動。加強價格監管，依法打擊不按規定明碼標價、價格欺詐、串通漲價、哄抬價格等違法行為。持續糾治不當市場競

爭和市場干預行為。做好網絡交易市場監管，規範互聯網平台和平台內經營者行為。完善廣告監測機制，打擊虛假違法廣告。三是搭建消費平台。開展「消費促進年」活動，突出重點品類、節慶時令、業態融合和地方品牌，實施系列促消費活動。辦好進博會、消博會等重點展會，指導行業協會和各地舉辦形式多樣的促消費活動，推動形成良好消費氛圍。

（黃　濤）

55. 擴大有效投資的方向和重點是什麼？

《政府工作報告》對擴大有效投資作出專門部署，同時還在不同部分內容中明確了相應投資方向和重點。要緊扣高質量發展需要，更好統籌消費和投資，挖掘新的投資增長點，切實提高投資效益。具體投資方向和重點包括：

（一）圍繞推動高水平科技自立自強和建設現代化產業體系擴大有效投資。要瞄準國家重大戰略需求和產業發展需要，加快重大科技基礎設施體系化布局，推進共性技術平台、中試驗證平台建設等。要推動製造業數字化轉型，持續實施製造業技術改造升級工程。發展新質生產力是推動高質量發展的內在要求，要引導地方充分考慮資源稟賦、技術人才等條件，加大新賽道產業投資。推動各類生產設備、服務設備更新和技術改造，是推動高質量發展的重大舉措，既有利於擴大投資，也有利於拉動消費，還能促進節能降碳、減少安全隱患，既利企又惠民、一舉多得。據初步估算，未來我國工業、農業等重點領域設備更新需求每年將超過5萬億元，汽車以及冰箱、洗衣機、空調等主要品類家電更新換代每年能創造需求上萬億元。要堅持市場為主、政府引導，鼓勵先進、淘汰落後，標準引領、有序提升，打好政策組合拳，更好發揮技術、能耗、排放等標準牽引作用，有序推進重點行業設備、建築和市政基礎設施領域設備、交通運輸設備和老舊農機機械、教育醫療設備等更新改造。

（二）圍繞提高現代化基礎設施支撐能力擴大有效投資。經過多年大規模建設，我國基礎設施水平明顯提升，但新型基礎設施建設還有很大空間，傳統基礎設施布局不平衡等問題依然突出，這些都需要繼續加強。突出以下重點：一是新型基礎設施建設。數字經濟事關國家發展大局。要繼續適度超前建設數字基礎設施，加快形成全國一體化算力體系。當然，要統籌規劃建設布局，提高算力基礎設施整體效能。二是國家水網建設。實施好

《國家水網建設規劃綱要》。加快跨流域跨區域重大引調水、骨幹防洪減災等工程建設，推進大中型灌區建設與改造。三是綜合立體交通網建設。要加快完善中西部鐵路和高速鐵路主通道，高質量推進川藏鐵路建設。紮實推進高速公路和國道未貫通路段建設，構建幹支銜接的內河高等級航道網，完善機場建設布局。加快實施「十四五」規劃重大工程項目。

（三）**圍繞新型城鎮化和區域協調發展擴大有效投資。**我國城鎮化還有很大發展提升空間。從「量」上看，去年我國常住人口城鎮化率達到66.2%，但與發達國家相比還有不小差距。要加大縣城投資力度，補齊基礎設施和公共服務短板，使縣城成為新型城鎮化的重要載體。同時，完善城際間基礎設施和配套設施，促進大中小城市協調發展。從「質」上看，我國城市建設水平還不夠高，社區功能不健全、設施管網老化等問題普遍存在。要穩步推進城市更新，大力實施保障性住房建設、城中村改造、「平急兩用」公共基礎設施建設「三大工程」，完善地下管網，加強無障礙、適老化設施建設，推動解決老舊小區加裝電梯、停車等難題。同時，要圍繞落實區域協調發展戰略、區域重大戰略、主體功能區戰略，積極擴大相關投資。

（四）**圍繞節能降碳和生態環保擴大有效投資。**節能降碳方面，要加快建設新型能源體系，加強大型風電光伏基地和外送通道建設，推動分布式能源開發利用，發展新型儲能。圍繞發揮煤炭、煤電兜底作用，繼續完善西煤東運、北煤南運通道，加快推動煤炭清潔高效利用和重點行業節能降碳。生態環保方面，要繼續支持重大生態項目建設，推進重要生態系統保護和修復重大工程，建設以國家公園為主體的自然保護地體系，加強重點河湖綜合治理與生態修復。「三北」工程攻堅戰已經全面啟動，要精心抓好組織實施。

（五）**圍繞推進鄉村振興和保障改善民生擴大有效投資。**《政府工作報告》提出，要注重以發展思維看待補民生短板問題，在這些領域擴大有效投資是題中應有之義。鄉村振興方面，要提高財政投資補助水平、加快推進高標準農田建設，加強黑土地保護和鹽鹼地綜合治理。圍繞建設宜居宜

業和美鄉村，深入實施鄉村建設行動，大力改善農村水電路氣信等基礎設施和公共服務，加強充換電、冷鏈物流、寄遞配送設施建設，持續提升農村人居環境。保障改善民生方面，要多渠道增加托育服務供給，加強縣域普通高中建設，提高縣級醫院建設水平。我國人口老齡化進程加快，要加強城鄉社區養老服務網絡建設，加大農村養老服務補短板力度，為老年人提供良好環境。

（六）圍繞提高重點領域安全保障能力擴大有效投資。習近平總書記深刻指出，發展是基礎，安全是底線，發展和安全要動態平衡、相得益彰。提升安全發展能力需要大量有效投資作支撐。比如，提高糧食安全保障能力，既要提高糧食生產能力，還要加強現代糧食和農資倉儲物流設施建設。比如，保障能源資源等安全供給，需要加強油氣、重要礦產資源以及應急物資等儲備設施建設。比如，當前我國安全生產薄弱環節不少，需要加強消防設施、應急救援等領域安全能力建設，夯實基層基礎。對於災毀農田、水利設施等，要加快修復，確保不誤農時、不誤防汛。去年甘肅積石山地震造成重大人員傷亡，暴露出農房抗震能力弱的問題，要加大農房抗震改造力度。

（牛發亮）

56. 如何發揮政府投資的帶動放大效應?

《政府工作報告》提出，發揮好政府投資的帶動放大效應，重點支持科技創新、新型基礎設施、節能減排降碳，加強民生等經濟社會薄弱領域補短板。當前，民間投資預期不穩，不願投、不能投、不會投等問題比較突出。為保持投資穩定增長，今年中央預算內投資、地方政府專項債規模比去年均有所加大，還發行 1 萬億元超長期特別國債，政府投資總規模明顯加大。《政府工作報告》強調，要統籌用好各類資金，防止低效無效投資。要綜合考慮政府投資在資金來源、責任主體、使用管理等方面不同特點，科學合理確定使用導向和重點支持領域，形成支持項目建設合力。

（一）**切實用好國債資金**。《政府工作報告》提出，為系統解決強國建設、民族復興進程中一些重大項目建設的資金問題，從今年開始擬連續幾年發行超長期特別國債，專項用於國家重大戰略實施和重點領域安全能力建設，今年先發行 1 萬億元。我國歷史上共三次發行特別國債，分別是1998 年發行 2700 億元注資四大商業銀行補充資本金，2007 年發行 1.55 萬億元注資成立中投公司，2020 年發行抗疫特別國債。這次特別國債與以往三期不同，專項用於長期建設，不僅大幅增加今年政府投資規模，也為今後幾年重大項目建設提供穩定資金保障，既利當前，又惠長遠。從主要投向看，將重點支持科技創新、城鄉融合發展、區域協調發展、糧食能源安全、人口高質量發展等領域建設。要按照支持「兩重」建設的大方向，及早謀劃好項目建設「施工圖」，分年度有序實施。要結合超長期特別國債特點，在土地、用能等要素保障上創新方式方法，優化投資審批管理，提高政策效力。要督促各地加快項目實施，對使用效益不高的項目，要及時調整使用方案，避免造成資金浪費。

（二）**提高地方政府專項債資金使用效益**。《政府工作報告》提出，今年擬安排地方政府專項債券 3.9 萬億元、比上年增加 1000 億元。自 2015 年

以來，我國開始施行新修訂的預算法，明確發行地方債是地方政府唯一合法的舉債方式。其中，一般債券用於沒有收益的公益性項目，主要以一般公共預算收入償還；專項債券用於有一定收益的公益性項目，以對應的政府性基金或專項收入償還。要堅持「資金跟着項目走」，在原有交通基礎設施、市政和產業園區基礎設施、新基建等投向領域基礎上，繼續合理擴大使用範圍，支持在建項目後續融資。為解決地方擴大投資缺乏項目資本金問題，2019 年國家出台政策明確允許將專項債作為符合條件的重大項目資本金，目前要求比例不高於 25% 即可，但去年全國平均使用佔比還不到 10%，今年要通過理順管理體制，支持更多專項債資金用作資本金。《政府工作報告》明確專項債額度分配向項目準備充分、投資效率較高的地區傾斜，體現了效益導向原則，有條件的地方要抓住機遇，在擴大有效投資上發揮更大作用。同時，要針對專項債發行使用中存在的收益率低、「重發行、輕管理」等問題，進一步完善相關政策，提高資金使用效益。

（三）**更好發揮中央預算內投資資金作用。**《政府工作報告》提出今年中央預算內投資擬安排 7000 億元，比上年增加 200 億元。中央預算內投資是中央政府支持地方投資的直接財政支出，強調以非經營性項目為主。要緊扣黨中央、國務院重大部署，按照集中力量辦大事、難事、急事的要求，圍繞擴大內需、優化供給、改善民生、支持國家重大戰略等，優化相關專項使用範圍。中央預算內投資使用方式比較靈活，可採取直接投資、資本金注入、投資補助和貸款貼息等多種方式，要根據項目特點和投資需求，靈活搭配使用。為確保把這筆寶貴資金用好，在 2019 年出台《政府投資條例》的基礎上，去年國家有關部門印發了《中央預算內投資項目監督管理辦法》，要嚴格抓好落實，加強項目監督管理，規範資金使用。

（四）**着力增強重大投資項目要素保障能力。**要堅持「要素跟着項目走」的原則，不斷增強土地、資金、能耗等要素保障能力。土地方面，加快建立健全同宏觀政策、區域發展高效銜接的土地管理制度，提高土地要素配置精準性和利用效率，增強土地要素對優勢地區保障能力。資金方面，鼓勵金融機構按照風險可控、商業可持續的原則，採用預期收益質押等方

式為特許經營項目提供融資支持。能耗方面，統籌好不同主體功能區實際用能需求，對國家重大項目實行能耗單列。同時，做好用地用海、環評等保障，努力推動重大項目早開工、早見效。

（五）**切實防範化解地方投資風險**。加強民生領域補短板關係到人民群眾切身利益。近年來，一些地方房地產、地方債、中小金融機構風險隱患凸顯，擴大有效投資與防範化解風險必須統籌考慮、統籌推進。要加強對重大民生工程項目的科學論證，嚴格資金安全規範使用，確保項目如期建成、發揮效益。對於債務風險較高的省份，要按照黨中央、國務院部署要求，嚴控新建政府投資項目，對於確需新建的重點項目要嚴格審批，同時對優質在建項目要保障後續融資，避免出現大規模爛尾。

（牛發亮）

57. 穩定和擴大民間投資有什麼措施？

民間投資機制靈活、貼近市場，就業吸納能力強，是投資中極具活力和韌性的部分。近年來，受國內外多重因素影響，民間投資佔全部投資的比重出現下降，去年降至50.4%。原因是多方面的，有些企業「不願投」，受有效需求不足影響，經歷新冠疫情衝擊後信心尚未完全恢復；有些企業「不能投」，參與投資意願較強的項目存在一些限制，在要素獲取方面存在不公平待遇；有些企業「不會投」，過去擅長投資傳統行業，而這些領域增長空間已經十分有限，對新興行業發展趨勢看不太清、把不太準。必須盡快採取措施遏制民間投資下滑勢頭，發揮其對支撐投資增長、穩定擴大就業、提高創新能力、激發經濟活力等的關鍵作用。《政府工作報告》提出，着力穩定和擴大民間投資，進一步拆除各種藩籬，在更多領域讓民間投資進得來、能發展、有作為。要綜合施策提振民間投資信心，激發民間投資活力。

（一）落實和完善支持政策，穩定民間投資預期。去年以來，國家出台一系列支持民營經濟、促進民間投資的政策，下一步關鍵是抓好細化落實，着力解決市場准入、要素獲取、公平執法、權益保護等方面存在的突出問題。要在辦理民間投資項目用地用海、環境影響評價、節能等手續時，堅持一視同仁、平等對待。為緩解民營企業融資難融資貴問題，《政府工作報告》提出提高民營企業貸款佔比、擴大發債融資規模，各有關方面要創新金融服務，加大對民營企業的融資支持。民間投資不振、預期不穩的另一個重要原因，是民營企業賬款被大量拖欠。《政府工作報告》提出，健全防範化解拖欠企業賬款長效機制。要嚴格執行《保障中小企業款項支付條例》，建立拖欠賬款定期披露、勸告指導、主動執法制度，完善拖欠賬款投訴處理和信用監督機制，依法依規加大問責處罰力度。還要堅決查處亂收費、亂罰款、亂攤派。近年來，國家加大政府投資力度，要在新型基礎設

施、交通、水利、清潔能源、先進製造業、現代設施農業等領域中，選擇一批市場空間大、發展潛力強、符合國家重大戰略和產業政策要求、有利於推動高質量發展的細分行業，鼓勵民間資本積極參與。組織梳理相關細分行業產業政策、投資管理要求、財政金融支持政策等，向社會公開發布。要依託全國投資項目在線審批監管平台，建立統一的向民間資本推介項目平台，並做好政策解讀、業務對接、條件落實等工作，為項目落地創造條件。

（二）破除各類門檻阻礙，拓寬民間投資空間。從各方面反映的情況看，當前民間投資遇到的市場准入隱性壁壘、招投標不公正待遇等情況依然較多。要加快全國統一大市場建設，持續優化市場化法治化國際化營商環境。堅決打破制約民間投資的「卷簾門」、「玻璃門」，對市場准入負面清單以外的領域，不得對民間投資設置任何進入門檻。清理規範行政審批、許可、備案等前置條件和審批標準。繼續加大力度治理地方保護、市場分割、招商引資不當競爭等突出問題，在整改基礎上健全長效機制，強化競爭政策基礎地位。在政府採購和招標投標中，不得違規設置與業務能力無關的供應商規模、成立年限、所有制形式等門檻，不得違規設定與招標採購項目實際需要不相符的資格、技術等條件。要搭建民間投資問題反映和解決渠道，收集民間投資遇到的以罰代管、市場准入隱性壁壘、招投標不公正待遇等重點問題線索，並加快推動解決這些困難問題，形成問題線索「收集—反饋—解決」的閉環管理機制。

（三）創新投融資機制，增強民間投資能力。為進一步深化基礎設施投融資體制改革，去年國家專門出台《關於規範實施政府和社會資本合作（PPP）新機制的指導意見》，明確了支持民營企業參與的特許經營新建（含改擴建）項目清單。要聚焦使用者付費項目，採取特許經營模式，合理採用不同方式，推進 PPP 項目實施。要最大程度鼓勵民營企業參與 PPP 新建（含改擴建）項目，市場化程度較高、公共屬性較弱的項目，應由民營企業獨資或控股；少數涉及國家安全、公共屬性強且具有自然壟斷屬性的項目，應積極創造條件支持民營企業參與。盤活存量資產是增強投融資能力的重

要舉措，基礎設施領域不動產投資信託基金是一個重要工具。要促進投資增量與盤活存量相結合，推動更多符合條件的民間投資項目發行基礎設施不動產投資信託基金，進一步拓寬民間投資的投融資渠道，形成投資良性循環。鼓勵金融機構按照風險可控、商業可持續原則，採用預期收益質押等方式為特許經營項目提供融資支持。需要指出的是，今年政府投資規模大，要全方位創新投融資機制，與民間投資互促共進，防止擠壓民間投資空間。

提振民間投資信心、激發民間投資活力需要政府加大政策扶持，但關鍵還是靠民營企業自身努力。要構建親清政商關係，平等對待各類所有制企業，依法保護企業產權和企業家權益，積極支持企業家專注創新發展、敢幹敢闖敢投、踏踏實實把企業辦好。廣大民營企業要堅定信心，充分認識「兩個毫不動搖」是我國的長久之策，大力弘揚優秀企業家精神，積極主動適應國際國內環境新變化，勇於攻堅克難、善於創新突破、艱苦奮鬥、披荊斬棘、百折不撓，在新征程上實現新的更大發展。

（牛發亮）

58. 如何深化國資國企改革?

推動國有資本和國有企業做強做優做大,必須深化改革。要深入實施國有企業改革深化提升行動,做強做優主業,增強核心功能、提高核心競爭力,更好發揮國有經濟戰略支撐作用。

（一）**加快國有經濟布局優化和結構調整**。黨中央明確提出,國有經濟要向關係國家安全、國民經濟命脉的重要行業和關鍵領域集中,向關係國計民生的公共服務、應急能力、公益性領域等集中,向前瞻性戰略性新興產業集中。實現這「三個集中」,要健全機制、加強引導。《政府工作報告》提出,建立國有經濟布局優化和結構調整指引制度。這旨在推動國有企業當好服務國家戰略、保障改善民生、發展實體經濟的「長期資本」、「耐心資本」、「戰略資本」。戰略性重組和專業化整合是國有經濟布局優化和結構調整的有效手段。要穩妥實施戰略性重組,推進新能源、礦產資源、主干管網、港口碼頭、資源回收再利用等領域專業化整合。在優化布局和調整結構的過程中,要發揮好國有企業在產業鏈中的引領帶動作用,增強產業鏈韌性和競爭力。2023 年 9 月,有關部門發起中央企業產業鏈融通發展共鏈行動,推動中央企業與上下游企業加強合作,今年要吸引更多企業加入共鏈行動,深化產業鏈生態圈共建,積極參與優化全球產業鏈供應鏈布局。

（二）**健全國有企業科技創新機制**。國有企業在我國產學研用創新鏈條中具有重要地位。要健全國有企業打造原創技術策源地的政策和制度安排,促進國有企業加大研發投入,主動與高校、科研院所和民營企業建立多種形式合作關係,努力掌握更多關鍵核心技術。概念驗證、中試平台和應用場景缺乏是創新鏈和產業鏈的薄弱環節。國有企業在這方面有優勢有潛力,要完善機制設計,推動國有企業建設更多概念驗證和中試平台,主動開放應用場景,積極應用首台套、首批次、首版次技術產品,促進迭代升級。

中央企業在國有企業中位於第一方陣，2023 年研發經費投入達 1.1 萬億元，完成戰略性新興產業投資 2.2 萬億元，增長 32.1%。今年要繼續提高研發經費投入強度，加快推進產業煥新行動和未來產業啟航行動，提升戰略性新興產業收入和增加值佔比。

（三）**強化國有企業對重點領域保障**。國有企業是一些重要行業和關鍵領域的「壓艙石」。要統籌發展和安全，築牢「防」的底線、提升「穩」的能力，發揮好托底作用。要從機制建設上採取更多措施，強化國有資本對國家骨幹網絡安全、重要能源資源保障、重要基礎設施建設的支撐力。為了提升國有企業在公共服務方面的作用，要逐步建立完善國有經濟對公共服務補短板的支持制度，引導國有企業增加醫療衛生、健康養老、防災減災、應急保障等民生領域公共服務有效供給。

（四）**提升國有企業經營管理水平**。經過多年努力，國有企業運行機制逐步健全，但部分國有企業治理主體權責邊界仍然不清，需要進一步完善相關制度。要推動不同層級、不同類型國有企業在完善公司治理中加強黨的領導，進一步健全董事會運行機制。對承載不同功能作用的國有企業，要深化分類考核、分類核算，設置更有針對性的考核指標。這些年，勞動、人事、分配制度改革取得積極成效，要推動國有企業繼續深化這三項制度改革，優化激勵約束措施，更好體現按業績貢獻決定薪酬。推進經理層成員任期制和契約化管理工作提質擴面，今年內，末等調整和不勝任退出相關制度在中央企業二三級子企業覆蓋面將從 2023 年底的 61.3% 提高到 70% 以上。為了提高中央企業上市公司質量，要全面推開中央企業上市公司市值管理考核，引導優化市值管理。

（五）**完善國有資本經營預算制度**。國有資本經營預算是財政預算「四本賬」之一，是國家以所有者身份依法取得、分配國有資本收益而發生的各項收支預算。2023 年全國國有資本經營預算收入 6700 多億元，金額大、涉及面廣。完善國有資本經營預算制度是從「管企業」為主向「管資本」為主轉變的重要一步。2023 年 11 月召開的中央全面深化改革委員會第三次會議審議通過《關於進一步完善國有資本經營預算制度的意見》，明確了重點

改革措施。要按照健全管資本為主的國有資產監管體制的要求，完善國有資本收益上交機制，擴大國有資本經營預算覆蓋範圍。國有獨資企業上交利潤的比例是2014年確定的，分為25%、20%、15%、10%、免交當年應交利潤等五檔，下一步要完善上交比例分類分檔規則，健全動態調整機制。支出端重在優化支出結構，既要支持國有企業發展，強化資本金注入，又要支持保障和改善民生，還要增強對國家重大戰略任務的財力保障。

（劉　帥）

59. 支持民營經濟發展壯大有什麼措施?

民營經濟是推進中國式現代化的生力軍,是高質量發展的重要基礎。我國民營企業數量超過 5300 萬戶,佔全部企業總量的比重超過 92%。2023 年 7 月,黨中央、國務院出台了關於促進民營經濟發展壯大的意見,提出 31 條具體舉措(以下簡稱「31 條」)。國務院有關部門結合職責出台了一系列配套措施。這些配套措施以「31 條」為主干,共同構成了支持民營經濟的「1+N」政策體系,要繼續抓好落實。

(一)持續優化民營經濟發展環境。當前,民營經濟發展面臨許多困難和挑戰,一個突出問題是預期不穩、信心不足。要為民營經濟發展營造穩定公平透明可預期的發展環境,着力解決市場准入、要素獲取、公平執法、權益保障等方面存在的問題。法治是最好的營商環境。民營經濟促進法起草工作已經啟動,要從法律制度上把對國企民企平等對待的要求落下來。針對各類「旋轉門」、「玻璃門」,要進一步完善市場准入制度體系,推動市場准入效能評估全覆蓋,清理涉及不平等對待企業的規定,破除地方保護和所有制歧視。還要健全民營經濟形勢監測指標體系,加強分析研判,完善與民營企業多層次溝通交流的常態化機制,暢通訴求反映和問題解決渠道。

(二)完善融資支持政策制度。融資難是民營企業特別是中小微企業發展面臨的突出問題之一。近年來,相關部門採取積極措施加大對民營企業融資的支持力度,總體取得積極成效,2023 年末民營企業貸款增長 12.6%,高於各項貸款增速 2 個百分點。但民營企業的融資佔比與其在國民經濟中的佔比相比,還有較大差距,特別是民營企業債券融資比重低的問題比較突出,需要進一步完善各類融資支持措施。2023 年 11 月底,人民銀行、金融監管總局、證監會等 8 部門聯合印發《關於強化金融支持舉措助力民營經濟發展壯大的通知》,明確了 25 條具體舉措。要把相關政策措施切實落

到實處。在貸款投放方面，要持續加大信貸資源投入，督導銀行業金融機構制定服務民營企業年度目標，提高服務民營企業相關業務在績效考核中的權重，優化產品和服務，逐步提升民營企業貸款佔比。在債券融資方面，要支持民營企業擴大發債品種，推動民營企業債券融資支持工具擴容增量，鼓勵各類資金加大對民營企業債券的投資力度，多措並舉促進民營企業發債融資規模擴大。在配套政策方面，要推進民營企業信用信息共享，健全風險分擔和補償機制，進一步增強政府性融資擔保機構的增信分險作用。總之，就是要通過健全長效機制，努力做到金融對民營經濟的支持與民營經濟對經濟社會發展的貢獻相適應。

（三）**支持民營企業創新發展**。當前，市場競爭日趨激烈，產品和服務更新升級很快。對民營企業來說，創新不是選答題，而是必答題。要完善政策和制度設計，支持民營企業開展關鍵核心技術攻關，承擔國家重大科技項目，與科研機構、高校合作建立技術研發中心等創新平台，參與新場景開發建設。要用好支持設備更新的政策，促進更多民營企業加快數字化轉型和技術改造。民營中小微企業經常遇到知識產權維權難題。下一步要建立知識產權侵權和行政非訴執行快速處理機制，降低維權成本，加大對民營企業創新保護力度。現在走向國際市場的民營企業越來越多，2023 年有進出口實績的民營企業從 51 萬家增至 55.6 萬家，民營企業進出口額佔全部進出口總額的比重從 50.4% 提升至 53.5%，但也經常遇到海外知識產權等糾紛。要完善對民營企業應對海外各類糾紛的指導幫助機制，為民營企業依靠創新走向國際市場保駕護航。

（四）**加強對個體工商戶分類幫扶支持**。2023 年底，全國登記在冊的個體工商戶有 1.2 億多戶，佔經營主體總量的 67.4%。考慮到數量巨大、點多面廣的個體工商戶發展水平參差不齊、需求多樣化，《政府工作報告》特別強調「分類幫扶支持」。今年 1 月，國家市場監管總局等 15 個部門聯合印發《關於開展個體工商戶分型分類精準幫扶提升發展質量的指導意見》。分型就是把個體工商戶劃分為生存型、成長型、發展型 3 種，根據所處的不同發展階段等特徵給予差異化支持。分類就是確定知名、特色、優質、新

興 4 類示範，分別設定相應標準，引導個體工商戶自願參與申報比選，公正公開擇優認定，給予不同的培育支持。要在分型分類基礎上，把精準幫扶落實落細，促進個體工商戶提高發展質量，讓億萬「小塊頭」迸發出「大能量」。

（劉　帥）

60. 如何健全防範化解拖欠企業賬款長效機制?

這些年，由於多種因素影響，拖欠企業賬款問題比較突出。2023 年 9 月，國務院常務會議審議通過專項行動方案，對清理拖欠企業賬款作了系統部署。今年要在去年取得積極進展的基礎上，進一步加大清欠力度，完成好《清理拖欠企業賬款專項行動方案》確定的目標。《政府工作報告》提出「健全防範化解拖欠企業賬款長效機制」。要在嚴格執行《保障中小企業款項支付條例》等現有規定的同時，進一步在長效機制建設上發力，清理存量拖欠，防範新增拖欠。

（一）**壓實政府機關、事業單位、國有企業防範化解拖欠企業賬款的責任**。在拖欠企業的賬款中，部分是政府機關拖欠大型國有企業、大型國有企業又拖欠中小企業的「連環欠」。今年要繼續壓實責任，推動政府機關和央企國企帶頭償還，解開企業之間相互拖欠的「連環套」，努力做到應清盡清。企業向政府機關、事業單位和國有企業催要賬款時，經常被內部流程未走完、等待驗收審核等理由推脫。對此，黨中央、國務院已經明確，政府機關、事業單位和國有企業不得以內部人員變更、履行內部付款流程、等待竣工驗收批復或決算審計為由，拒絕或延遲支付款項。為了把清理拖欠賬款的責任落到位，要把清欠工作納入預算執行等常規審計項目，將拖欠企業賬款情況納入地方政府、國有企事業單位領導幹部任期經濟責任審計內容。

（二）**對地方政府清償拖欠企業賬款加強支持和保障**。政府機關及時償還拖欠企業賬款是法定義務，關係到政府信用和形象，關係到中小企業生存發展，關係到民間投資和經濟增長，是解決拖欠賬款問題的關鍵一環。要對地方政府清理拖欠企業賬款給予必要支持，各地也要積極想辦法，多渠道籌措清償資金。現在穩增長的壓力較大，如果一些地方盲目投資上項

目，勢必產生新的拖欠。要督促地方特別是財政困難較大的地方量入為出，對新上項目嚴格把關，防止上馬超出財政承受能力的項目。今年要進一步強化政府投資項目審核和監督，在可行性研究階段充分論證資金籌措方案，重點查處項目建設要求企業墊資等行為，從制度上保障地方財力不過度透支，該支付的款項有資金可付。

（三）健全拖欠企業賬款信息公開和信用監管機制。「店大欺客」常常使被拖欠賬款的中小企業無可奈何，很多中小企業擔心失去訂單，不敢向大型企業催討。因此必須完善機制，提高大型企業拖欠賬款的制度性成本。要建立健全拖欠賬款定期披露、勸告指導、主動執法制度。繼續推動大型企業完善年報公示，督促大型企業公開拖欠中小企業款項的合同數量、金額等信息，對未按規定公示或隱瞞真實情況、弄虛作假的大型企業，要依法列入經營異常名錄，通過國家企業信用信息公示系統向社會公布。繼續推動上市公司定期披露逾期應付賬款情況，加強企業應收賬款等有關情況的統計監測分析。除了通過信息公開形成市場和輿論監督壓力外，還要對拖欠中小企業賬款行為依法依規開展失信懲戒，增強剛性約束力。

（四）規範大型企業支付賬款行為。一些大型企業會利用市場優勢地位，要求中小企業簽訂含有「背靠背」條款的制式合同，規定在上游單位全部結算款項後再支付。針對這類現象，要加強監管，推動出台關於「背靠背」條款法律效力的司法解釋，着力減少濫用市場地位、強行訂立含有不合理條款的合同等行為。還有的大型企業設立財務公司，通過使用商業承兌匯票支付，變相延長支付期限。要推動完善票據貼現機制，強化票據市場信用約束和應收賬款確權，規範應收賬款電子憑證業務，減少濫用商業承兌匯票。

（五）完善拖欠賬款投訴處理機制。常態化做好防範化解拖欠企業賬款工作，既需要面上的整體性措施，也需要健全針對個案的響應機制。工信部搭建了違約拖欠中小企業款項登記投訴平台，各地也有相應的投訴渠道，要完善運行機制，提升響應效率，加強投訴事項的分辦、催辦、督辦和反

饋，更好推動解決企業反映的拖欠賬款問題。在加大對惡意拖欠賬款案例曝光的同時，還要為中小企業起訴被拖欠案件設置簡易程序，批量處理、快審快執。

（劉　帥）

61. 怎樣加快全國統一大市場建設?

建設全國統一大市場，要加快建立全國統一的市場制度規則，打破地方保護和市場分割，打通制約經濟循環的關鍵堵點，促進商品要素資源在更大範圍內暢通流動。要按照黨中央、國務院決策部署，立破並舉、標本兼治，抓住關鍵、穩步推進，把各項重點任務抓實抓好，概括起來為「五統一、一破除」。

（一）**建立統一的基礎制度規則。**經營主體反映比較集中的產權保護不力、市場准入壁壘、公平競爭受阻、社會信用缺失等問題，很大程度上歸結為市場基礎制度規則不完善。這些問題已嚴重影響市場配置資源的有效性，增大了交易成本。因此，從制度規則入手建設全國統一大市場，提高制度的統一性、規則的一致性、執行的協同性，不僅十分重要，也尤為緊迫。要健全以公平為核心原則的產權保護制度，平等保護各類經營主體，加大對非公有財產的保護力度，完善平等保護產權的法律制度和執法規則，大力加強知識產權保護，激發全社會的創新創造活力和動力。要實行統一的市場准入制度，嚴格落實「全國一張清單」管理模式，維護市場准入負面清單制度的統一性、嚴肅性、權威性。要維護統一的公平競爭制度，強化競爭政策基礎地位，堅持對各類經營主體一視同仁、平等對待。要健全統一的社會信用制度，加強社會信用法治建設，健全中國特色社會信用體系。

（二）**完善統一聯通的市場設施。**高標準的市場設施是全國統一大市場良好運行的重要支撐。現在市場基礎設施聯通不暢的問題還不少，比如現代流通網絡還不完善、全國產權交易市場尚未聯通、符合條件的公共資源交易尚未完全納入統一平台等。要加快建設現代流通網絡，優化商貿流通基礎設施布局，加快數字化建設，推動線上線下融合發展。推動國家物流樞紐網絡建設，大力發展多式聯運，促進全社會物流降本增效。完善國家

綜合立體交通網，推進多層次一體化綜合交通樞紐建設。完善市場信息交互渠道，推動全國產權交易市場聯通，促進各領域市場公共信息互通共享。推動交易平台優化升級，深化公共資源交易平台整合共享，將公共資源交易平台覆蓋範圍擴大到適合以市場化方式配置的各類公共資源。

（三）打造統一的要素資源市場。雖然要素市場化改革已經取得一定進展，但土地、資金、技術、數據等要素高效流動仍存在較多非市場因素的影響。比如，城鄉統一的土地市場、統一的資本市場還不夠健全，全國統一的數據要素市場尚未形成，碳減排披露和綠色產品仍缺乏統一標準，等等。要健全城鄉統一的土地市場，統籌增量建設用地與存量建設用地，完善城鄉建設用地增減挂鈎節餘指標、補充耕地指標跨區域交易機制。加快發展統一的資本市場，強化重要金融基礎設施建設與統籌監管，加強區域性股權市場和全國性證券市場板塊間的合作銜接。培育統一的技術和數據市場，建立健全全國性技術交易市場，完善知識產權評估與交易機制，加快培育數據要素市場，推動數據資源開發利用。建設全國統一的能源市場和生態環境市場。

（四）建設統一的商品服務市場。近些年來，商品和服務市場大發展，但循環不暢通的問題依然存在，比如我國內外貿融合面臨法律法規標準論證銜接等制度性的障礙，內外貿產品不同線不同標不同質的情況仍然存在；再比如汽車、家電等回收體系不完善，不利於消費前端的釋放。要促進內外貿標準、認證、監管等方面銜接，推進內外貿產品同線同標同質，支持外貿企業拓展內銷，內貿企業拓展外銷，培育一批內外貿融合展會商品交易市場，加快內外貿品牌的建設。要推動大規模設備更新和消費品以舊換新，加大政策引導支持力度，建設完善報廢車輛回收拆解體系，突出標準牽引推動汽車更新換代。健全家電回收體系，探索創新回收模式，提升回收服務，推動家電低能耗替換高能耗。

（五）實施公平統一的市場監管。市場監管與經營主體息息相關，目前在資質、環保、質監、衛生、消防等方面還存在不少監管不到位、不統一的情況，經營主體在跨區域經營過程中還面臨不少障礙。要加快健全統

一市場監管規則，加強市場監管標準化規範化建設，增強市場監管制度和政策的穩定性、可預期性。強化統一市場監管執法，推進維護統一市場綜合執法能力建設，建立綜合監管部門和行業監管部門聯動的工作機制，統一執法標準和程序，規範執法行為，減少自由裁量權，促進公平公正執法。全面提升市場監管能力，充分利用大數據等技術手段，加快推進智慧監管，提升市場監管政務服務、網絡交易監管、消費者權益保護、重點產品追溯等方面跨省通辦、共享協作的信息化水平。

（六）**堅決破除地方保護和區域壁壘**。各種地方保護和市場分割不僅扭曲了資源配置和價格信號，破壞了市場公平競爭秩序，還帶來很大的重複建設和產能過剩隱患。下一步，要繼續治理違規設置市場准入及遷移門檻、招投標和政府採購傾向本地企業、以補鏈延鏈為名搞自我封閉「小循環」等問題。結合專項整治發現的問題，加大整改落實力度並推動建立完善長效機制。建立涉企優惠政策目錄清單並及時向社會公開，及時清理廢除各地區含有地方保護、市場分割、指定交易等妨礙統一市場和公平競爭的政策，對新出台政策嚴格開展公平競爭審查。同時，指導各地區綜合比較優勢、資源環境承載能力、產業基礎等因素，找準自身功能定位，力戒貪大求洋、低層次重複建設和過度同質競爭。加強地區間產業轉移項目協調合作，推動產業合理布局、分工進一步優化。鼓勵各地區持續優化營商環境，依法開展招商引資活動，防止招商引資惡性競爭行為，以優質的制度供給和制度創新吸引更多優質企業投資。

（杜慶彬）

62. 財稅金融領域改革的方向是什麼?

財稅金融是宏觀調控的重要手段, 也是全面深化改革的重點領域。《政府工作報告》對財稅金融改革作出了安排, 要按照黨中央確定的方向, 紮實推進, 加大對高質量發展的財稅金融支持。

(一)財稅領域改革的方向。堅持目標導向、問題導向, 謀劃新一輪財稅體制改革, 建立健全與中國式現代化相適應的現代財政制度。

一是健全政府事權、支出責任和財力相適應的制度。按照權責清晰、財力協調、區域均衡的中央和地方財政關係的要求, 推動形成穩定的各級政府事權、支出責任和財力相適應的制度。進一步理順中央和地方收入劃分, 完善地方稅稅制, 適當擴大省級稅收管理權限。落實落細已出台的中央與地方財政事權和支出責任劃分改革相關方案。完善省以下財政體制, 清晰界定省以下財政事權和支出責任, 理順省以下政府間收入關係, 推動財力下沉, 增強基層公共服務保障能力, 促進基層財政平穩運行, 建立「三保」長效保障機制。

二是完善財政轉移支付制度。結合財政事權屬性, 厘清各類轉移支付的功能定位, 規範轉移支付項目設置, 清理整合支持方向類同、支持對象重複的轉移支付項目。優化轉移支付結構, 加大一般性轉移支付力度, 合理確定共同財政事權轉移支付的補助政策, 聚焦政策目標精準安排專項轉移支付, 加強轉移支付定期評估和退出管理。優化轉移支付資金分配, 研究建立完善促進高質量發展的轉移支付激勵約束機制, 加強轉移支付績效管理, 嚴格轉移支付資金監管。

三是穩步推進稅制改革。在保持宏觀稅負和基本稅制穩定的前提下, 進一步改革完善稅收制度。優化稅制結構, 健全以所得稅和財產稅為主體的直接稅體系, 逐步提高直接稅比重, 更好發揮直接稅在宏觀經濟中的自動穩定功能, 適當降低間接稅的稅負水平, 促進經濟結構調整和發展方式

轉變。推動消費稅改革，將更多高耗能、高污染產品納入消費稅徵收範圍，探索將消費稅徵收從生產環節後移至消費環節。完善增值稅制度，暢通抵扣鏈條。建立數字經濟稅收體系。深化稅收徵管改革，依法依規徵稅收費，全面規範稅收優惠政策。

四是深化預算管理改革。加大財政資金統籌力度，優化財政資源配置機制，聚焦區域協調發展、基本公共服務均等化、新型城鎮化、生態文明建設、糧食安全等重點領域，強化國家重大戰略任務財力保障，推動黨中央重大決策部署落實到位。健全預算績效管理機制，建立績效評價結果與預算安排、政策調整挂鈎機制。建立防範化解地方債務風險長效機制，完善全口徑地方債務監測監管體系，分類推進地方融資平台轉型，建立同高質量發展相適應的政府債務管理機制。

（二）金融體制改革方向。堅持黨中央對金融工作的集中統一領導，深入貫徹落實黨中央關於金融體制改革決策部署，持續深化金融供給側結構性改革，構建現代金融體系，推動我國金融高質量發展。

一是建立健全科學穩健的金融調控體系。建設現代中央銀行制度，健全貨幣政策和宏觀審慎政策雙支柱調控框架，做好跨周期和逆周期調節，保持貨幣政策的穩健性，維護人民幣幣值穩定和金融穩定，促進充分就業和經濟增長。完善基礎貨幣投放和貨幣供應調控機制，充實貨幣政策工具箱，暢通貨幣政策傳導機制。深化利率匯率市場化改革，加快完善政策利率體系，暢通向市場利率、貸款利率傳導機制。

二是建立健全結構合理的金融市場體系。進一步優化融資結構，提高直接融資比重。建設安全、規範、透明、開放、有活力、有韌性的資本市場，加快完善註冊制基礎性制度，健全有利於中長期資金入市的政策制度，完善上市公司分紅、回購、股東增持等制度機制。加強債券市場制度建設，提高債券市場市場化定價能力和市場韌性。強化貨幣市場、外匯市場功能。穩慎發展期貨和衍生品市場。

三是建立健全分工協作的金融機構體系。完善大中小金融機構定位和合理布局，支持國有大型金融機構做優做強，當好服務實體經濟的主力軍

和維護金融穩定的壓艙石，嚴格中小金融機構准入標準和監管要求，促進其專注主業、提質增效，推動政策性金融機構回歸本源，發揮保險業的經濟減震器和社會穩定器功能。健全金融機構法人治理，完善中國特色現代金融企業制度，完善國有金融資本管理，拓寬銀行資本金補充渠道。

四是建立健全完備有效的金融監管體系。落實金融監管全覆蓋，全面強化機構監管、行為監管、功能監管、穿透式監管、持續監管，消除監管空白和盲區。切實提高金融監管有效性，管合法更要管非法，管行業必須管風險，建立兜底監管機制。提升監管能力水平，推動監管「長牙帶刺」、有棱有角，確保「監管姓監」。建立健全監管問責機制，強化「對監管的監管」。

五是建立健全多樣化專業性的金融產品和服務體系。堅持把服務實體經濟作為金融的根本宗旨，優化資金供給結構，加強對重大戰略、重點領域、薄弱環節的優質金融服務，把更多金融資源用於促進科技創新、先進製造、綠色發展和中小微企業，大力支持實施創新驅動發展戰略、區域協調發展戰略，確保國家糧食和能源安全等，紮實做好科技金融、綠色金融、普惠金融、養老金融、數字金融「五篇大文章」，提升金融服務經濟社會發展的質量水平。

（劉軍民）

63. 社會民生領域改革的方向是什麼？

當前社會民生領域還有不少短板和薄弱環節，要注重用改革的辦法解決民生難題，進一步兜牢民生底線，不斷提高基本公共服務水平，在高質量發展中持續增進民生福祉。

（一）**完善收入分配制度。**分配制度是促進共同富裕的基礎性制度，要構建初次分配、再分配、三次分配協調配套的基礎性制度安排，規範收入分配秩序，規範財富積累機制，促進社會公平正義。一是優化初次分配制度。堅持按勞分配為主體、多種分配方式並存，努力提高居民收入在國民收入分配中的比重，提高勞動報酬在初次分配中的比重。健全工資合理增長機制，增加勞動者特別是一線勞動者勞動報酬。健全各類生產要素參與分配機制，構建知識、技術、數據等創新要素參與收益分配機制，強化以增加知識價值為導向的分配政策。探索多種渠道增加中低收入群體要素收入，多渠道增加城鄉居民財產性收入。二是健全再分配機制。加大稅收、社保、轉移支付等調節力度和精準性。完善個人所得稅制度。增加社會民生資金投入，推動教育、養老、醫療、托育、住房保障等基本公共服務均等化。三是發揮第三次分配作用。發展慈善事業，引導、支持有意願有能力的企業和社會群體積極參與公益慈善事業，規範培育發展慈善組織，完善慈善捐助減免稅制度和褒獎制度。健全志願服務體系，發展社會工作服務機構和志願服務組織。

（二）**推進社會保障制度改革。**社會保障是保障和改善民生、維護社會公平、增進人民福祉的基本制度保障。目前，我國以社會保險為主體，包括社會救助、社會福利、社會優撫等制度在內，功能完備的社會保障體系基本建成，但還存在制度碎片化、不同群體待遇差異較大、基本保障「一支獨大」等問題。要加快完善覆蓋全民、統籌城鄉、公平統一、可持續的多層次社會保障體系，進一步織密社會保障安全網。一是深化多層次、多

支柱養老保險體系建設。推進基本養老保險參保擴面，重點覆蓋農民工和靈活就業人員，健全基本養老保險籌資和待遇合理調整機制，逐步提高退休人員基本養老金和城鄉居民全國基礎養老金最低標準。加快發展企業年金、職業年金，促進和規範發展第三支柱養老保險，全面實施個人養老金制度，積極發展商業養老保險，完善免稅、延期徵稅等優惠政策。二是推進社會保險統籌。2018年以來我國實施了養老保險基金中央調劑制度，有效緩解了社保基金收支的區域結構性矛盾，確保了養老金按時足額發放。要完善養老保險全國統籌，推動基本醫療保險、失業保險、工傷保險省級統籌。三是健全分層分類的社會救助制度。加強低收入人口動態監測，對最低生活保障對象、特困人員、防止返貧監測對象、最低生活保障邊緣家庭成員、剛性支出困難家庭成員及其他困難人員，按困難程度和類型提供常態化救助幫扶，逐步統一幫扶政策和標準，加快形成覆蓋全面、分層分類、綜合高效的社會救助格局。

（三）**深化醫藥衛生體制改革**。堅持「大衛生大健康」理念，推動醫改與健康中國建設緊密結合，促進醫療、醫保、醫藥協同發展和治理。一是深化公立醫院改革。堅持以公益性為導向，推進醫療服務價格改革和規範化管理，調整技術勞務價值為主的治療類、手術類和部分中醫醫療服務價格。加快補齊兒科、老年醫學、精神衛生、醫療護理等服務短板。深化公立醫院薪酬制度改革，完善公立醫院治理，加強醫德醫風建設。完善公立醫院補償機制。二是完善醫療保障制度。鞏固健全全民基本醫保，提高居民醫保財政補助標準。建立健全醫保門診共濟保障機制，落實異地就醫結算。完善多層次醫療保障制度，完善大病保險和醫療救助制度，發展商業醫療保險。深化醫保支付方式改革，開展按疾病診斷相關分組（DRG）付費或按病種分值付費（DIP）改革。以零容忍態度嚴厲打擊欺詐騙保等違法行為。三是推進藥品領域改革和創新發展。完善藥品和醫用耗材集中帶量採購，加強藥品供應保障和質量監管，持續推進基本藥物優先配備使用，促進規範合理用藥。支持創新藥品研發，提升醫藥產業鏈配套水平和供應保障能力。

（四）**深化養老服務改革**。推進基本養老服務體系建設，健全居家社區機構相協調、醫養康養相結合的養老服務體系，大力發展成本可負擔、方便可及的普惠性養老服務，滿足多層次多樣化養老服務需求。一是健全基本養老服務清單。制定實施國家基本養老服務清單，明確具體服務對象、項目、內容、標準等，健全服務供給、服務保障、服務監管等機制，使基本養老服務體系覆蓋全體老年人。二是深化公辦養老服務機構改革。堅持公辦養老機構公益屬性，完善養老服務的投入機制、服務規範、建設標準、評價體系，提升公辦養老機構服務水平。加大現有公辦養老機構改造力度和規範化建設，開展養老機構等級評定工作，推動養老機構良性運行和可持續發展。三是加強城鄉社區養老服務網絡建設。補齊既有居住區養老服務設施短板，提升新建居住區養老服務設施達標配建率，進一步增加居家和社區養老服務供給，積極發展老年助餐服務，加強農村養老服務設施建設，提升基本養老服務便利化和可及化水平。

（劉軍民）

64. 如何推動外貿質升量穩?

今年外需仍然面臨較大的不確定性，世界經濟增長動能不足，貿易保護主義抬頭，預計全球貿易將維持較低增速。世貿組織預測，今年全球貨物貿易量增長 3.3%。也要看到，我國外貿企業的韌性、創新力和競爭力不斷提升，外貿發展仍然具備多方面優勢和條件，有望保持回升向好態勢。去年我國外貿穩住了基本盤，一個重要支撐是「新三樣」等出口快速增長。長期來看，我國外貿要堅持走以質取勝之路，抓住重點市場、重點領域、重點產品，以質升促進量穩，在貿易創新發展中保持國際市場份額基本穩定。

（一）**加強信貸信保支持和外匯服務**。信貸信保方面，加大貿易信貸投放力度，進一步緩解外貿企業特別是中小微外貿企業融資難題。擴大出口信用保險覆蓋面，優化承保和理賠條件，創新外貿新業態、服務貿易、數字貿易承保模式，積極拓展產業鏈承保。外匯服務方面，推進貿易外匯收支便利化，完善人民幣跨境交易結算基礎性制度，為真實合規的貿易提供更加便捷高效的跨境結算服務。引導外貿企業提升匯率避險意識和能力，鼓勵銀行豐富匯率風險管理產品，優化業務流程，降低避險服務成本。

（二）**促進外貿新業態健康發展**。這些年，跨境電商保持快速發展勢頭，佔我國外貿比重從 2012 年的不到 1% 增至去年的近 6%。要持續完善配套政策，提升監管便利化水平，加快構建適應跨境電商發展的產業鏈和生態圈。支持外貿企業通過跨境電商拓展銷售渠道、培育自主品牌。紮實推進跨境電商綜合試驗區建設，推動跨境電商賦能產業帶。海外倉是新型外貿基礎設施，目前數量已超過 2500 個。要深入開展海外倉高質量發展專項行動，引導支持外貿企業、物流企業優化建設布局，提升專業化、規模化、智能化水平。

（三）**支持加工貿易提檔升級**。加工貿易是我國深入參與國際分工的重

要方式，也是拉動中西部等地區外貿增長的重要動力，有利於擴大就業、優化產業結構、促進區域協調發展。要鼓勵開展高附加值加工貿易，帶動關聯產業發展。促進保稅維修規範健康發展，推動新一批保稅維修試點項目落地。高質量培育梯度轉移承接載體，適時認定第二批國家加工貿易產業園，完善對接合作機制，引導加工貿易梯度轉移。

（四）拓展中間品貿易、綠色貿易等新增長點。中間品貿易在我國外貿中佔較大比重，去年我國出口中間品佔出口總值的 45% 以上，進口中間品佔進口總值的近 80%。擴大中間品貿易是加強國際產業鏈供應鏈合作的重要途徑。要與有意願的貿易夥伴深化合作，提高出口中間品的質量檔次，積極開展供採對接。綠色貿易是貿易創新發展的重要方向。要引導外貿供應鏈綠色低碳協同轉型，鞏固提升「新三樣」產品出口競爭力，擴大綠色船舶出口。還要完善邊境貿易支持政策，推進邊民互市貿易進口商品落地加工，支持邊境地區產業發展，助力興邊富民、穩邊固邊。

（五）積極擴大優質產品進口。我國一貫堅持出口、進口並重，從不刻意追求貿易順差。要進一步擴大市場開放，支持先進技術、重要設備、關鍵零部件進口，促進產業結構調整和優化升級。增加緊缺能源資源和農產品進口，擴大優質消費品進口。繼續發揮進博會等重要貿易平台作用，培育進口貿易促進創新示範區，推動進口貿易與產業、消費深度融合。

（六）發展服務貿易、數字貿易。今年將發布實施全國版和自貿試驗區版跨境服務貿易負面清單。在全國建立跨境服務貿易負面清單管理模式，這是擴大制度型開放的重要舉措。要推動調整與負面清單不符的法規規章、規範性文件。近年來，服務貿易穩中提效，數字貿易快速發展，為外貿穩規模優結構作出了積極貢獻。要出台服務貿易開放創新發展的政策，推動建設服務貿易創新發展示範區，促進特色服務出口基地提質升級。出台數字貿易改革創新發展的政策，做強做優數字服務出口基地，加快推進國際貿易單據數字化，提升我國數字貿易競爭力。

（七）助力外貿企業降本提效。建設現代化國際物流體系是增強國際產業鏈供應鏈韌性、發展對外經濟貿易的重要支撐。要進一步加強國際運輸

合作，優化國際物流運輸組織模式，推動口岸基礎設施建設、提升換裝能力，培育一批交通物流跨國企業。智慧海關建設是通關便利化改革的重要環節。要加快推進智慧海關建設，廣泛運用新技術、新裝備，構建「源頭管控＋口岸監管＋後續查核＋打擊走私」全方位、全鏈條監管體系，讓通關管得住、放得開、通得快，更加安全便利。

（包益紅）

65. 怎樣加大吸引外資力度？

積極吸引和利用外商投資，是推進高水平對外開放、構建開放型經濟新體制的重要內容。當前，我國吸引外資面臨一些外部擾動因素，國際招商引資競爭加劇。要把吸引外資放在更加重要的位置，在招商引資方面落實和完善政策舉措，增強外商投資信心，努力保持和鞏固我國利用外資大國地位。

（一）繼續縮減外資准入負面清單。2017 年以來，我國連續 5 次修訂外資准入負面清單。現行 2021 年版全國和自貿試驗區外資准入負面清單已縮減至 31 條和 27 條。在製造業領域，自貿試驗區版負面清單已實現製造業條目清零，全國版負面清單製造業條目還有 2 條。在服務業領域，保留了部分准入限制，如增值電信業務的外資股比不超過 50%；醫療機構限於合資等。要修訂外資准入負面清單，全面取消製造業領域外資准入限制措施，放寬電信、醫療等服務業市場准入，進一步提高開放水平。

（二）擴大鼓勵外商投資產業目錄。根據《外商投資法》，我國根據國民經濟和社會發展需要，鼓勵和引導外國投資者在特定行業、領域、地區投資。列入《鼓勵外商投資產業目錄（2022 年版）》（以下簡稱《鼓勵目錄》）的領域，可享受進口自用設備免徵關稅、優先供應土地等優惠待遇，西部地區還可減按 15% 繳納企業所得稅。現行《鼓勵目錄》總條目 1474 條，其中全國目錄 519 條，中西部目錄 955 條。要對《鼓勵目錄》進行修訂，引導外資投向先進製造、現代服務、高新技術、節能環保等領域，並擴大中西部地區鼓勵範圍。鼓勵外資企業境內再投資方面，我國對境外投資者從中國境內居民企業分配的利潤，用於境內直接投資暫不徵收預提所得稅。下一步，要優化政策實施方式，放大政策效應，鼓勵外資企業長期紮根中國發展。

（三）落實好外資企業國民待遇。要建立內外資不合理差別待遇政策措

施常態化清理機制，盡快明確「中國境內生產」具體標準，保障外資企業依法參與政府採購活動、公平參與招投標活動、平等參與標準制定，確保平等享受支持政策。數據跨境流動是外資企業的重要關切，要推動出台相關具體規定，探索便利化的數據跨境流動安全管理機制，為符合條件的外資企業建立「綠色通道」。

（四）加強外商投資服務保障。要繼續發揮外資企業圓桌會議制度作用，切實推動解決外商在華投資經營中的實際困難和問題。圍繞打造「投資中國」品牌，辦精辦好一系列重點活動，加大「走出去」引資力度，提升招商活動實效。提升外籍人員來華工作、學習、旅遊便利度，對於解決外商後顧之憂、營造良好投資環境具有重要意義。要進一步優化簽證通關等政策，優化支付服務、提升境外來華人員支付服務水平，發布並適時更新《外國商務人士在華工作生活指引》。

（五）深入實施自貿試驗區提升戰略。自貿試驗區和海南自由貿易港是改革開放「試驗田」。2023 年，22 家自貿試驗區實際使用外資、進出口總額分別佔全國的 19% 和 18.4%，發揮了改革開放綜合試驗平台的示範引領作用。要加強改革整體謀劃和系統集成，對自貿試驗區開展新一輪集中賦權，圍繞貿易、投資、數據、金融、人才、科技創新等領域，推出一批系統性、突破性舉措。深入開展差別化探索，推動全產業鏈創新發展。海南自由貿易港建設已經取得積極進展。要落實好建設總體方案，把制度集成創新擺在突出位置，紮實推進封關軟硬件建設，有序開展高水平壓力測試，進一步放寬市場准入，提升外向型經濟發展水平。開發區是我國重要引資平台、產業和創新集聚區。目前，國家級開發區、省級開發區約有 2700 家。要推進開發區管理制度改革、發展模式創新，優化總體布局，持續激發發展活力，推動開發區高質量發展。

（包益紅）

66. 如何推動高質量共建「一帶一路」走深走實？

共建「一帶一路」倡議是習近平總書記深刻把握世界大勢、着眼人類前途命運，提出的重大國際合作倡議。去年是共建「一帶一路」倡議提出10周年。在新的起點上，要堅持共商共建共享、開放綠色廉潔、高標準惠民生可持續的重要指導原則，深化「一帶一路」合作夥伴關係，推動共建「一帶一路」進入高質量發展的新階段，共創發展新機遇、共謀發展新動力、共拓發展新空間。

（一）抓好八項行動落實落地。 習近平總書記在第三屆「一帶一路」國際合作高峰論壇上提出的支持高質量共建「一帶一路」八項行動，為「一帶一路」建設指明了新方向，開闢了新願景。八項行動涵蓋構建「一帶一路」立體互聯互通網絡、支持建設開放型世界經濟、開展務實合作、促進綠色發展、推動科技創新、支持民間交往、建設廉潔之路、完善「一帶一路」國際合作機制等方面。要細化落實八項行動實施方案，不斷健全工作機制和舉措，抓好論壇合作成果全面落地。

（二）穩步推進重大項目合作，實施一批「小而美」民生項目。 一方面，加強與共建國家發展戰略和市場需求對接，充分考慮共建國家各方關切，打造鐵路、港口、機場以及「絲路海運」、中歐班列等標誌性工程。另一方面，要不斷擦亮「小而美」項目「金字招牌」，實施小型民生援助項目，做優做強「菌草」、魯班工坊、「光明行」等品牌項目，着力提升當地民眾的獲得感幸福感。

（三）積極推動數字、綠色、創新、健康、文旅、減貧等領域合作。 這些領域是共建「一帶一路」的新興領域、各方高度關切的領域。要加強數字絲綢之路建設，拓展和深化「絲路電商」合作，促進人工智能健康有序安全發展。在綠色基建、綠色能源、綠色交通、綠色金融以及應對氣候變化等領域，不斷深化務實合作。繼續實施「一帶一路」科技創新行動計劃，

高質量推進新一批聯合實驗室建設，支持各國青年科學家來華短期工作。發揮共建「一帶一路」公共衛生合作網絡作用，加強傳染病防控、傳統醫藥、醫療服務等合作。開展同共建「一帶一路」國家的文明對話，運行好絲綢之路國際劇院、藝術節、博物館、美術館、圖書館聯盟和旅遊城市聯盟。減貧合作是「一帶一路」合作的重要領域，要加強國際發展合作，通過對外援助等方式共同促進減貧脫貧。

（四）加快建設西部陸海新通道。2019 年 8 月，國務院批復印發《西部陸海新通道總體規劃》。幾年來，西部陸海新通道建設紮實推進，鐵海聯運班列已覆蓋我國中西部 18 個省（區、市），貨物通達 100 多個國家的 300 多個港口。中老鐵路開通運營以來，截至 2024 年 2 月底，累計運輸貨物約 3500 萬噸，北部灣國際門戶港、洋浦區域國際集裝箱樞紐港作用得到加強。要協同各方加快基礎設施及通道能力建設，推動鐵海聯運、公鐵聯運、空陸聯運、國際鐵路運輸、跨境班車等高質量運行，降低物流綜合成本，構建更加經濟、更高效率、更為融合、更加開放的西部陸海新通道。

（包益紅）

67. 在深化多雙邊和區域經濟合作方面會有哪些新舉措？

我國是全球貿易投資合作的重要參與者和貢獻者，要積極參與多雙邊和區域等國際經濟治理體系建設，提高運用國際規則維護我國發展權益的能力，營造良好的開放發展環境，為推動經濟全球化、共建開放型世界經濟發揮更大作用。

（一）推動落實已生效自貿協定。2023 年，我國自貿區建設取得積極成效，與多個國家簽署自貿協定或升級議定書，自貿協定開放水平也有新提升，我國對尼加拉瓜、新加坡均以負面清單模式作出高水平服務貿易和投資開放承諾。目前，我國對外簽署的自貿協定覆蓋貿易額已佔我國外貿總額的三分之一以上，立足周邊、輻射「一帶一路」、面向全球的高標準自貿區網絡初見成效。要進一步提高自貿協定的利用率，高質量實施《區域全面經濟夥伴關係協定》等自貿協定，通過宣介培訓等幫助企業更好享到實惠，進一步促進商品、服務、投資在自貿區內自由便利流動，推動我國與自貿夥伴產業鏈供應鏈深度融合。

（二）商簽高標準自貿協定和投資協定。繼續推動與有關國家和地區的自貿合作進程，推進中國—東盟自貿區 3.0 版談判，爭取啟動一批與相關國家自貿談判，繼續推動與海合會等自貿合作，持續拓展我國自貿夥伴「朋友圈」。推動加入《數字經濟夥伴關係協定》、《全面與進步跨太平洋夥伴關係協定》。以自貿協定談判為抓手，提升貨物貿易零關稅產品比例，以負面清單方式全面推動服務貿易和投資擴大開放，積極納入數字經濟、綠色經濟、標準認證、政府採購等高水平經貿規則。同時，主動對照相關規則，繼續做好自主開放，為進一步提升自貿協定開放水平提供支撐。

（三）全面深入參與世貿組織改革。習近平總書記在二十屆中共中央政治局第八次集體學習時發表重要講話，要求積極參與世界貿易組織改革，提高駕馭高水平對外開放能力。目前，世界貿易組織有成員 166 個，佔全

球貿易比例在98%以上。要堅定維護以世界貿易組織為核心的多邊貿易體制權威性和有效性，積極推動恢復世界貿易組織爭端解決機制正常運轉，推動世貿組織規則和機制與時俱進。要完善細化全面深入參與世貿組織改革的中國方案，繼續參與和引領產業鏈供應鏈、塑料污染防治、涉碳經貿規則等新議題討論，推動投資便利化協定擴員，完善高標準數字貿易多邊規則。認真做好世貿組織第13屆部長級會議（MC13）各項成果落實。還要積極開展二十國集團（G20）、亞太經合組織（APEC）、金磚國家、上合組織等機制合作，推動成員就爭端解決、投資便利化、電子商務、漁業補貼、發展等世貿組織改革重點議題加強協調，為推進世貿組織改革提供支持。

（包益紅）

68. 如何進一步化解房地產風險？

　　房地產一頭連着宏觀經濟穩定發展，一頭連着千家萬戶的幸福生活，涉及面廣、外溢效應大，對經濟社會大局穩定十分重要。化解房地產風險，要標本兼治，一方面要積極穩妥處置當下房地產風險，維護房地產市場平穩；另一方面要推動加快構建房地產發展新模式，促進房地產加快轉型、實現健康可持續發展。

　　（一）當前房地產風險是轉型過程中的階段性問題。我國房地產市場的供求關係已經發生重大變化，正處在轉型發展的過渡期，市場出現了一定波動，一些房地產企業過去高速擴張積累的風險也逐步釋放。從相關國家的房地產發展歷程看，轉型過程中出現階段性困難是符合市場和產業發展規律的，也是可防可控的。對房地產風險，黨中央、國務院高度重視，部署相關部門和地方及時採取一系列措施，促進穩市場、防風險，包括因城施策優化房地產調控、推動降低房貸成本、積極推進保交樓工作等，起到了積極階段性效果。在投資規模上，2023 年全國房地產開發投資 11.1 萬億元，雖然仍在下降，但降幅較 2022 年收窄 0.4 個百分點；在銷售面積上，全年一、二手房網簽成交面積合計實現正增長；保交樓工作按計劃穩步推進。從長遠看，隨着我國新型城鎮化紮實推進、人民群眾對住房品質的要求提高，我國房地產市場未來持續發展仍有堅實支撐，房地產風險將在高質量發展中逐步得到有效化解。

　　（二）多措並舉維護房地產市場平穩運行。在去年工作基礎上，今年各部門、各地方將根據市場形勢變化，進一步完善工作措施，着力維護房地產市場穩定。一方面，城市政府要用好調控自主權，堅持因城施策、精準施策、一城一策，根據人口情況、供需情況以及保障需求，編制實施好住房發展規劃，優化房地產政策，有針對性地調整信貸、限購限售、稅費等方面措施，努力穩定房地產投資和銷售。另一方面，要穩妥化解房地產企

業風險。當前，房地產企業的難點主要是資金。要加快全面推進建立城市房地產融資協調機制，按照「一項目一方案」提出項目「白名單」，指導金融機構按照市場化原則，對不同所有制房地產企業合理融資需求要一視同仁給予支持，對資金能平衡的房地產項目要給予更大力度支持，幫助他們維持資金鏈穩定、實現自我良性循環。同時，對於嚴重資不抵債、失去可持續經營能力的房企，也要按照市場化、法治化原則有序推動出清。

（三）加快構建房地產發展新模式。我國房地產發展正從主要解決「有沒有」，向主要解決「好不好」轉變。從供給看，過去房地產業追求速度和數量的發展模式已經不能適應高質量發展要求，亟待尋求新的發展運營模式。從需求看，隨着新型城鎮化深入推進，人民群眾對房地產的需求形式、需求層次正在發生變化。例如，如何破解住房供給總量充足但結構性矛盾突出的問題，讓工薪階層和困難群體住得下、住得好、住得起；如何滿足城市「老破小」住宅居民對住房品質的升級需求等。這些都要求加快構建房地產發展新模式，在更高水平上實現新的供需均衡，促進房地產實現健康可持續發展。在發展目標上，要針對新型城鎮化發展對房地產的新要求，更好滿足不同群體的差異化、多樣化住房需求。在資源配置上，要建立要素的科學化配置機制，實現「人、房、地、錢」等要素的合理聯動和資源的高效利用。在制度建設上，要加快改革完善商品房基礎性制度，包括開發方式、融資方式、銷售方式等，有力有序推進現房銷售。在工作抓手上，當前要加快推進保障性住房建設、城中村改造、「平急兩用」公共基礎設施建設等工程，重點加大配售型保障性住房的供給，更好滿足城市居民，特別是工薪收入群體的剛性住房需求，帶動擴大房地產領域有效投資，提升房地產企業產能利用效率。

（楊　禕）

69. 怎樣統籌好地方債務風險化解和穩定發展？

地方債務問題是市場和社會都較為關心的重大問題，對此要全面辯證看待。我國地方債務資金主要投向了對經濟民生具有重大意義的項目，大多有實物資產，很多都有現金流收入。但是，一些地區積累的債務規模較大，風險隱患也不容忽視，需要統籌考量、穩慎處置，在推動風險化解的同時，促進相關地區找到新的發展路徑，實現更可持續的發展。

（一）一攬子化債方案實施取得積極進展。防範化解地方債務風險是事關發展與安全、民生福祉、財政可持續運行的重大問題。2023 年，按照黨中央關於「要有效防範化解地方債務風險，制定實施一攬子化債方案」的決策部署，國務院督促指導各有關部門、各地方，按照「省負總責，市縣盡全力化債」的原則，制定實施化債方案，逐項明確具體措施。同時，在地方政府債務限額空間內安排一定規模的再融資債券，支持地方特別是高風險地區化解隱性債務和清理政府拖欠企業賬款等。經過各方面協同努力，地方債務風險得到整體緩解，地方政府法定債務本息兌付有效保障，隱性債務規模逐步下降，政府拖欠企業賬款清償工作取得積極進展，地方融資平台數量有所減少。

（二）推動地方在債務風險化解中找到新的發展路徑。過去一年化解債務風險的成績充分說明，黨中央、國務院的決策部署是科學的、正確的。下一步要持續推動一攬子化債方案落地見效。在化解存量風險方面，指導督促地方嚴格落實主體責任，通過安排財政資金、壓減支出、盤活存量資產資源等方式逐步推進風險出清。在防範增量風險方面，要嚴格規範地方政府新的舉債投資，強化對違規違法舉債問題監督問責，對新增隱性債務和不實化債等行為，發現一起、查處一起、問責一起，防止債務風險邊清邊冒。同時要看到，過去大規模舉債搞建設的老路不能再走，也走不下去了，必須支持困難地區在債務化解過程中找到新的發展路徑。要指導相關

地區立足本地資源稟賦和比較優勢，引導產業結構轉型升級，着力在優化營商環境、改善政府服務上下功夫，努力激發民間投資、更多吸引外資，促進擴大消費，打造新的經濟增長點。

（三）建立同高質量發展相適應的政府債務管理機制。地方政府適度舉債，能夠彌補財政資金不足，擴大有效投資，促進改善民生，為經濟增長提供支撐，但如果缺乏有效約束和科學管理，也容易形成風險。一些地方債務風險高企，債務管理機制不健全是重要原因，特別是地方政府舉債行為缺乏監督約束、不同類型債務監測監管不全面、地方融資平台企業與政府關係不順等問題十分突出，必須下大力氣加快補齊制度建設短板。一要加強地方政府法定債務管理。優化中央和地方政府債務結構，科學合理安排地方政府債務規模，統籌安排公益性項目債券，完善專項債券「借、用、管、還」全生命周期管理機制，提高資金使用效益。二要強化政府債務監測監管。建立完善全口徑地方債務監測監管體系，按照實質大於形式的原則，把政府承擔最終償還責任的各類債務都納入監測、統計、監管範圍，堅決杜絕變相舉債、違規舉債、隱匿債務等問題，着力完善防範化解債務風險長效機制。三要分類推進融資平台改革轉型。持續壓減融資平台數量，撤銷各類僅作為融資通道的「空殼類」平台，通過兼並重組等方式整合歸並平台企業的同類業務，剝離平台企業的政府融資職能，把平台企業按功能分類轉變為市場化運作的國有企業。

（楊　禕）

70. 防範化解金融風險有哪些具體舉措？

經過過去幾年持續推進風險處置，我國金融風險總體收斂，特別是高風險中小金融機構數量大幅下降。當前，金融體系運行整體穩健，特別是大型金融機構經營狀況良好，起到了重要的「壓艙石」作用，應對風險衝擊的基礎較為堅實。但還有一些地方的部分中小金融機構風險相對較高，如果處理不好，集中爆雷也可能造成風險蔓延，必須有效加以解決。

（一）**完善重大風險處置統籌協調機制**。防範化解金融領域重大風險，不僅僅是哪一個部門或者哪一個方面的事，需要多部門、多方面協同配合，共同擔當作為。完善重大風險處置統籌協調機制是提升風險處置效能的重要制度保障，其中包括了幾方面的重要內容。一是明確並壓實相關各方責任。企業是防範化解風險的第一責任人，要切實承擔起主體責任，秉持審慎經營原則，加強風險管控，積極處置化解風險；金融監管部門要嚴格履行監管責任，行業主管部門也要按照中央金融工作會議明確的「管行業也要管風險」要求，擔起本領域風險防控責任；地方政府要切實履行屬地責任，與有關部門一同做好屬地內重大風險，特別是地方中小金融機構風險的防範處置。二是強化重大風險處置協同配合。全國性、跨區域以及具有系統性威脅的風險，由風險防控主責部門或者有關協調機構牽頭處置，其他部門根據自身職責做好配合，涉及地方政府職責的，地方應積極組織力量予以配合。地區性的風險，由地方政府牽頭或地方政府與相關部門共同牽頭處置，中央相關部門給予必要的指導和支持。三是完善公共資源使用機制。在風險處置中，總體應堅持市場化原則。對於一些特別重大、緊迫、市場化方式難以處置的風險，動用公共資源也是必要的。但必須建立成熟、完善的規則制度，合理有序地使用公共資源，以有效引導相關方面的預期，防範道德風險。

（二）**深入推進高風險中小金融機構改革化險**。化解中小金融機構風

險，既要處置存量風險「治病救人」，也要通過治理改革「強身健體」。要繼續按照黨中央、國務院決策部署，堅持統籌兼顧，有力有序一體推進一些地方的高風險中小金融機構改革化險。一是積極穩妥推進。堅持市場化、法治化原則，加大力度推進風險處置。把握好時度效，充分考慮機構和市場的承受能力，有計劃、分步驟地開展工作，切實防範處置風險的風險。二是分類精準施策。根據不同類型中小金融機構定位、風險形勢和所在地域經濟社會特點，有針對性地分類推進風險化險。「一省一策」啟動實施農村信用社改革，「一行一策」加快高風險城市商業銀行改革化險，「一企一策」制定其他類型中小金融機構風險處置方案。三是堅持標本兼治。推動中小銀行機構強化治理、優化結構、提質增效，推進中小保險公司回歸本源、突出保障功能，引導資產管理、財務公司、融資租賃等機構堅守定位、差異化發展。同時，在打擊非法金融活動方面，要繼續完善抓早抓小的工作機制，強化跨部門協同、央地協同，加強對非法金融活動的識別、評估和預警，始終保持高壓震懾，加快健全監管責任體系，形成對非法金融活動齊抓共管的良好態勢。

（三）**健全金融監管體制**。有效而全面的金融監管，是防控金融風險的重要基礎和保障。經過多年實踐和發展，我國基本建立了一套符合國情的金融監管體制，在維護金融穩定方面發揮了重要作用，但總的看，一些領域還存在明顯短板，與建設金融強國的要求還有差距。黨的二十屆二中全會部署了金融體制改革任務，其中金融監管體制改革是重頭戲，中央金融工作會議對金融監管體制改革工作作了全面具體安排，《政府工作報告》提出要健全金融監管體制，提高金融風險防控能力，落實中要注重把握好幾個方面。

在監管理念上，要堅持金融監管全覆蓋。這包括三個方面要義：一是管合法更要管非法，始終堅持金融特許經營、持牌經營原則，既要管「有照違章」，更要管「無照駕駛」；二是管行業必須管風險，行業主管部門也負有風險防控職責，要嚴密防範一般商事行為異化為非法金融活動、衍生出金融風險；三是建立健全兜底監管機制，對跨部門、跨地區和新業態新

產品等金融活動實施有效監管，確保一切金融活動特別是非法金融活動有人看、有人管、有人擔責。

在監管方式上，要全面強化「五大監管」。堅持風險為本原則，抓准入、抓法人、抓治理，強化機構監管。堅持將依法保護金融消費者合法權益放在重要位置，強化行為監管。堅持「同一業務、同一標準」原則，強化功能監管。堅持「實質重於形式」原則，強化穿透式監管。堅持圍繞金融機構全周期、金融風險全過程、金融業務全鏈條，強化持續監管。當前，特別要加快完善風險監測預警機制，強化壓力測試並制定風險應對預案，督促指導金融機構健全公司治理，加強風險內控制度建設，築牢風險防控第一道防線。

在監管力度上，要堅持「長牙帶刺」。聚焦影響金融穩定的「關鍵事」、造成重大金融風險的「關鍵人」、破壞市場秩序的「關鍵行為」，把板子真正打準、打痛。強化監審聯動、行刑銜接、紀法貫通，切實提高違法違規成本。總之，就是要全面增強金融監管有效性，切實提高金融風險防控能力。

（楊　禕）

71. 如何抓好糧食和重要農產品生產？

抓好糧食和重要農產品生產，是「三農」工作的首要任務。習近平總書記多次就此作出重要指示，提出明確要求。年初印發的中央一號文件，提出了一系列目標明確的任務和有針對性、操作性的政策舉措。李強總理在十四屆全國人大二次會議上所作的《政府工作報告》對此作出安排。歸納起來，重點是要抓好以下三個方面。

（一）**切實穩定糧食生產**。糧食產量保持在 1.3 萬億斤以上，是黨中央明確提出的今年經濟社會發展主要預期目標之一。這是一個底線任務，也是一個硬任務，要保質保量完成並不容易，而且在實際掌握中，還要錨定新增千億斤糧食產能的目標任務，向更高水平努力。為此，需要在穩面積和提單產上兩手發力，切實破解難點、化解風險點。

在穩面積上，要堅持按照近些年行之有效的做法，多措並舉推動糧食播種面積落實落地。一是壓實責任穩面積，無論是糧食主產區還是主銷區、產銷平衡區，都要全面落實糧食安全黨政同責，切實將糧食播種面積任務細化分解到市縣、落實到田間地塊。二是強化政策支持穩面積，適當提高小麥最低收購價，合理確定稻穀最低收購價，完善農資保供穩價應對機制，擴大完全成本保險和種植收入保險實施範圍，加大產糧大縣支持力度，探索建立糧食產銷區省際橫向利益補償機制，引導帶動農民多種糧、主產區抓好糧。三是加強服務保障穩面積，加大農資供應、農機調度和資金等保障力度，積極支持開展代耕代種等服務，幫助農民適時播種、應播盡播。

在提單產上，要聚焦實施糧食單產提升工程，抓好關鍵舉措落實。一是分品種制定落實好集成配套推廣工作方案，根據不同糧食品種的具體情況，有針對性地制定和落實好良田良種良法良機良制集成配套舉措，加快把先進適用的生產技術和模式推廣到更大範圍。二是抓好糧食生產大縣整建制推進，以集成應用「主導品種、主推技術、主力機型」等單產提升關

鍵技術為重點，擴大糧食生產大縣整建制推進的覆蓋率，加快促進大面積均衡提高單產。三是發揮好規模經營主體示範作用，鼓勵引導規模種植主體率先普及集成配套增產，帶動中小規模農戶加快應用增產新技術新模式。

（二）紮實抓好大豆和油料生產。提升大豆和油料產能，是黨中央作出的重大決策部署，必須實事求是、尊重規律，紮紮實實深入推進，決不能鬆勁懈怠。抓好大豆生產，重點是要鞏固好擴種成果。近兩年大豆擴種成效明顯，但也出現了局部地區賣豆難、效益不高、重迎茬等制約和問題。要在穩住現有面積基礎上，重點在推動提高單產、促進產加銷良性循環上下功夫，為持續提升大豆產能打下堅實基礎，防止出現大起大落。

抓好油料生產，關鍵是要多品種並舉推進擴種。我國油料品種多，不同品種情況不同，必須多油並舉、因品種施策，全面加快挖掘擴種潛力。油菜是國產食用植物油的第一大來源，要通過加快培育短生育期油菜品種、支持長江流域和部分南方地區利用冬閑田、促進北方適宜地區合理輪作等措施，穩步擴大種植面積。花生是我國產量最大和含油率最高的主要油料作物，要在繼續推動主產區生產穩定增長的基礎上，通過推進輪作倒茬等挖掘其他地區擴種潛力。油茶等木本油料擴種潛力很大，要以落實好《加快油茶產業發展三年行動方案（2023—2025年）》為重要抓手，加快把擴種潛力變成現實。對向日葵、胡麻、芝麻等特色油料，也要因地制宜把擴種潛力利用好。

（三）着力優化「菜籃子」產品生產。保證「菜籃子」產品穩定安全供給，與保障糧食安全一樣，也是穩產保供的重要任務。當前我國「菜籃子」產品供給總量雖有保證，但大幅波動時有發生，特別是產需形勢出現不少新情況新變化，迫切需要加快優化「菜籃子」產品生產和供給。今年要重點抓好三件事。

一是完善生豬產能調控機制。經過非洲豬瘟引發的超級「豬周期」後，我國生豬供求關係已由供不應求變為供過於求，產能過剩導致的豬肉價格持續低迷和中小養殖場戶持續虧損已成為突出矛盾。要在穩定用地、環保、貸款等支持政策的同時，落實新修訂的生豬產能調控實施方案，適度放寬

調控綠色區間下限，引導生豬產能根據市場供求形勢變化及時優化調整。

二是加快促進畜牧漁業轉型升級。受消費需求增長放緩和進口壓力加劇等影響，去年以來畜牧水產品特別是牛羊肉市場價格出現多年少有的下降態勢，給畜牧漁業持續健康發展帶來挑戰。要深入開展肉牛肉羊提質行動，加強高產穩產飼草料基地建設，穩定牛羊肉基礎生產能力。要完善液態奶標準，規範復原乳標識，促進鮮奶類消費，為奶業持續健康發展創造良好條件。要制定和落實好養殖水域灘塗規劃，穩定養殖水面空間，實施好水產綠色健康養殖技術推廣行動，加快發展水產健康養殖。

三是提升「菜籃子」產品應急保供能力。隨着城鎮化深入推進，需要異地供應的「菜籃子」產品數量越來越大、品種越來越多。要加快構建穩定可靠的「菜籃子」產銷協作關係，完善重要「菜籃子」產品儲備制度和應急保供預案，加強大中城市自建基地建設，發揮好城市批發市場、零售網點、社區菜市場等各類市場主體「蓄水池」調節作用。

（張順喜）

72. 如何提升糧食和重要農產品穩產保供能力?

習近平總書記明確提出，農業強，首要是糧食和重要農產品供給保障能力必須強。近些年，我們依靠自己力量端穩中國飯碗，但糧食需求剛性增長，端牢飯碗壓力大，必須堅持不懈夯實農業基礎，加快提升糧食和重要農產品供給保障能力。2024 年，要圍繞全方位夯實糧食安全根基，重點強化以下五方面措施落實。

（一）加強耕地保護和建設。當前耕地保護建設正處在「不進則退」的較勁階段，要在牢牢守住耕地數量紅線的基礎上，下大力氣提升耕地質量，確保長期可穩定利用的耕地總量不減少、質量有提升。保數量，重點是嚴格落實耕地保護任務和抓實耕地佔補平衡。要按照新一輪國土空間規劃明確的耕地和永久基本農田保護任務，層層壓實責任，對亂建「大棚房」、破壞黑土地等違法行為堅決整治、嚴屬打擊，對違規佔用耕地的分類穩妥開展整改覆耕，不能脫離實際搞「一刀切」、「運動式」覆耕，對撂荒地因地制宜推進利用，宜糧則糧、宜經則經。要改革完善耕地佔補平衡制度，將各類對耕地的佔用統一納入佔補平衡管理，將省域內穩定利用耕地淨增加量作為下年度非農建設允許佔用耕地規模上限，嚴控佔用、嚴格補充。提質量，重點是建設好高標準農田和加強退化耕地治理。要按照逐步把永久基本農田全部建成高標準農田的部署要求，合理確定建設內容、優先序和年度建設任務，適當提高中央和省級投資補助水平，取消對產糧大縣資金配套要求，優先把東北黑土地區、平原地區、具備水利灌溉條件地區的耕地建成高標準農田。要分區分類推進鹽碱耕地治理，加大黑土地保護工程推進力度，深入實施耕地有機質提升行動，加強酸化等退化耕地治理。

（二）加強農業防災減災救災設施裝備體系建設。針對近年來我國農業自然災害多發重發態勢越來越明顯的實際，加快補上短板弱項。在水利基礎設施體系建設上，要在抓好災後恢復重建、加快修復災損水利設施的

同時，紮實推進重點水源、灌區、蓄滯洪區建設和現代化改造，深入實施水庫除險加固和中小河流治理、中小型水庫建設等工程，加強小型農田水利設施建設和運行管護。在農業防災減災救災監測保障體系建設上，要根據新一輪農業氣候資源普查，紮實開展農業氣候區劃工作，優化完善農業氣象觀測設施站網布局，加強基層農業防災減災救災隊伍建設，健全基層動植物疫病蟲害監測預警網絡。在農業防災減災救災機械裝備體系建設上，要大力實施農機裝備補短板行動，完善農機購置與應用補貼政策，開闢急需適用農機鑒定「綠色通道」，按照「平戰結合」原則推動建立防災救災農機儲備和調用制度。

（三）**加強農業科技創新**。按照以科技創新開闢農業生產新空間、加快發展農業新質生產力的要求，着力提升農業科技創新體系的整體效能。在優化農業科技創新戰略布局上，以支持重大創新平台建設為抓手，以產業急需為導向、企業創新為主體、科研人才為支撐，推動構建梯次分明、分工協作、適度競爭的農業科技創新體系。在推動種業振興行動出成效上，完善聯合研發和應用協作機制，對提升糧食產能急需的重要優良品種培育項目，組織調動優勢資源進行協同攻關，開展好重大品種研發推廣應用一體化試點，推動生物育種產業化擴面提速。在加強農業農村科技人才隊伍建設上，實施好鄉村振興人才支持計劃，強化農業科技人才和農村高技能人才培養使用，加強高等教育新農科建設，有序引導城市農業科技人才下鄉服務。

（四）**加強現代農業經營體系建設**。按照把小規模農戶逐步引入現代農業發展軌道的要求，着力加強農業生產經營隊伍和農業社會化服務保障。在打造適應現代農業發展的生產經營隊伍方面，聚焦解決「誰來種地」問題，以小規模農戶為基礎、新型農業經營主體為重點、社會化服務為支撐，全面加強教育培訓和示範引導。在發展面向小規模農戶的農業社會化服務上，優化提升基層農技推廣體系，加強農業社會化服務平台和標準體系建設，發展壯大農業專業化社會化服務組織，提升家庭農場和農民合作社服務帶動小規模農戶能力，支持農村集體經濟組織提供生產、勞務等居間服

務，充分發揮供銷合作社服務農民生產生活綜合平台作用。

（五）**加強多元食物供給和節約減損**。提高糧食和重要農產品供給保障能力，既需要拓寬思路、廣闢食物來源，又需要立足自身、加強節約減損，全面挖掘開源節流潛力。在加強多元食物供給方面，積極順應城鄉居民食物消費結構不斷升級對多樣化食物供給的需求，樹立和落實好大農業觀、大食物觀，充分利用耕地之外的林地、草地、江河湖海等豐富資源，因地制宜加快發展木本糧油、森林食品、草原畜牧業和深遠海養殖業，積極發展現代設施農業，探索發展生物科技產業，推動構建糧經飼統籌、農林牧漁結合、植物動物微生物並舉的多元化食物供給體系。在加強節約減損方面，針對當前食物採收、儲運、加工、銷售、消費等環節的「跑冒滴漏」問題，加強節約減損技術措施落實和宣傳引導，健全常態化、長效化的工作機制，久久為功推進糧食節約減損和健康消費不斷取得新進展。

（張順喜）

73. 鞏固拓展脫貧攻堅成果有哪些重點工作?

鞏固拓展脫貧攻堅成果是全面推進鄉村振興的底線任務。習近平總書記強調，要確保不發生規模性返貧，持續鞏固拓展脫貧攻堅成果。李強總理在十四屆全國人大二次會議上所作的《政府工作報告》對此作出安排。今年是鞏固拓展脫貧攻堅成果同鄉村振興有效銜接 5 年過渡期的第 4 年，要繼續壓緊壓實責任，強化政策和工作落實，堅決防止出現規模性返貧。

（一）**加強防止返貧監測和幫扶工作**。這是從制度上防止返貧的有效做法。2023 年進一步明確了防返貧機制的具體規範和工作要求，組織開展集中排查，強化精準幫扶，識別納入的監測對象中超過六成已消除返貧風險，其餘均落實了針對性幫扶措施。要強化防止返貧監測和幫扶機制執行落實，堅決防止出現整村整鄉返貧。一是抓好防止返貧監測。統籌考慮物價指數和農村低保標準增幅等情況，實事求是確定監測標準，持續開展返貧風險隱患排查，及時將有返貧致貧風險的人口納入監測系統。加快推動防止返貧監測與低收入人口動態監測信息平台互聯互通，加強跨部門信息整合共享，運用多部門大數據來強化篩查預警，進一步提高監測效率。二是及時落實幫扶措施。聚焦重點領域和關鍵環節消除返貧風險，持續鞏固提升「三保障」和飲水安全成果。對存在因災返貧風險的農戶，符合政策規定的可先行落實幫扶措施。對有勞動能力的監測戶全面落實開發式幫扶措施，對無勞動能力的監測戶做好兜底保障。加強農村高額醫療費用負擔患者監測預警，按規定及時落實醫療保障和救助政策。

（二）**分類推動幫扶產業發展**。2023 年中央財政銜接推進鄉村振興補助資金用於產業發展的比重達到 60%，成為推動幫扶產業發展的有力支撐。近些年脫貧地區幫扶產業發展出現分化，迫切需要分類明確針對性幫扶措施，推動幫扶產業提質增效、可持續發展。一是鞏固一批，支持市場前景廣、鏈條較完備的幫扶產業研發新技術新產品，推進產銷精準銜接，打造

區域公用品牌，促進融合發展。二是升級一批，支持資源有支撐、發展有基礎的幫扶產業加快補上農業基礎設施短板，升級田頭保鮮、冷鏈物流等設施，促進加工增值。三是盤活一批，採取租金減免、就業獎補、金融信貸等措施，支持暫時出現經營困難或發展停滯的幫扶產業紓困。四是調整一批，及時調整發展難以為繼的幫扶產業，妥善解決遺留問題，立足實際發展新的產業。

（三）促進脫貧人口穩崗就業。務工收入是脫貧人口的最主要收入來源，2023年脫貧人口務工總規模超過3300萬人，務工收入約佔脫貧人口收入的三分之二。促進脫貧人口持續較快增收，關鍵是穩定脫貧勞動力就業規模。今年將深入開展防止返貧就業攻堅行動，確保脫貧勞動力務工就業規模穩定在3000萬人以上。拓寬外出就業渠道，落實東西部勞務協作幫扶責任，推進「雨露計劃＋」就業促進行動，實施國家鄉村振興重點幫扶縣和大型易地搬遷安置區就業幫扶專項行動。促進就地就近就業，引導具備產業升級條件的幫扶車間發展為中小企業，統籌用好鄉村公益性崗位，擴大以工代賑規模。提高脫貧勞動力就業技能，實施鄉村工匠「雙百雙千」培育工程，鼓勵各地組建區域勞務協作聯盟，培育脫貧地區特色勞務品牌。

（四）強化易地搬遷後續幫扶。增強搬遷脫貧群眾和搬遷安置區內生發展動力，支持易地搬遷安置區可持續發展。推進搬遷群眾就業幫扶，開展有組織的勞務輸出，強化就業服務培訓，圍繞安置區大力實施以工代賑項目。支持易地搬遷安置區有序承接東部地區產業轉移，加大消費幫扶傾斜支持力度。持續深化安置社區治理，鞏固提升安置區綜合服務能力，引導社會組織在促進搬遷群眾社會融入、特殊人群關愛、創業就業幫扶、養老服務等領域向易地搬遷集中安置區傾斜。構建優質均衡基本公共教育服務體系，提升易地搬遷安置地區醫療服務能力，加強養老服務設施和社會救助兜底保障，持續提高安置區公共服務水平。對易地搬遷至城鎮後因人口增長出現住房困難的家庭，符合條件的統籌納入城鎮住房保障範圍。

（五）加大對重點地區幫扶支持。國家鄉村振興重點幫扶縣等重點地區鞏固拓展脫貧攻堅成果任務重，實現加快發展難度大，需要集中各方面幫

扶力量，加快提升整體發展水平。加大對國家鄉村振興重點幫扶縣支持力度，將脫貧縣涉農資金整合試點政策優化調整至 160 個國家鄉村振興重點幫扶縣實施，加強整合資金使用監管。加大金融支持力度。持續開展醫療、教育幹部人才「組團式」幫扶和科技特派團選派。深化東西部協作和定點幫扶，加強社會力量幫扶，優化駐村第一書記和工作隊選派管理，深入推進「萬企興萬村」行動，開展社會組織助力鄉村振興專項活動。

（張偉賓）

74. 在推進農村改革發展方面有哪些具體舉措？

推進農村改革發展，是促進鄉村全面振興的重要舉措。《政府工作報告》對穩步推進農村改革發展作出部署。今年年初印發的中央一號文件對提升鄉村產業發展水平、提升鄉村建設水平、提升鄉村治理水平以及強化改革驅動等提出一系列重要舉措。主要有以下四個方面。

（一）強化農村改革創新。改革是農業農村發展不斷取得新成就的重要法寶。要鼓勵各地實踐探索和制度創新，強化改革舉措集成增效，進一步激發鄉村振興的動力活力。一是穩步推進農村土地制度改革，啟動第二輪土地承包到期後再延長30年整省試點，堅持「大穩定、小調整」，確保大多數農戶原有承包權保持穩定、順利延包。穩慎推進農村宅基地制度改革。二是深化農村集體產權制度改革，落實集體所有權、明晰農戶財產權、放活資產經營權，賦予農民更加充分的財產權益，促進新型農村集體經濟健康發展。三是加快構建現代農業經營體系，聚焦解決「誰來種地」問題，以小農戶為基礎、以新型農業經營主體為重點、以社會化服務為支撐，加快打造適應現代農業發展的高素質生產經營隊伍。提升家庭農場和農民合作社生產經營水平，發展農業社會化服務。深化集體林權、農墾、供銷社等改革，提高為農服務能力。

（二）培育壯大鄉村富民產業。產業振興是鄉村振興的重中之重，也是實際工作的切入點。要着眼促進農民增收，持續壯大鄉村富民產業，提升鄉村產業發展水平。一是大力發展鄉村特色產業，依托農業農村特色資源，充分挖掘鄉村在經濟、生態、社會、文化等多個方面的獨特價值，做好「土特產」文章。二是推動農產品加工業優化升級，促進農產品就近就地轉化增值，推進農產品生產和初加工、精深加工協同發展，支持區域性預冷烘乾、儲藏保鮮、鮮切包裝等初加工設施建設，提高加工流通效率和效益。三是促進農村一二三產業融合發展。堅持產業興農、質量興農、綠色興農，

加快構建糧經飼統籌、農林牧漁並舉、產加銷貫通、農文旅融合的現代鄉村產業體系，把農業建成現代化大產業，促進更多優質農產品出村進城。

（三）建設宜居宜業和美鄉村。鄉村建設是推進鄉村全面振興的重要內容。要瞄準「農村基本具備現代生活條件」的目標，適應鄉村人口變化趨勢，增強鄉村規劃引領效能，優化村莊布局、產業結構、公共服務配置，紮實有序推進鄉村建設各項工作。一是深入推進農村人居環境整治提升，穩步推進農村改廁，分類梯次推進農村生活污水治理，開展農村黑臭水體動態排查和源頭治理，健全農村生活垃圾分類收運處置體系，完善農村再生資源回收利用網絡。二是推進農村基礎設施補短板，科學規劃布局建設重點和次序，統籌推進農村供水保障、「四好農村路」、農村電網鞏固提升等建設，加強農村充電樁、冷鏈物流、寄遞配送等設施建設，加大農村危房和農房抗震改造力度，提高鄉村基礎設施完備度。三是提升農村基本公共服務水平，實施好農村基本公共服務提升行動，優化公共教育服務供給，改善農村寄宿制學校辦學條件，辦好必要的鄉村小規模學校，推動服務重心下移、資源下沉，支持發展農村老年助餐和互助服務，更好滿足農民對優質公共服務的需求。四是加強農村生態文明建設，持續打好農業農村污染治理攻堅戰，紮實推進化肥農藥減量增效，一體化推進鄉村生態保護修復，持續鞏固長江十年禁漁成效，推進水系連通、水源涵養、水土保持，復甦河湖生態環境，強化地下水超採治理。

（四）加強和改進鄉村治理。鄉村全面振興離不開穩定安寧的社會環境。要完善黨組織領導的自治、法治、德治相結合的鄉村治理體系，讓農村既充滿活力又穩定有序。堅持大抓基層鮮明導向，健全縣鄉村三級聯動創先進、整頓後進機制，全面提升鄉鎮幹部抓鄉村振興能力，完善黨組織領導的村級組織體系，加強村幹部隊伍建設。完善推廣積分制、清單制、數字化、接訴即辦等務實管用的治理方式，推動解決「小馬拉大車」等基層治理問題。實施鄉村振興人才支持計劃，壯大鄉村人才隊伍。堅持和發展新時代「楓橋經驗」，完善矛盾糾紛源頭預防、排查預警、多元化解機制，深入推進平安鄉村建設，健全農村掃黑除惡常態化機制，增強農民群

眾的獲得感、幸福感、安全感。大力加強農村精神文明建設。改進創新農村精神文明建設，推動新時代文明實踐向村莊、集市等末梢延伸，促進城市優質文化資源下沉，增加有效服務供給。持續推進農村移風易俗，堅持疏堵結合、標本兼治，創新移風易俗抓手載體，強化村規民約激勵約束功能，持續推進高額彩禮、大操大辦、散埋亂葬等突出問題綜合治理。加強鄉村優秀傳統文化保護傳承和創新發展。廣泛開展鄉村文體活動，辦好中國農民豐收節。

（張偉賓）

75. 新型城鎮化建設如何推進？

我國城鎮化還有很大發展提升空間，2023 年全國常住人口城鎮化率為 66.2%，而發達經濟體城鎮化率平均在 80% 左右。並且我國戶籍人口城鎮化率低於常住人口城鎮化率，2022 年我國戶籍人口城鎮化率只有 47.7%，比當年常住人口城鎮化率低 17.5 個百分點。堅持以人為本，深入推進新型城鎮化，讓更多的農業轉移人口融入城市，既有利於拉動消費和投資、持續釋放內需潛力，也有利於改善民生、促進社會公平正義，是推進中國式現代化的必由之路。

（一）加快農業轉移人口市民化。深入實施新型城鎮化戰略行動，以農業轉移人口為重點，兼顧其他非戶籍常住人口，統籌推進戶籍制度改革和城鎮基本公共服務均等化，促進農業轉移人口加快融入城市。一是深化戶籍制度改革。全面落實城區常住人口 300 萬以下城市取消落戶限制的要求，推動城區常住人口 300 萬至 500 萬城市取消落戶限制，完善超大特大城市積分落戶政策，推動具備條件的都市圈和城市群實行戶籍准入年限同城化累計互認。二是擴大城鎮基本公共服務覆蓋範圍。聚焦農業轉移人口最關心的子女教育、住房保障、社會保險等問題，提高非戶籍人口在常住地享有基本公共服務水平。強化遷入地政府為農民工隨遷子女提供義務教育的責任，提高學前教育普及普惠水平，鼓勵有條件的縣（市、區）將城鎮常住人口全部納入住房保障政策範圍。擴大農業轉移人口社會保障覆蓋面，引導農業轉移人口按規定參加職工基本養老和醫療保險，促進靈活就業人員和新就業形態勞動者參加養老保險。三是做好農業轉移人口就業服務工作。完善就業公共服務平台，加強就業供需對接，促進農民工有序外出和就近就業。加強零工市場規範化建設，拓寬靈活就業渠道。加強農民工職業技能培訓，推廣訂單、定向、定崗培訓模式，面向新生代農民工開展職業技能培訓，做好大齡農民工就業扶持。四是健全農業轉移人口市民

化配套政策。實行「人地錢」挂鈎，中央和省級財政市民化獎勵資金對農業轉移人口落戶規模大、新增落戶多、基本公共服務成本高的地區加大支持，中央預算內投資、地方政府專項債券的資金安排向吸納農業轉移人口落戶多的城市傾斜，落實城鎮建設用地增加規模與吸納農業轉移人口落戶數量挂鈎政策。

（二）推動縣城成為新型城鎮化的重要載體。現在越來越多的農村居民到縣城就醫、就業、上學，要順應人口集聚趨勢，推動城鎮化率低且人口規模大的市縣，加快補齊基礎設施和公共服務短板，協調推進新型工業化和城鎮化，實現以產興城、以城促產、以業聚人，更好滿足農民就近就業安家需求。一是培育縣域特色優勢產業。優化產業鏈布局，健全產業跨地區轉移機制，支持中西部地區市縣積極有序承接東部地區產業轉移。推動各市縣依托資源稟賦和產業基礎發展各具特色的優勢產業，培育壯大新的增長點增長極。持續推進市縣各類開發區、產業園區軟硬件環境提檔升級，完善產業園區配套政策。省級政府要「一縣一策」引導各區縣明確主導產業發展方向和培育要求，優化產業園區考核標準，引導產業項目在地區合理布局。二是增強縣城綜合承載能力。統籌縣城生產、生活、生態、安全需要，因地制宜補齊縣城短板弱項，促進縣城產業配套設施提質增效、市政公用設施提檔升級、公共服務設施提標擴面、環境基礎設施提級擴能，同時要加強規模較大的中心鎮建設。產糧大縣承擔着保障糧食安全的重任，要支持其提升公共服務能力，率先在糧食調出量大的主產省開展試點，重點支持基礎教育學校、醫療衛生機構、養老托育服務機構等公共服務設施建設。引導人口持續減少的市縣轉型發展，促進人口和公共服務資源適度集中。

（三）優化城鎮化空間布局和形態。我國經濟發展的空間結構正在發生深刻變化，中心城市和城市群正在成為承載發展要素的主要空間形式。要提升城市群一體化發展和都市圈同城化發展水平，促進大中小城市和小城鎮協調發展。一是有序培育現代化都市圈。推動超大特大城市加快轉變發展方式，有序疏解非核心功能、推進優質教育醫療資源下沉，增強對周邊市縣輻射帶動能力。培育一批現代化都市圈，着力提升同城化發展水平，

加強基礎設施互聯互通、產業創新分工協作、公共服務共建共享。二是分類推動城市群發展。優化提升京津冀、長三角、珠三角、成渝、長江中游城市群，增強國際影響力。發展壯大山東半島、粵閩浙沿海、中原、關中平原、北部灣等城市群，提升人口、經濟集聚能力。培育發展哈長、遼中南、山西中部、黔中、滇中、呼包鄂榆、蘭州—西寧、寧夏沿黃、天山北坡等城市群，促進國土空間均衡開發和經濟布局優化。三是紮實推進成渝地區雙城經濟圈建設。推動重慶、成都合力建設現代基礎設施網絡，加快建設成渝中線高鐵。聚焦汽車、電子信息、關鍵軟件、裝備製造、特色消費品等領域，共建有國際競爭力的先進製造業集群。聯合開展毗鄰地區自然保護地和生態保護紅線監管，共築長江上游生態屏障。推動出台川渝公共服務一體化深化便捷生活行動事項，提升公共服務便利化水平。

（四）深入推進縣域內城鄉融合發展。以縣域為基本單元推進城鄉融合發展，促進縣鄉村功能銜接互補、資源要素優化配置。一是促進縣域內城鄉基礎設施一體化發展。推進城鎮基礎設施向鄉村延伸，推動供氣供熱管網向城郊鄉村和規模較大的中心鎮延伸，以縣域為單元推進城鄉供水一體化、集中供水規模化建設，因地制宜實施小型供水工程規範化建設。探索污水垃圾收集處理、道路等城鄉一體化管護。健全縣鄉村物流配送體系，促進農村客貨郵融合發展。二是促進縣域內公共服務資源共享。加強農村教育、文化、醫療、社會保障、養老托育等公共服務補短板。推進城鄉學校共同體建設，促進縣域普通高中發展提升。推廣醫療衛生人員「縣管鄉用、鄉聘村用」，實施教師「縣管校聘」改革。健全農村養老服務體系，因地制宜推進區域性養老服務中心建設。三是推進縣域產業協同發展。整合縣域優勢資源，優化縣域產業布局，完善縣域產業園區配套設施，推進鎮域產業集聚，提高一二三產業融合發展水平。支持建設一批農業現代化示範區、優勢特色產業集群、國家現代農業產業園、農業產業強鎮。推動休閒農業提質增效，建設一批全國休閒農業重點縣。培育農業產業化聯合體，將新型農業經營主體、涉農企業扶持政策與帶動農戶增收挂鉤。

（劉日紅）

76. 如何提高我國城市安全韌性水平?

安全韌性城市是指城市能夠有效防範和抵禦各種重大衝擊，迅速恢復機能，保持城市核心功能正常運轉，並在應對衝擊中不斷提升城市整體功能的城市範式。安全韌性是城市運行的重要基礎，是城市可持續發展的重要內容。我國城市建設已經取得長足發展，但這些年在應對各類突發衝擊中暴露出不少脆弱性。要注重補短板、強弱項、堵漏洞，加強城市基礎設施建設，實施城市更新，加快提高城市基礎設施質量和防風險能力，使城市既有「面子」也有「裏子」，讓人民群眾享有更高品質的城市生活。

（一）**加強城鎮老舊小區等建築改造**。在前幾年工作的基礎上，繼續推進 2000 年底前建成的需改造城鎮老舊小區改造任務，完善小區配套設施，支持有條件的樓棟加裝電梯，因地制宜建設小區停車、充電等設施，強化小區及周邊環境整治，加強無障礙環境、適老化設施建設，提升城市社區設施條件和人居環境。以群眾關切的「一老一幼」設施為重點，推動城市社區嵌入式服務設施建設，讓群眾在家門口享受到優質普惠社區服務。更新老舊街區，推動功能轉換、活力提升。

（二）**推進「平急兩用」公共基礎設施建設**。總結三年多的疫情防控經驗，需要加快推動超大特大城市將安全理念前移，在相關設施建設中先期嵌入疫情防控、應急減災需求，打造「平急兩用」公共基礎設施，「平時」用作旅遊、康養、休閑、市場流通等，「急時」可迅速轉換為隔離安置或物資應急中轉場所。具體來説，就是圍繞城市轄區內的山區縣（區），打造一批具有隔離功能的旅遊居住設施，升級一批醫療應急服務點，新建或改擴建一批城郊大型倉儲基地等，構建應急醫療和物資保障為一體、有機銜接的整體解決方案，提升城市應對突發公共事件的能力。

（三）**實施城中村改造**。城中村是在工業化、城鎮化快速發展過程中形成的，普遍存在公共衛生安全風險大、房屋安全和消防安全隱患多、配套

設施落後、環境臟亂差、社會治理難等突出問題。經過前些年持續改造，經濟價值較高的地塊基本被納入改造計劃，目前遺留下來的城中村建築密度大、違章建築多、產權關係複雜、拆遷安置成本高，多數都是難啃的「硬骨頭」。要在總結前些年有益經驗的基礎上，綜合採取拆除新建、整治提升、拆整結合等多種方式，按照城市標準有力有序有效推進。政策支持方面，對符合條件的項目，中央財政通過現有渠道適當給予補助，納入地方政府專項債券支持範圍，鼓勵銀行業金融機構按照市場化、法治化原則提供城中村改造貸款，適用現行棚戶區改造有關稅費支持政策。

（四）**增強城市防災減災能力**。這些年極端天氣現象增多，城市內澇問題時有發生。要實施城市排水防澇能力提升工程，開展排澇通道系統整治，強化城市暴雨洪水預報，加快消除歷史上嚴重影響生產生活秩序的易澇積水點，推進海綿城市建設。城市地下管線是維持城市運轉的「生命線」，我國城市很多早期敷設的地下管線已經處於老舊狀態，安全隱患問題突出。要推進城市生命線安全工程建設，對材質落後、使用年限較長、運行環境存在安全風險、不符合相關標準規範的城市燃氣、供水、排水、供熱等老化管道和設施實施更新改造。紮實開展自建房安全隱患整治。

（五）**推進綠色智慧城市建設**。加快建立地級及以上城市生活垃圾分類處理系統，穩步推進廢舊物資循環利用重點城市建設和大宗固廢綜合利用示範，全面推進「無廢城市」建設。推廣綠色建材、清潔取暖和分布式光伏應用，加快既有建築節能和供熱計量改造。加快完善充電基礎設施體系，便利新能源車使用。積極推進「千兆城市」建設，加強城市基礎設施數字化、智能化更新改造。

（劉日紅）

77. 如何提高區域協調發展水平？

我國區域發展協調性、平衡性不斷增強，同時也面臨發展極化現象突出、南北發展差距拉大等新問題。適應區域發展新形勢，要優化完善區域政策體系，促進各類要素合理流動和高效集聚，充分發揮各地區比較優勢，按照主體功能定位，積極融入和服務構建新發展格局，打造高質量發展新動能。

（一）推動西部大開發形成新格局。持續優化西部地區重大生產力布局，修訂西部地區鼓勵類產業目錄，前瞻部署一批新材料、新能源裝備製造重大工程，打造東西部產業合作重點平台，穩步推進西部骨幹通道建設，高水平推進內陸開放和沿邊開放。深入落實支持內蒙古、廣西、雲南、貴州等高質量發展的政策措施，提升西部地區發展動力和活力。

（二）推動東北全面振興取得新突破。支持東北地區加快傳統優勢產業轉型升級和新興產業培育，增強糧食安全保障能力，築牢北方生態安全屏障，加快建設交通、能源、信息等現代化基礎設施，深化與東北亞區域合作，加快構築我國向北開放新高地。推動東北地區冰雪經濟發展，制定支持東北地區發展現代化大農業政策，編制東北地區批量增加耕地實施方案，實施東北地區國有企業振興專項行動，完善支持東北全面振興人才政策。

（三）促進中部地區加快崛起。落實好洞庭湖生態經濟區規劃，支持湘鄂贛、豫皖等省際合作發展和淮河沿線地區合作發展，出台支持湘贛中南部地區共同對接融入粵港澳大灣區建設的政策舉措，實施中部地區先進製造業集群培育提升行動。推動糧食生產、能源原材料、現代裝備製造及高技術產業基地建設，發展綜合交通運輸樞紐。

（四）鼓勵東部地區加快推進現代化。加快培育世界級先進製造業集群，引領新興產業和現代服務業發展，發揮對全產業鏈的穩鏈固鏈強鏈作用，鞏固開放先導地位，提高創新能力和經濟增長能級。支持福建探索海

峽兩岸融合發展新路，建設兩岸融合發展示範區，加快平潭綜合實驗區建設。支持山東深化新舊動能轉換、推動綠色低碳高質量發展，建設好濟南新舊動能轉換起步區。深入推進上海浦東、天津濱海、浙江舟山群島、廣州南沙、南京江北等國家級新區建設。

（五）**推進京津冀協同發展。**牢牢牽住北京非首都功能疏解這個「牛鼻子」，細化完善相關疏解政策。抓好雄安新區一攬子支持政策落實，推動雄安新區重大工程項目建設，推動實施新一批具備條件的北京非首都功能疏解項目。推進北京城市副中心城市功能配套設施建設。推動京津雙城在交通、公共服務、社會治理、生態保護等方面加強合作。

（六）**深化長三角一體化發展。**緊扣一體化、高質量兩個關鍵，出台實施持續深入推進長三角一體化高質量發展的政策措施。制定長三角生態綠色一體化發展示範區改革授權事項清單，協調解決長三角港口資源整合難點問題。制定支持上海加快「五個中心」建設重點領域配套政策。編制長三角地區未來產業協同發展規劃。出台淮海經濟區高質量發展規劃綱要。

（七）**推動粵港澳大灣區建設。**圍繞新發展格局的戰略支點、高質量發展的示範地、中國式現代化的引領地的戰略定位，制定實施新時期深化粵港澳大灣區建設的政策措施，輻射帶動周邊地區加快發展。推動珠江口一體化發展，支持汕頭加快對接融入粵港澳大灣區建設。推進瓊州海峽一體化發展。做好橫琴粵澳深度合作區封關運作相關工作。

（八）**持續推進長江經濟帶高質量發展。**堅持共抓大保護、不搞大開發，統籌推進沿江產業布局和轉移，繼續加強長江經濟帶生態環境綜合治理。以長江干流和主要支流沿線城市為重點，加快實施污水管網改造更新。出台持續推進長江十年禁漁工作的政策文件。有序推動純電池動力船舶技術在中短途內河貨船、短途中小型客船等應用。編制實施長江國家文化公園建設保護規劃。

（九）**推动黃河流域生態保護和高質量發展。**打好黃河生態保護治理、污染防治、深度節水攻堅戰，實施「一泓清水入黃河」等生態保護修復重大工程，支持沿黃省區因地制宜探索生態保護和高質量發展的創新路徑。

深入推進黃河支流綜合治理。加大甘南—若爾蓋黃河上游水源涵養區、烏梁素海、黃河口等重點區域生態保護力度。構建黃河流域生態保護長效機制，深化黃河上中下游毗鄰地區合作發展。支持寧夏建設黃河流域生態保護和高質量發展先行區。推動山東、河南深化合作。

（十）大力發展海洋經濟。完善精細化用海管理機制，強化國家重大項目用海保障，積極參與國際海洋合作，推進建設海洋強國。制定提升現代海洋城市、全國海洋經濟發展示範區等建設水平的政策措施。實施一批海洋科技、裝備、育種等重點工程。出台加強海島海水淡化利用、海洋能規模化利用等政策措施。制定加強無居民海島保護管理的政策。

（十一）促進區域戰略間聯動融合發展。創新促進區域協調發展體制機制，支持有條件的地區開展區域戰略融合發展先行探索。出台推動產業跨地區梯度轉移和優化布局的政策，深化東中西部產業協作。優化重大生產力布局，加強國家戰略腹地建設。堅持陸海統籌，促進陸海在空間要素、產業布局、資源利用、生態環境等方面全方位協同發展。推進京津冀、長三角、粵港澳大灣區科創產業融合發展，加強關鍵核心技術聯合攻關。支持粵桂深化合作，推動廣西打造成為粵港澳大灣區的重要戰略腹地，完善北部灣港口建設。提升海南自貿港與粵港澳的設施互聯互通水平，促進兩地相向發展。協同推進長江經濟帶、黃河流域綠色聯動發展，強化源頭地區生態環境保護合作，促進生態產品跨區域交易，優化配置長江—黃河流域水資源。分類實施幫扶政策，支持欠發達地區、革命老區、民族地區、生態退化地區、資源型地區和老工業城市等加快發展。加強邊疆地區建設，深入推進興邊富民，支持邊境城鎮提升穩邊固邊能力。

（劉日紅）

78. 怎樣深入實施主體功能區戰略？

主體功能區戰略突出資源環境承載能力在實現人與自然和諧共生中的基礎作用，突出各地在全國「一盤棋」中基於比較優勢的功能定位，是優化國土空間格局的重要依據。當前，主體功能區戰略實施面臨一些新情況新問題。比如，與其他國家重大戰略融合協同不夠、主體功能分區相對單一、配套政策不夠完善，等等。接下來要重點做好以下工作。

（一）**加強頂層設計**。研究制定新時期深化落實主體功能區戰略和制度的意見，編制實施主體功能區優化實施規劃，明確新時期戰略實施的目標、任務、路徑、政策和組織保障。

（二）**完善國土空間管控**。全面完成各級國土空間規劃批復實施，完成長江經濟帶—長江流域、京津冀、成渝地區雙城經濟圈、黃河流域、長三角國土空間規劃編制。在國土空間管控指標的約束下，結合不同主體功能區類型，根據耕地和永久基本農田保護紅線、生態保護紅線、城鎮開發邊界的優先序，統籌優化農業、生態、城鎮等各類空間，提高土地資源配置精準性和利用效率。

（三）**構建主體功能綜合布局**。銜接區域重大戰略、區域協調發展戰略，在更大區域範圍統籌發展和保護，打造創新型區域經濟體系，構建相對完整的區域生態系統和生態安全屏障，形成較高農產品自給保障能力。

（四）**優化主體功能分區**。立足資源稟賦和經濟社會發展實際，優化調整城市化地區、農產品主產區、重點生態功能區布局，培育邊境地區、能源資源富集區、歷史文化資源富集區、海洋重點發展區等其他功能區，形成「3+N」格局。

（五）**健全配套政策**。制定出台土地利用、資源開發等配套政策。完善重點生態功能區財政轉移支付制度，推動建立農產品主產區一般性轉移支付制度。建立健全農產品主產區、重點生態功能區產業准入負面清單，加

大中央預算內投資傾斜力度。

（六）強化戰略落地實施。主要包括四個方面：一是優化監測評估和動態調整機制，從資源環境承載能力、人口和經濟結構、自然資源利用等方面，對不同類型主體功能區進行監測評估，依據評估結果和國家重大戰略實施等情況，對主體功能區名錄進行動態調整。二是建立健全差異化績效考核評價機制。農產品主產區重點考核耕地規模和質量、農業綜合生產能力、農民收入等指標。重點生態功能區重點考核生態保護紅線、生態環境質量、生態產品價值實現、產業准入負面清單執行、綠色發展等指標，地區生產總值及工業增加值、財政收入、固定資產投資等不列入考核範圍，繼續探索 GEP 績效考核制度。城市化地區重點考核地區生產總值、財政收入、要素集聚程度、城鎮土地（建設用海）產出效率、單位地區生產總值能耗等指標。三是鼓勵地方結合主體功能定位優化行政機構設置，重點生態功能區、農產品主產區可適當整合精簡工業領域部門，進一步提高行政效能。四是選擇典型區域和市縣開展綜合試點，給予充分改革探索空間和必要支持，探索更加體現主體功能區要求的發展新模式、新路徑，形成可複製可推廣的經驗。

（劉日紅）

79. 生態環境綜合治理如何加強?

良好生態環境是最公平的公共產品,是最普惠的民生福祉。習近平總書記一直高度重視生態環境綜合治理,去年在全國生態環境保護大會和中央經濟工作會議上又對這方面工作作出新的重要部署。李強總理在《政府工作報告》中對推動生態環境綜合治理作出安排部署。下一步,將重點抓好以下工作。

(一)**持續深入推進污染防治攻堅**。堅持精準治污、科學治污、依法治污,深入推進環境污染防治,持續改善生態環境質量。

深入實施空氣質量持續改善行動計劃。以京津冀及周邊、長三角、汾渭平原等重點區域為主戰場,以細顆粒物控制為主線,強化源頭管控、多污染物協同控制和區域污染協同治理。因地制宜有序推進北方地區清潔取暖,高質量推進鋼鐵、水泥、焦化行業超低排放改造,大力推進「公轉鐵」、「公轉水」,紮實推進柴油貨車污染防治攻堅行動。加強區域聯防聯控,深化重污染天氣重點行業績效分級。

統籌水資源、水環境、水生態治理。着力保障河湖基本生態用水,完善河湖生態流量管理機制,加強河湖生態流量監管。深入推進重點流域水污染防治,加強飲用水水源地環境監管,強化入河入海排污口排查整治,深化工業園區水污染整治,推進城鎮污水收集處理,分類推進黑臭水體整治。推動建立水生態考核機制,加大保護修復力度,着力以水岸共治促進水清岸綠。

加強土壤污染源頭防控。強化優先保護類耕地保護,整縣推進耕地土壤污染源排查整治,紮實推進受污染耕地安全利用和風險管控。依法加強建設用地用途變更和污染地塊風險管控的聯動監管,嚴格居住用地、公共管理與公共服務用地准入管理,加強關閉搬遷企業騰退地塊土壤污染管控。深化土壤污染防治先行區、地下水污染防治試驗區建設,穩妥有序開展地

下水污染防治重點區劃定。

強化固體廢物、新污染物、塑料污染治理。全面推進「無廢城市」建設，着力打造一批「無廢城市」建設標桿。加強固體廢物綜合治理，限制商品過度包裝，全鏈條治理塑料污染。深化全面禁止「洋垃圾」入境工作，嚴防各種形式固體廢物走私和變相進口。落實新污染物治理行動方案和新化學物質環境管理登記制度，開展新污染物環境信息統計調查、風險評估和管控。

（二）着力提升生態系統多樣性、穩定性、持續性。 從生態系統整體性出發，堅持山水林田湖草沙一體化保護和系統治理，持之以恒推進生態建設。

加強生態環境分區管控。科學劃分生態環境管控單元，通過環境評價合理確定優先保護、重點管控、一般管控三類管控單元。精準編制差異化生態環境准入清單，聚焦解決突出生態環境問題，提出「一單元一策略」的生態環境准入要求。加強生態環境分區管控成果實施應用，將管控要求融入相關政策制定和規劃編制，落實到環境准入、環境管理等工作中。積極提升管理和服務效能，促進生態環境分區管控系統與其他有關業務系統加強信息共享、業務協同。

組織打好「三北」工程三大標志性戰役。抓好一批標志性項目，為實施好「三北」工程六期規劃打牢基礎。繼續支持引導中央企業深度參與「三北」工程建設，實施渾善達克—科爾沁沙地南緣綜合治理項目，發揮生態治理和綠色產業融合發展示範作用。統籌用好各方面資金，鼓勵地方探索採用先建後補、以工代賑等方式參與「三北」工程建設。

推進以國家公園為主體的自然保護地建設。完善自然保護地法律法規體系，推動出台《國家公園法》，修訂《自然保護區條例》、《風景名勝區條例》。高質量建設國家公園，逐步建設完善「天空地」一體化監測體系，妥善處置歷史遺留問題，穩妥有序推進設立新的國家公園。推動整合優化現有各類自然保護地，更好劃分邊界範圍和功能分區。

加強重要江河湖庫生態保護治理。強化丹江口庫區及其上游流域水質

監管，從源頭上保障好南水北調水質安全。加快實施永定河、洞庭湖等重點河湖綜合治理與生態修復，嚴格河湖水域岸線空間管控，強化涉河建設項目全過程監管。針對河湖庫亂佔、亂採、亂堆、亂建等問題，縱深推進「清四亂」常態化規範化。落實全國重點河段、敏感水域河道採砂管理有關各方責任，嚴厲打擊非法採砂。

持續推進長江十年禁漁。加強執法監管，健全執法協作機制，用好信息化手段、智能化設施，有效應對違規垂釣等新情況新問題。做好退捕漁民安置保障，推動存在返貧風險的退捕漁民納入監測幫扶範圍，加大職業技能培訓、公益性崗位安置力度。加快推進長江水生生物多樣性恢復，加強中華鱘、長江江豚等重點物種保護。

實施生物多樣性保護重大工程。加強就地保護與栖息地修復，推進生態系統整體性保護，提升國家重點保護物種保護水平。實施遷地保護與種質資源保護，逐步建立國家植物園體系，建設珍稀瀕危野生動物種源繁育基地，進一步建設國家種質資源庫。強化生物安全風險防控，提高生物安全監管應急處置能力。支持生物資源科學合理規範利用，開展生物資源開發利用、生物遺傳資源獲取與惠益分享。完善生物多樣性評估體系，建立生物多樣性調查與監測長效機制。推動生物多樣性保護進一步融入經濟、社會發展全過程，促進應對氣候變化、環境污染治理、保護生物多樣性協同發展。

（高振宇）

80. 加強生態環境分區管控有哪些具體措施?

生態環境分區管控是以保障生態功能和改善環境質量為目標,實施分區域差異化精準管控的環境管理制度。2023 年 11 月,習近平總書記主持召開中央全面深化改革委員會第三次會議,審議通過《關於加強生態環境分區管控的指導意見》,並對做好這項工作作出重要部署。李強總理在《政府工作報告》中對加強生態環境分區管控提出明確要求。下一步,有關方面將組織各地分級編制發布和實施本行政區內生態環境分區管控方案,重點開展以下幾方面工作。

(一)科學劃分生態環境管控單元。這是實施生態環境分區管控的基礎支撐。基於生態環境結構、功能、質量等區域特徵,通過環境評價,充分考慮生態系統功能、生物多樣性、污染物排放、資源環境承載能力等,以生態、大氣、水、土壤、聲、海洋等各要素管控分區成果為基礎,銜接行政邊界,合理確定優先保護、重點管控、一般管控三類生態環境管控單元。

(二)精準編制差異化生態環境准入清單。這是加強生態環境分區管控的重要依據。全面落實市場准入負面清單,根據生態環境功能定位,聚焦解決突出生態環境問題,系統集成生態環境管理要求,從管控污染物排放、防控環境風險、提高能源資源利用效率等方面,提出「一單元一策略」的生態環境准入要求,引導產業科學布局、有序轉移、轉型升級。

(三)統籌推進生態環境分區管控的實施應用。這是發揮生態環境分區管控作用的關鍵環節。利用生態環境分區管控成果,服務國家和地方重大發展戰略實施,科學指導各類開發保護建設活動。推動各級政府及有關部門將生態環境分區管控要求融入涉及區域開發建設活動、產業布局優化調整、資源能源開發利用等政策制定和相關規劃編制中。運用生態環境分區管控成果,推動完善規劃環評、項目環評、產業園區開發建設活動管理,發揮在生態環境源頭預防體系中的基礎性作用。強化生態環境分區管控與

生態環境管理政策協同，推進與各要素環境管理、執法和監督工作的協調聯動。

（四）深入推進生態環境分區管控數字化建設。這是提升生態環境分區管控管理效能的有效途徑。以生態環境分區管控信息管理平台為載體，在線辦理生態環境分區管控成果備案、跟踪評估等業務，提供數據管理、成果查詢等服務。加強與其他業務系統互聯互通、數據共享共用，妥善運用物聯網、人工智能等新技術新手段，不斷提高生態環境分區管控的效率和水平。

（五）加強生態環境分區管控實施情況評估和監管。這是促進生態環境分區管控落實落地的有力保障。各級生態環境部門將適時對地方生態環境分區管控工作開展情況進行年度跟踪和五年評估，深入瞭解相關制度建設、工作推進、實施成效等情況，及時完善政策、改進工作。加強生態環境分區管控實施情況日常監督管理，有針對性地實施獎勵和處罰，推動生態環境分區管控落到實處、見到實效。

（高振宇）

81. 如何進一步推進以國家公園為主體的自然保護地建設?

自然保護地在維護國家生態安全中居於首要地位。習近平總書記在黨的二十大報告中強調，推進以國家公園為主體的自然保護地體系建設。李強總理在《政府工作報告》中對這項工作提出明確要求。經過多年不懈努力，我國初步建立以國家公園為主體、以自然保護區為基礎、以各類自然公園為補充的自然保護地體系，已正式設立三江源、大熊貓等首批 5 個國家公園，建有各類自然保護地近萬處，各類自然保護地面積佔到陸域國土面積的 18%，90% 的陸地自然生態系統類型、74% 的國家重點保護野生動植物物種得到了有效保護。下一步，將繼續貫徹落實中共中央辦公廳、國務院辦公廳《關於建立以國家公園為主體的自然保護地體系的指導意見》等文件要求，推進以國家公園為主體的自然保護地建設。重點將做好以下幾方面工作。

（一）健全自然保護地法律法規體系。推動出台《國家公園法》，修訂《自然保護區條例》、《風景名勝區條例》，研究形成規範自然保護地管理的措施，為自然保護地建設管理提供完善的法律法規和制度保障。

（二）高質量建設國家公園。組織國家公園編制保護修復、科研監測等專項實施方案，細化彈性管理措施，妥善處置礦業權、小水電、人工商品林等歷史遺留問題。逐步建設完善國家公園「天空地」一體化監測體系，統籌推進科研、監測、宣教三大平台建設。穩妥有序推進設立新的國家公園，逐步把自然生態系統最重要、自然景觀最獨特、自然遺產最精華、生物多樣性最富集的區域納入國家公園體系。

（三）推動整合優化現有各類自然保護地。因地制宜解決自然保護地區域交叉、空間重疊的問題，將符合條件的優先整合設立國家公園，其他各類自然保護地按照同級別保護強度優先、不同級別低級別服從高級別的原則進行整合。對同一自然地理單元內相鄰、相連的各類自然保護地進行合

並重組，打破因行政區劃、資源分類造成的條塊割裂局面，合理確定歸並後的自然保護地類型和功能定位，優化邊界範圍和功能分區，實現對自然生態系統的整體保護。

（高振宇）

82.怎樣發展綠色低碳經濟?

生態環境問題歸根結底是發展方式問題。習近平總書記多次強調,堅持把綠色低碳發展作為解決生態環境問題的治本之策,加快形成綠色生產方式和生活方式。李強總理在《政府工作報告》中,對大力發展綠色低碳經濟作出安排部署。下一步,要推進產業結構、能源結構、交通運輸結構、城鄉建設發展綠色轉型,把經濟活動、人的行為限制在自然資源和生態環境能夠承受的限度內,在綠色轉型中推動發展實現質的有效提升和量的合理增長。

(一)落實全面節約戰略。節約資源是我國的基本國策,是維護國家資源安全、推進生態文明建設、推動高質量發展的一項重大任務。今年將加大節能降碳工作力度,制定節能降碳行動方案,分行業分領域實施節能降碳專項行動,滾動提升能耗和碳排放相關標準,加大對重點領域節能降碳改造支持力度,加快既有建築節能和供熱計量改造。出台節約用水條例,強化水資源節約集約利用,嚴格水資源總量和強度指標管控,提升重點用水行業、產品用水效率,加快推進農業節水增效、工業節水減排、城鎮節水降損。開展非常規水資源利用提升行動,制定加快發展節水產業的指導意見。同時,着眼推動節地、節材、節礦,健全節約集約利用土地制度,推進原材料節約和資源循環利用,推進綠色礦山建設。

(二)完善支持綠色發展的政策舉措和相關市場化機制。推動綠色低碳發展,需要促進有效市場和有為政府更好結合,充分調動各方面的積極性。下一步,將加大財政支持力度,優化生態文明建設領域財政資源配置。強化稅收政策支持,嚴格執行環境保護稅法,完善徵收體系。大力發展綠色金融,支持符合條件的企業發行綠色債券,引導各類金融機構和社會資本加大投入,探索區域性環保建設項目金融支持模式,穩步推進氣候投融資創新。綜合考慮企業能耗、環保績效水平,完善高耗能行業階梯電價制度。

同時，健全資源環境要素市場化配置體系，把碳排放權、用能權、用水權、排污權等納入要素市場化配置改革總盤子。完善生態產品價值實現機制，推進生態環境導向的開發模式和投融資模式創新。健全生態保護補償制度，出台生態保護補償條例，推進生態綜合補償，真正讓保護者、貢獻者得到實惠。

（三）推動廢弃物循環利用產業發展。加強廢弃物循環利用，對於減少資源消耗、實現減污降碳協同增效都具有重要意義。今年 2 月，國務院辦公廳印發《關於加快構建廢弃物循環利用體系的意見》。下一步，將以提高資源利用效率為目標，加快構建覆蓋全面、運轉高效、規範有序的廢弃物循環利用體系。推進廢弃物精細管理和有效回收，加強工業廢弃物、農業廢弃物、社會源廢弃物精細管理和分類回收。提高廢弃物資源化和再利用水平，強化大宗固體廢弃物綜合利用，加強廢舊家電家具等再生資源高效利用，引導二手商品交易便利化規範化，促進廢舊裝備再製造。加強廢舊動力電池等重點廢弃物循環利用，探索新型廢弃物循環利用路徑。完善支持政策和用地保障等機制，培育壯大資源循環利用產業，推動產業集聚化發展，引導行業規範發展。

（四）促進節能降碳先進技術研發應用。這是影響綠色低碳經濟發展水平和競爭力的關鍵因素。下一步，將着力推進綠色低碳科技自立自強，創新生態環境科技體制機制，構建市場導向的綠色技術創新體系。把減污降碳、多污染物協同減排等作為國家基礎研究和科技創新的重點領域，加強關鍵核心技術攻關。加強企業主導的產學研深度融合，引導企業、高校、科研單位共建一批綠色低碳產業創新中心，加大高效綠色環保技術裝備產品供給。實施生態環境科技創新重大行動，建設生態環境領域大科學裝置和重點實驗室等創新平台。加強綠色低碳技術推廣，組織實施綠色低碳先進技術示範工程，推進綠色產業示範基地建設。

（五）建設美麗中國先行區。我國各地環境條件、產業狀況差別較大，在一些具備條件的地方率先建設美麗中國先行區，可以積累先進經驗，增強示範帶動作用。下一步，將聚焦區域協調發展戰略和區域重大戰略，加

強綠色發展協作，打造綠色低碳發展高地。一方面，突出重點、分類指導，立足區域功能定位，有針對性地制定政策措施，集中解決區域性流域性生態環境問題。比如，在長江經濟帶，重點是堅持共抓大保護，建設人與自然和諧共生的綠色發展示範帶；在黃河流域，重點是堅持以水定城、以水定地、以水定人、以水定產，建設生態保護和高質量發展先行區。另一方面，強化協作、凝聚合力，打破傳統以行政區域為單位的環境治理模式，強化生態環境共保聯治。比如，京津冀地區將不斷完善生態環境協同保護機制，粵港澳大灣區將持續深化生態環境領域規則銜接、機制對接，長三角地區將着力推進共保聯治和一體化制度創新。同時，鼓勵各地區充分發揮自身特色，立足本地實際譜寫美麗中國建設省域篇章。

（高振宇）

83. 如何積極穩妥推進碳達峰碳中和?

習近平總書記指出，我們承諾的「雙碳」目標是確定不移的，但達到這一目標的路徑和方式、節奏和力度則應該而且必須由我們自己作主。要堅持先立後破、穩中求進、循序漸進，在綠色低碳轉型過程中保障能源安全、產業鏈供應鏈安全、糧食安全和群眾正常生產生活。

（一）深入實施 2030 年前碳達峰行動方案。將碳達峰貫穿於經濟社會發展全過程和各方面，推動重點領域、重點行業和有條件的地方率先達峰。實施能源綠色低碳轉型行動，大力發展風能、太陽能、生物質能、海洋能、地熱能等新能源，不斷提高非化石能源消費比重。實施工業領域碳達峰行動，優化產業結構，加快退出落後產能，大力發展戰略性新興產業，加快傳統產業綠色低碳改造。推進城鄉建設綠色低碳轉型，加快既有建築和市政基礎設施節能降碳改造，推動超低能耗、低碳建築規模化發展。加快形成綠色低碳運輸方式，大力推進「公轉鐵」、「公轉水」，加快鐵路專用線建設，提升大宗貨物清潔化運輸水平。推進山水林田湖草沙一體化保護和修復，提高生態系統質量和穩定性，提升生態系統碳匯增量。增強全民節約意識、環保意識、生態意識，倡導簡約適度、綠色低碳、文明健康的生活方式。

（二）構建清潔低碳安全高效的能源體系。要深入推進能源革命，控制化石能源消費，加快建設新型能源體系。加快構建新型電力系統，大力提升新能源安全可靠替代水平。推動風電光伏高質量發展，啟動全國風電和光伏發電資源普查，加強大型風電光伏基地和外送通道建設，推動分布式能源開發利用，持續推動光熱發電規模化發展。積極穩妥推動海上風電開發建設。穩步推動可再生能源製氫項目發展，積極安全有序發展核電，開工建設一批條件成熟的沿海核電機組，積極穩妥發展水電。提高電網對清潔能源的接納、配置和調控能力。持續優化完善主網架，推動跨省份輸電

通道核准建設，增強電力省間互濟能力，推動配電網高質量發展，加快推進煤電等支撐性調節性電源建設，積極發展虛擬電廠、負荷聚合商、綜合能源服務等新業態，挖掘用戶側靈活調節潛力。發展新型儲能，促進新型儲能與電力系統各環節融合發展。促進綠電使用和國際互認。落實綠證全覆蓋等工作部署，加快制定綠證核發和交易規則。充分利用多雙邊國際交流渠道，推動國際機構特別是大型國際機構碳排放核算方法與綠證銜接。抓好煤炭、油氣資源低碳清潔高效利用。煤炭利用要實現全過程全要素清潔低碳。合理控制石油消費增速，科學優化天然氣消費結構，大力推進油氣輸送降碳提效，積極推動油氣加工轉型升級，深入開展碳捕集技術研發應用。

（三）**推動減污降碳協同增效。**開展多領域、多層次協同創新試點，提升多污染物與溫室氣體協同治理水平。編制國家溫室氣體清單。實施甲烷排放控制行動方案，研究制定其他非二氧化碳溫室氣體排放控制行動方案。強化揮發性有機物全流程、全環節綜合治理。推進玻璃、石灰、礦棉、有色等行業污染深度治理，推進鋼鐵、水泥、焦化等行業及燃煤鍋爐超低排放改造。全面開展鍋爐和工業爐窯簡易低效污染治理設施排查，通過清潔能源替代、升級改造、整合退出等方式實施分類處置。堅決遏制「兩高」項目盲目發展，對「兩高」項目實行清單管理、分類處置、動態監控，全面排查在建項目，科學評估擬建項目，深入挖潛存量項目。

（四）**不斷完善和發展碳市場。**我國的碳市場由碳排放權交易市場和溫室氣體自願減排交易市場組成。進一步發展全國碳排放權交易市場，擴大行業覆蓋範圍，不斷豐富交易品種、交易主體、交易方式，激發市場活力，充分發揮市場機制在碳減排資源配置中的決定性作用。逐步推行免費分配和有償分配相結合的碳配額分配方式，適時引入有償分配並逐步提升有償分配比例。促進全國溫室氣體自願減排交易市場穩定運行。加快研究和發布溫室氣體自願減排項目方法學等技術規範，為相關領域自願減排項目審定、實施與減排量核算、核查提供依據。

（五）**推動能耗雙控逐步轉向碳排放雙控。**這是積極穩妥推進碳達峰碳

中和的重要制度保障。2023年，中央全面深化改革委員會第二次會議審議通過《關於推動能耗雙控逐步轉向碳排放雙控的意見》，提出了有計劃、分步驟推動制度轉變的工作安排和實施路徑。要提升碳排放統計核算核查能力，深化核算方法研究，加快建立統一規範的碳排放統計核算體系。支持行業、企業依據自身特點開展碳排放核算方法學研究，建立健全碳排放計量體系。加快建立產品碳足跡管理體系，制定產品碳足跡核算基礎通用國家標準，明確產品碳足跡核算邊界、核算方法、數據質量要求和溯源性要求等。在確保方法統一和數據準確可靠的基礎上，建立相關行業碳足跡背景數據庫，為企業開展產品碳足跡核算提供公共服務。

（王勝謙）

84. 穩就業促增收有哪些措施?

促就業是政府的重要職責。隨着經濟持續回升向好，做好今年穩就業工作具有較好基礎和條件。但同時經濟運行仍存在不確定因素，就業總量壓力不減，結構性矛盾凸顯，穩就業還面臨不少困難挑戰。要認真貫徹黨中央關於把穩就業提高到戰略高度通盤考慮的重要要求，堅持實施好就業優先戰略，加力實施和完善有利於穩就業的政策舉措。

（一）在推動高質量發展中促進就業增長。解決就業問題最終要靠發展，實現高質量充分就業必須緊緊依靠高質量發展。一是支持就業容量大的行業企業發展。製造業、接觸型服務業等行業具有就業容量大、帶動效率高的優勢特點。在實施經濟社會發展規劃計劃時，要積極發展具有就業競爭力的產業，努力拓展就業崗位，推動重點企業用工服務保障向中小企業延伸，不斷推動就業量的擴大和質的提升。二是在發展新動能過程中培育新的就業增長點。大力發展數字經濟、綠色經濟，推動傳統產業高端化、智能化、綠色化轉型，培育壯大先進製造業集群，創造更多智力密集型就業機會。三是大力開發社會民生領域就業崗位。當前，養老、托育、助殘、社區工作、慈善公益等社會民生領域服務需求旺盛、崗位空間充足。據統計，全國有 3200 多萬失能半失能老年人，而目前專業養老護理員僅 34 萬人，按 3∶1 的國際一般標準，缺口達 1000 多萬人；全國 3 歲以下嬰幼兒有近 3000 萬，三分之一以上嬰幼兒家庭有托育需求，目前從業人員僅有 100 多萬人；全國有 1700 多萬重度殘疾人，每年 600 萬人有康復需求；全國 65 萬個城鄉社區僅有 400 多萬社區工作者，平均每個社區僅有 6 人左右，與實際需求缺口很大；全國還有 90 萬家社會組織，目前從業人員 1100 多萬，就業空間很大。要大力開發社會民生領域就業崗位，加大對社會服務機構的支持力度，鼓勵引導擴大就業崗位、吸納更多就業。文化旅遊等行業就業帶動力強，據測算，每增加 1 個旅遊業直接就業機會，能間接帶動 5—7

個就業崗位，要深挖潛力、着力釋放消費需求，擴大就業空間。

（二）加大對穩就業的政策支持力度。針對今年就業面臨的新情況，需要在三個方面加大力度。一是加大宏觀政策支持力度。各地區各部門在制定出台政策舉措時，有利於穩就業促就業的政策要多出早出，對就業有收縮和抑制作用的舉措要慎出少出，財稅、金融、產業、環保等政策要充分考慮穩就業需要。今年中央預算內投資、專項債、國債等政府性投資規模是近年來較高的，實施大規模設備更新和消費品以舊換新、加強技術改造也將創造大量就業機會，要充分發揮對就業的帶動作用，着力擴大就業增量。二是加大促就業專項政策力度。這方面涉及的政策比較多，包括稅費減免、就業補助、穩崗擴崗專項貸款等。對常態化實施的政策，要根據實施情況及時加以完善，擴大範圍、增強實效；對穩崗返還、一次性吸納就業補貼等階段性政策，要適時進行評估，該延續的延續、需調整優化的調整優化，保持政策的穩定性連續性。三是強化穩就業政策儲備。要加強對就業走勢的預研預判，針對潛在的風險隱患，做好前瞻性政策儲備，不斷豐富穩就業政策工具箱，確保一旦需要及時推出，堅決防範和化解規模性失業風險。

（三）努力促進城鄉居民通過勞動就業增收。《政府工作報告》提出今年居民收入增長與經濟增長同步，目標更積極、難度也很大。一方面，要支持鼓勵更多群眾通過就業實現增收致富。調查顯示，當前居民人均可支配收入的七成、脫貧家庭收入的八成，都來自工資性收入和經營性收入，可以説就業創業是居民收入的主要來源。要積極創造更多就業機會，鼓勵群眾廣泛參與就業活動，提高全社會勞動參與率，夯實增收的基礎。另一方面，要強化政策支持和改革力度。深化收入分配制度改革，研究制定擴大中等收入群體、促進低收入群體增收的措施，完善企業薪酬調查和信息發布機制，引導企業合理確定工資水平。去年不少省份上調了最低工資標準，今年一些符合調整條件的省份還將繼續作出合理調整，要健全最低工資標準評估機制，保障低收入勞動者獲得合理的工資報酬。

（喬尚奎）

85. 如何促進高校畢業生等重點群體就業？

高校畢業生、退役軍人、農民工、就業困難人員等，是做好就業工作需要突出的重點群體。要強化分類施策，確保高校畢業生等重點群體穩定就業，確保脫貧人口務工規模保持在3000萬人以上。

（一）**強化高校畢業生等青年促就業舉措。**預計今年高校畢業生超過1170萬人，再創歷史新高，必須採取更有力舉措解決好他們的就業問題。在就業渠道上，要充分發揮市場化就業主渠道作用。據統計，近年來高校畢業生到各類經營主體就業保持在六成左右，要落實和完善稅收減免、職業培訓補貼、社會保險補貼等政策，支持各類企業特別是民營企業擴大招聘規模。支持新一代信息技術、新能源等中高端製造業及現代服務業創造更多適合畢業生的崗位，在產業、就業等政策上給予傾斜。對機關事業單位、國有企業等政策性崗位，要穩定招聘規模，優化招聘安排，為畢業生求職留足時間。在就業導向上，要積極鼓勵畢業生到基層一線去、到艱苦邊遠地方去，紮實實施「三支一扶」計劃、特崗計劃、西部計劃等基層服務項目，提升大學生鄉村醫生專項計劃等項目質效，落實好國家助學貸款代償、放寬職稱評審條件等支持政策。在服務指導上，要一手抓職業指導，針對畢業生存在的慢就業、緩就業等問題，加強就業政策宣介、信息推送，進行職業規劃和就業創業指導，幫助他們轉變就業觀念、提升求職能力；一手抓就業促進服務，組織實施好就業服務攻堅行動、「千校萬崗」招聘等就業服務活動，為他們提供貫穿全年、銜接校內外的「不打烊」服務。對離校未就業畢業生，困難家庭、殘疾等畢業生和長期失業青年，要加強重點幫扶，促進盡早就業。同時，加強高等教育學科專業結構調整優化，推進高校課程體系改革，深化校企合作，減少人崗結構性錯配。

（二）**多渠道促進外出和返鄉農民工就業。**目前我國農民工超過2.9億人，穩就業的任務比較重。一是努力穩定和擴大脫貧人口務工規模。脫貧

人口穩定就業是確保不發生規模性返貧的關鍵所在。要加強勞務輸出省份和輸入省份的銜接協作，準確瞭解脫貧人口務工需求，優先提供就業信息、落實就業崗位。經濟大省要發揮就業承載力強的優勢，力爭吸納更多外地脫貧人口就業，為全國穩就業大局多作貢獻。要大力培育勞務品牌，鞏固勞務協作成果，加大對國家鄉村振興重點幫扶縣脫貧人口幫扶力度。二是努力為外出農民工提供更多就業崗位。外出農民工約佔農民工總量的60%，要堅持開展「春風行動」、「聯合招聘」等各類促就業活動，聚焦農民工和有用工需求的用人單位，集中開展引導有序外出、組織招聘用工等服務，確保全年外出農民工穩中有增。要加強農民工務工地就業服務，監測企業用工狀況，有針對性地完善幫扶措施。三是強化返鄉就業農民工支持。要結合推進鄉村全面振興，壯大鄉村富民產業，吸引有經驗、有技術的農民工返鄉創業。挖掘返鄉創業園場地資源，培育一批創業孵化基地，從政策、服務、金融等方面完善支持舉措，為返鄉農民工創業提供全方位支持。

（三）統籌做好退役軍人安置和幫扶就業。要用好相關政策，深入挖掘退役軍人人力資源潛能，促進就業安置、發揮最大效用。在計劃安置上，要創新完善機制，拓寬安置渠道，盤活安置崗位資源，更好地體現崗位與服役貢獻挂鈎、與個人德才匹配。要推進「陽光安置」，進一步規範安置移交方式和程序，建立健全通過考試考核競爭選崗的安置模式，確保公平公正。在就業扶持上，要加強培訓和幫扶，促進高質量充分就業。繼續完善支持退役軍人就業創業的金融、稅收、場地等政策，推動與各類企業深化合作，創造更多優質崗位資源。要紮實開展針對性培訓，強化以轉變擇業觀念為主導的適應性培訓，健全以就業為導向、供需一體的技能培訓體系，支持退役軍人穩定就業、更好創業。近年來，不少退役軍人在基層治理、鄉村振興等領域充分發揮優勢專長，實現了一舉多得的效果。要完善相關的培養選拔、組織保障等機制，為退役軍人創造更多施展才華的舞台。

（四）加大對困難人員的就業幫扶力度。重點是4000多萬低保群眾、200萬需要幫扶的殘疾人、數百萬零就業家庭成員等就業困難群體。一方面，要組織開展好就業援助活動。進一步摸清困難人員底數，分類實施崗

位推送、創業指導、技能培訓等援助措施，幫助更多人實現就業。對通過市場化渠道難以就業的，符合條件的要納入公益性崗位予以安置保障，對受災的困難群眾，盡可能開發一些臨時的公益性崗位，解決部分受災群眾短期內難以外出就業的問題。另一方面，要加強對特殊困難就業人員的幫扶力度。繼續實施好促進殘疾人就業三年行動，創新打造「美麗工坊」等殘疾婦女就業品牌項目，促進多渠道就業。對失業人員特別是其中的困難人員，既要按規定為符合條件的參保失業人員及時足額發放失業保險金，也要加強就業指導、技能培訓和崗位信息推介，促進盡快就業。

（喬尚奎）

86. 加強就業服務和權益保障有哪些具體措施？

加強就業服務、保障勞動者合法權益，是政府履行促就業職責的重要內容。要充分發揮我國就業服務體系的優勢作用，加大勞動者權益保障力度，為穩就業創造良好環境。

（一）**大力提升就業服務質量**。主要從三個方面着力：一是用好公共就業服務體系。目前，我國已經建立了覆蓋城鄉的五級公共就業服務體系，其中縣級以上人社部門的公共就業服務機構有 4700 餘家，超過 98% 的街道（鄉鎮）、社區（村）設立了專門的服務窗口，還有 1200 多個公共就業服務網站。對職業介紹、職業指導等 10 類免費獲取的基本公共就業服務，要全面提高服務質效，同時推動就業服務向基層延伸，打造「15 分鐘就業服務圈」、家門口就業服務站。組織開展好 2024 年全國公共就業服務專項活動，加快推進全國統一的公共就業服務平台建設，匯集各地公共就業服務資源，形成服務合力。二是完善靈活就業服務。將靈活就業服務全面納入政府公共就業服務範圍，依托全國已建成運行的 6900 多家零工市場，着力提升服務功能、規範運行模式、豐富服務內容。針對平台就業、打零工等不同類型靈活就業人員的特點，拓寬線上線下服務渠道和方式；對跨區域流動就業的，進一步便利社保參保繳費、暢通社保關係轉移接續。三是發揮人力資源服務機構作用。全國有 6.3 萬家市場化人力資源服務機構、2.1 萬個人力資源服務網站，規模大、專業化程度相對高，也更貼近市場。要積極引導他們參與重點群體公共就業服務、重點企業用工保障等，提升就業指導、職業規劃等服務功能，更好滿足勞動者多樣化的擇業需求。

（二）**適應發展需要加強職業技能培訓**。圍繞提升勞動者就業能力、促進緩解就業結構性矛盾，推動職業技能培訓進一步聚焦聚力、提升效能。一是突出重點行業和急需緊缺工種強化培訓。據有關方面預測，「十四五」期末我國製造業重點領域技能人才缺口將達到 3000 萬人，要聚焦戰略性新

興產業、先進製造業等急需緊缺職業，創新實施高技能領軍人才培育計劃，促進人才鏈與產業鏈融合發展。目前家政、養老照護、育幼等生活服務業用工缺口較大，據統計，我國家政服務從業人員超過 3700 萬人，但仍有 2000 萬人以上的缺口。要以實施巾幗家政服務專項培訓工程為載體，積極組織開展多渠道、多層次、多類型的職業培訓，提升從業人員的技能水平和職業道德素養。

二是充分調動各方面培訓積極性。我國有各類職業院校 1 萬多所，還有 2000 多個國家級高技能人才培訓基地、技能大師工作室等，要加大硬件設施、師資力量、教材資源投入力度，着力提升建設水平和育才功能。發揮產教融合實訓基地、公共實訓基地等平台作用，提升技能培訓的綜合承載能力。充分發揮企業培訓中心等載體作用，支持鼓勵企業依托自身優勢開展針對性培訓。三是加快健全職業技能培訓制度機制。要建好培訓項目目錄、培訓機構目錄、補貼性培訓實名制信息管理系統等「兩目錄一系統」，完善落實職業技能培訓補貼政策，加強培訓基礎建設和效能評價，推進職業技能培訓健康發展。加快健全終身職業技能培訓制度，推動職業教育、技工教育高質量特色發展，暢通技能人才職業發展通道，造就更多高技能人才和大國工匠。

（三）切實加強勞動者權益保障。在就業壓力較大的情況下，侵害勞動者權益的問題可能增多，需要更加重視、加大保障力度。一是營造公平就業環境。當前社會上對性別、年齡、身份、學歷等各類就業歧視的反映相對較多。要加強人力資源市場秩序規範和突出問題整治，及時糾正含有歧視內容和不合理限制的招聘行為。對違規開展求職招聘服務、侵害勞動者權益的，依法予以打擊懲處。二是保障農民工工資支付。隨着整治力度加大，拖欠農民工工資問題得到逐步緩解，但一些行業領域、建設項目等仍存在欠薪風險。既要聚焦突出問題開展好「薪暖農民工」等專項服務行動，集中解決一批欠薪問題；更要着眼健全根治欠薪長效機制，細化落實保障農民工工資支付的法規制度，全鏈條監測工資支付各個環節，着力構建源頭預防、動態監管、失信懲戒相結合的制度保障體系，推動從根本上解決

拖欠農民工工資問題。三是加強新就業形態勞動者權益保障。我國新就業形態就業人員超過 8000 萬人，但職業安全等方面保障仍有不少短板。近年來通過開展職業傷害保障試點，已經將部分勞動者納入保障範圍，今年要擴大試點，將更多地區、更多平台企業的勞動者納入保障範圍。同時，要落實好新就業形態勞動者休息和勞動報酬等方面的權益保障舉措，引導企業規範用工、新就業形態勞動者依法維權。要加強勞動關係協商協調機制建設，推進勞動爭議多元化解，促進社會和諧穩定。

（喬尚奎）

87. 如何抓好新冠疫情等重點傳染病防控？

去年以來，針對傳染病疫情流行的新形勢，在以習近平同志為核心的黨中央堅強領導下，各地區各部門堅持聯防聯控、多病同防，統籌應對新冠、流感等呼吸道傳染病疫情，實現新冠疫情防控平穩轉段，為經濟社會發展創造了良好環境。今年疫情防控形勢仍然存在不確定性，新冠病毒還在不斷變異，多病疊加流行的趨勢短期內難以消除，特別是「X疾病」全球流行風險加大，必須始終繃緊疫情防控這根弦，紮實做好各項防控措施落實。重點抓好以下工作。

（一）毫不放鬆抓好新冠疫情等重點傳染病常態化防控。實踐證明，無論新冠病毒毒株如何變異，中央制定實施的「乙類乙管」防控措施科學有效，要堅持不懈抓好各項防控措施落實，持續鞏固疫情防控成果。要密切跟踪國內外疫情動態，及時研判疫情走勢、病毒變異、局部聚集性疫情擴散風險等情況。要加強疫情監測報告，強化入境人員衛生檢疫、發熱門診病例檢測以及變異毒株監測，統籌做好流感、登革熱等季節性傳染病監測，尤其要重點關注聚集性不明原因肺炎，建立疫情風險評估制度，落實日監測、周分析、月評估制度，確保一旦發現異常，能夠及時發出預警並採取應急處置措施。要聚焦重點場所、重點機構、重點人群，緊盯重要時間和節點，結合傳染病季節性流行特點和人群免疫水平，及早部署和推進實施有針對性的傳染病防控措施。要強化幹部隊伍培訓和專業隊伍建設，健全完善黨政主導、部門協作、動員社會、全民參與的綜合防控工作機制，加強常態化監督檢查，確保各項防控措施落實到位。

（二）加快補齊疫情防控應急處置短板。要根據疫情防控新形勢，進一步健全防控監測網絡，提升各級疾控機構傳染病檢驗檢測和信息報告能力，推動建立健全智慧化多點觸發傳染病監測預警體系，在優化傳染病和突發公共衛生事件報告系統的基礎上，進一步拓展監測渠道和信息來源。啟動

建設哨點醫院、病原微生物網絡實驗室、監測站點三張「主動監測網」，拓寬輿情等社會感知監測，及時發現涉疫異常線索，進一步提高傳染病疫情實時分析、集中研判和科學預警能力。三年疫情防控表明，現場流調是個薄弱環節，要持續完善疾病預防控制體系，加強疾控應急和現場流調隊伍建設，切實提升現場流行病學調查能力。要以構建常態化分級分層分流醫療衛生體系為目標，強化醫療機構內部和醫療機構之間的資源統籌調配，提前做好藥品、設備等相關應急救治物資的儲備，充實兒科、呼吸科及發熱門診等重點科室和農村等薄弱地區傳染病一線救治力量，及早做好醫務人員培訓，提高診療識別和個人防護能力，不斷提升基層應急救治能力，滿足群眾看病就醫需求。

（三）繼續推進疫苗和藥物研發使用。疫苗和藥物是應對突發傳染病疫情最有力的武器。要結合疫情形勢變化和病毒變異情況，對現有的疫苗和藥物研發路徑加強評估，科學謀劃下一階段攻關方向，積極開展新型疫苗和有效藥品研發。要完善平戰結合的疫情防控和公共衛生科研攻關體系，充分發揮新型舉國體制優勢，統籌高校、科研院所、企業等各方面科研力量，提高體系化科技攻關能力和水平。一般來說，重大傳染病5年小流行、10年大流行。要加強戰略謀劃和前瞻性布局，實施重大傳染病防治科研攻關專項，積極開展生命科學領域的基礎研究和衛生健康領域關鍵核心技術攻關，加快生物醫學科技創新發展步伐，為可能出現的新的突發疫情提前做好防治技術儲備。隨着疫情形勢好轉，群眾接種疫苗意願不高。要加大宣傳和組織動員力度，積極引導老年人、有基礎性疾病的患者等重點人群接種新冠、流感疫苗，提高重點人群群體免疫水平。

（四）深入開展愛國衛生運動。愛國衛生運動是我國預防控制疾病流行的傳統法寶。要結合疫情防控需要，開展城鄉環境衛生整治，持續抓好背街小巷、老舊小區、城中村、城鄉接合部等重點區域和建築工地、農貿市場、小餐飲店等重點場所環境衛生治理，常態化開展清臟治亂大掃除。推進實施農村人居環境整治提升行動，開展村莊清潔和綠化行動。強化重點公共場所衛生管理，完善人員密集場所衛生設施。要廣泛開展病媒孳生地

清理工作，有效防控傳染病傳播。要加強社會健康綜合治理，加強基層愛國衛生工作網絡建設，加快愛國衛生運動與基層治理工作融合，推廣周末大掃除、衛生清潔日等活動，推動愛國衛生運動融入群眾日常生活。要大力倡導全民健康意識和健康生活習慣，引導群眾把近年來養成的居家通風、勤洗手、保持社交距離、科學佩戴口罩等好習慣堅持下去，做好家庭和個人防護，做自己健康第一責任人，築牢衛生健康第一道防線。

（王漢章）

88. 如何促進醫保、醫療、醫藥協同發展和治理?

醫保、醫療、醫藥都是為人民健康服務的，協調好才能形成合力。習近平總書記強調，要促進醫保、醫療、醫藥協同發展和治理，完善人民健康促進政策。李強總理在十四屆全國人大二次會議上所作的《政府工作報告》中對促進「三醫」協同發展和治理作出了部署。重點抓好以下工作。

（一）進一步完善全民基本醫保制度。 全民基本醫保是「三醫」聯動改革的關鍵一環。首先要穩步提高保障水平，這是基礎性工作。今年居民醫保人均財政補助標準繼續提高 30 元，對個人繳費要綜合考慮多方面因素，精準做好測算工作。同時加強宣傳引導，強化激勵約束，鞏固居民參保率。要有序推動基本醫療保險省級統籌，研究制定提高統籌層次的配套政策，建立健全與統籌層次相適應的管理體系。要完善國家藥品集中採購制度，強化集採中選產品使用、供應、考核、監測等全鏈條管理，落實集採結餘資金留用等激勵政策，探索醫保支付與集採價格協同的有效方式，暢通集採藥品進入醫院渠道，堅決避免集採藥品的短缺斷供。強化醫保基金使用常態化監管，織密醫保基金監管安全網。要深化醫保付費機制改革創新，加快推動醫保支付方式改革，激發醫療機構管理和使用醫保基金的內生動力。要落實和完善異地就醫直接結算，進一步優化跨省異地就醫結算管理服務，穩步提高住院費用跨省直接結算率，便利群眾看病報銷。

（二）持續推進公立醫院高質量發展。 公立醫院是我國醫療服務體系的主體，群眾對醫改成效的評價，很大一部分體現在公立醫院的臨床專科能力和服務水平上。要深化以公益性為導向的公立醫院改革，按照「騰空間、調結構、保銜接」的思路，推動落實地方政府投入責任和集採結餘資金留用、醫療服務價格動態調整等政策，優先調整兒科、麻醉、精神、藥學、護理等薄弱學科的服務價格，保障公立醫院正常運轉，夯實公立醫院公益性基礎。要突出抓好薪酬制度改革，把「兩個允許」政策落實到位，充分

體現醫務人員的技術勞務價值。要強化公立醫院預算績效管理和成本核算，加強對醫院人、財、物、技術等核心資源的精細化管理，提高公立醫院管理運行效率。要以滿足重大疾病臨床需求為導向，加強腫瘤、麻醉、重症、兒科、精神等臨床專科建設，支持高水平醫院建設疑難複雜專病及罕見病臨床診療中心、人才培養基地和醫學科技創新與轉化平台。要結合國際臨床醫學發展趨勢，加大再生醫學、精準醫療、生物醫學等關鍵診療技術攻關力度，推動相關臨床專科進入國際前列。縣醫院在農村醫療衛生服務體系中地位獨特，是解決縣域居民看病難看病貴的關鍵。要深入推進「千縣工程」，開展全國縣醫院醫療服務能力評估，有針對性地補齊縣域醫療服務的短板弱項。

（三）持續改善群眾就醫感受。以患者為中心改善醫療服務，既是深化醫改的內在要求，也是提升群眾看病獲得感的重要舉措。要穩步有序推進病房改造，適當提高床位配置水平，保留一定的單人間、多人間比例，在政策允許的範圍內增加特需醫療服務供給，滿足人民群眾多元化需求。要擴大專業護理人才招用規模，深入開展改善護理服務行動，推進優質護理，增加醫療機構護士配備，提升護理服務水平。要深入推進全面提升醫療質量行動，進一步完善醫療質量安全管理制度、醫療服務行為規範，提升醫療服務標準化、規範化水平。要加強醫院文化建設，增進醫患溝通，加強人文關懷，有效改善就醫環境。現在，國家全民健康信息平台基本建成，17個省份開展了電子病歷省內共享調閱，204個地市開展檢查檢驗結果互通共享。要進一步抓好這項工作，加快推進檢查檢驗結果在大範圍內互認，縮短患者就醫時間、減輕醫療費用負擔。

（四）加快構建分級診療服務格局。要促進優質醫療資源擴容和區域均衡布局，今年重點深化「雙中心」（國家區域醫療中心和國家醫學中心）管理體制和運行機制改革，優化完善管理考核、動態調整機制，推動地方落實投入、醫保、人事等各方面的保障，逐步形成「雙中心」建設的政策體系，確保健康可持續運行。要拓展基層醫療衛生服務功能，根據基層群眾看病需要，進一步提高鄉鎮衛生院和社區衛生服務中心建設標準，健全基

層醫療衛生機構臨床科室設置和設備配備，促進與上級醫院協調聯動，增強鄉鎮衛生院二級及以下常規手術等醫療服務能力，同時擴大基層醫療衛生機構慢性病、常見病用藥種類，方便基層群眾就醫。加強基層醫療衛生人才隊伍建設，落實好「縣招鄉用」、「鄉聘村用」、崗位津貼等激勵政策，吸引一批正規培訓的全科醫師下到基層，增強群眾到基層看病的吸引力。要以基層醫療機構為主要平台，以老年人、孕產婦、慢性病患者等為重點，紮實有序做好家庭醫生簽約服務。要健全簽約服務收付費機制，實行簽約居民在就醫、轉診、用藥、醫保、價格等方面的差異化政策，特別要改革醫保付費機制，報銷政策向簽約居民傾斜，引導群眾基層首診。

（王漢章）

89. 促進中醫藥傳承創新有哪些支持政策?

中醫藥學包含着中華民族幾千年的健康養生理念及其實踐經驗,是中華民族的偉大創造和中國古代科學的瑰寶。習近平總書記多次對中醫藥工作作出重要指示批示,強調遵循中醫藥發展規律,傳承精華,守正創新,推動中醫藥事業和產業高質量發展。李強總理在十四屆全國人大二次會議上所作的《政府工作報告》中明確要求,要促進中醫藥傳承創新,加強中醫優勢專科建設。貫徹落實好黨中央和國務院決策部署,促進中醫藥振興發展,需要採取以下重點措施。

(一)以優勢專科建設為重點,建強符合中醫特色的醫療服務體系。大力加強中醫優勢專科集群建設,建設 1000 個左右的國家中醫優勢專科,強化中醫醫院兒科、老年病科、中醫專病門診建設,構建我國中醫專科建設發展新格局。推進中西醫結合,開展重大疑難疾病中西醫臨床協作,實施綜合醫院中西醫協同發展能力提升行動,推進診療模式改革創新,不斷提高癌症、心腦血管病、糖尿病、感染性疾病等重大疑難疾病和慢性病、傳染性疾病臨床療效。要接續推進中醫類國家醫學中心和區域醫療中心、中醫特色重點醫院建設,促進優質醫療資源提質擴容和均衡布局。圍繞做好新冠、流感等呼吸道傳染病防控,加強中醫醫院急診科、重症醫學科建設和兒科、呼吸科等資源統籌,及時完善中醫藥防治方案,推進兒童用藥劑型創新,最大程度滿足群眾看中醫需求。

(二)以提升中藥質量為抓手,推進現代中醫藥產業加快發展。要研究出台提升中藥質量、促進中醫藥產業高質量發展的政策措施,強化金融支持,促進中藥產業鏈價值鏈循環暢通。要強化規劃引領和技術指導,發揮龍頭企業作用,引導道地藥材規範種植,推進珍稀瀕危中藥材人工繁育,協同推進中藥材種植、生產、流通全過程質量管理和追溯體系建設,推動中藥材種植由重規模、求產量向重質量、求效益轉變。要實施重大新藥創

製等重大項目，持續推進古代經典名方關鍵信息考證，加快古代經典名方、醫療機構製劑研發，加快中藥劑型改良工藝創新，提高研發水平。要加快推進中藥標準研究和中藥製造數字化、智能化，促進中藥產業轉型升級。要完善中成藥多維度評價技術體系和標準體系，持續推進中藥療效評價研究。要優化炮製基地建設布局，對古法炮製、臨床短缺品種開展重點挖掘，深入挖掘中藥炮製等原創技術中蘊含的科學原理和臨床價值。

（三）以科技創新為支撐，塑造中醫藥發展新優勢。深化中醫藥領域全國重點實驗室和中國中醫藥循證醫學中心建設，推動國家中醫藥傳承創新中心建設，啟動國家中醫藥管理局重點實驗室建設，建設一批高層次科研平台。要完善中醫藥重大科研項目組織形式和管理機制，深化中醫藥領域的科學研究、產品研發和創新發展。要實施好高水平中醫醫院臨床研究和成果轉化能力試點，產出一批中醫藥防治重大疾病的高質量療效證據，推進臨床成果及時轉化為診療規範、中藥新藥、診療裝備。要實施好中醫藥特色人才培養工程（岐黃工程），新遴選一批岐黃學者、中醫藥創新團隊，分類推進重點學科、優才、西學中等項目實施。要創新人才發展體制機制，推進中醫藥人才分類評價體系建設，落實基層中醫藥人才「定向評價、定向使用」政策，引導各類人才向基層流動，努力實現基層「館館有中醫師」。

（四）以深化中醫藥改革為動力，加快破除制約中醫藥發展的體制機制障礙。中醫藥改革是促進醫保、醫療、醫藥協同發展和治理的重要內容，要把握重點、抓住關鍵，健全中醫藥資源的保護和利用機制，補齊中醫藥事業發展短板，充分發揮中醫藥特色優勢，促進中醫藥傳承創新發展。要結合中醫藥特色，研究制定促進公立中醫醫院高質量發展和完善中醫醫院運行機制的政策舉措，健全符合中醫藥特點的醫保支付方式，探索符合中醫藥特點的「三醫」聯動改革模式。要紮實推進國家中醫藥綜合改革示範區、中醫藥傳承創新發展試驗區建設。研究制定符合中醫藥特點的專利審查標準、中醫藥傳統知識保護制度，完善中醫藥法律法規體系，加強中醫藥行業標準制修訂及推廣應用。要加快推進中醫藥數字化，激發中醫藥數據要素價值。

（五）以推進中醫藥文化建設和對外交流合作為契機，不斷提升中醫藥影響力和傳播力。實施好中醫藥文化弘揚工程，辦好群眾喜聞樂見的中醫藥健康文化傳播活動，推進中醫藥博物館體系建設，深化全國中醫藥文化宣傳教育基地建設，推出一批中醫藥文創精品，充分展示中醫藥的歷史價值、文化價值、時代價值。要實施好中醫藥國際合作專項，繼續布局建設一批中醫藥海外中心，打造中醫藥對外交流的示範平台和重要窗口，推動中醫藥高質量融入共建「一帶一路」。積極參與傳統醫藥治理規則的制定，支持發布一批高質量的中醫藥國際標準，不斷鞏固我傳統醫藥大國地位，做傳統醫藥治理的參與者、推動者、引領者，發揮傳統醫藥在構建人類衛生健康共同體中的獨特優勢。

（王漢章）

90. 如何做好養老服務保障工作?

為有效保障老年人的基本生活,國家連續多年提高了相關的財政補助和保障標準。綜合考慮經濟發展、財力水平及保障和改善民生需要,今年《報告》提出提高城鄉居民基礎養老金最低標準,繼續提高退休人員基本養老金等社會保障水平。同時圍繞社會關注的養老服務問題,進一步加大支持力度。

(一)適當提高養老保障水平。我國目前領取基本養老保險待遇的人員超過 3 億人,養老金是他們的主要收入來源,適當提高待遇水平,有利於進一步增進老年人福祉。第一,城鄉居民基礎養老金月最低標準提高 20 元。我國從 2009 年開展新型農村社會養老保險試點,2014 年建立統一的城鄉居民養老保險制度。居民養老保險全國最低標準最初為每人每月 55 元,經過 5 次提高,到 2023 年達到每人每月 103 元。與低保金、退休人員基本養老金等保障水平相比,城鄉居民基礎養老金較低。考慮到群眾關切、城鄉居民基礎養老金實際情況和財力可持續性,今年全國最低標準再提高 20 元,較上年增長 19.4%、是近年來增幅較大的,調整後將達到每人每月 123 元,政策惠及超過 1.7 億人。123 元只是全國最低標準,地方可以在此基礎上根據財力狀況繼續增加基礎養老金,加上參保人的個人賬戶部分,實際能領取的待遇會更高一些。按照預算安排,提高標準所需的資金由中央和地方共同負擔,其中中央財政補助佔大頭,更好保障這項惠民政策落地。第二,繼續提高退休人員基本養老金。經過多年的連續調整,城鎮退休職工基本養老金水平逐步提高,2023 年又按平均增長 3.8% 的水平進行了調整,1.4 億退休人員基本生活得到較好保障。考慮到就業人員工資增長和物價漲幅等有關情況,今年繼續提高退休人員基本養老金具備一定條件,且退休人員生活保障水平整體仍然偏低,提標也有利於改善他們的收入和生活。今年將按照相關的政策機制進行一定比例的調整,總的還是堅持激勵

和約束並重，定額調整、挂鈎調整和適當傾斜相統籌，更好體現「多繳多得、長繳多得」的導向。

（二）加強養老服務供給。重點是圍繞我國老年人的養老需求、養老服務中的短板弱項等，優化相關的資源配置。第一，大力支持居家社區養老服務。據調查，我國 97% 左右的老年人選擇居家社區養老。要圍繞失能老年人等居家照護需求，積極推進老年助餐服務、家庭養老床位、志願互助等服務，加快推進社區嵌入式養老服務設施建設，有效提高居家社區養老服務的可及性便捷性。推動制定居家社區養老服務清單、服務標準，着力提升生活照料、醫療護理、精神慰藉、緊急救援等服務能力。第二，優化養老服務資源布局。加強城鄉社區養老服務網絡建設，積極在縣鄉層面發展具備全日托養、日間照料、上門服務、區域協調指導等綜合功能的區域養老服務中心，在社區大力培育連鎖化、規模化運營的養老服務機構。針對部分養老機構床位空置率偏高、護理型床位不足等問題，要優化養老機構床位結構，加大對民辦養老機構的政策支持，幫助降低運營成本，為老年人提供價格可承受的普惠養老服務。第三，加快補齊農村養老服務短板。我國農村老齡化程度比城市高，對養老服務需求更為迫切。但農村養老服務體系建設滯後，家庭養老和土地保障功能弱化，困難更為突出。要加強農村地區養老服務設施建設，推進鄉鎮敬老院轉型建設為區域養老服務中心，完善鄉鎮醫療機構與農村養老服務機構合作，有效擴大農村養老服務供給。同時，因地制宜發展鄰里互助點、農村幸福院、養老大院等互助養老模式，多措並舉解決好農村養老服務問題。

（三）大力發展銀髮經濟。我國老年人口規模大，老齡化速度快，既帶來一定的挑戰，也蘊含着巨大的潛力。2023 年，我國 60 歲及以上老年人口近 3 億人、佔總人口的比重達到 21.1%，生存型和發展型的需求都很大。一方面，要圍繞滿足老年人多樣化需求，引導企業有針對性地加大老年用品和服務供給。據統計，2023 年我國老年用品市場規模達到 5 萬億元，産品數量和種類具備了一定規模，但仍有很大提升空間。要結合老年人衣食住行醫等不同的場景需求，特別是需求較為集中的生活起居、食品保健、

健康管理、安全保障等，開發更多個性化、實用化的老年用品。對家政服務、老年旅遊、養老金融等產品和服務，也要拓展產品種類、豐富服務業態，並抓好產品質量和安全監管。另一方面，要支持企業提高質量標準，通過優化供給引領激發消費潛能，培育新的經濟增長點。我國老年用品和服務的標準化、品質化水平仍然不高。要開展高標準領航行動，在老年用品、適老化改造、智能技術應用等領域開展標準化試點，加快培育一批具有示範引領作用的銀髮經濟經營主體，規劃布局若干高水平銀髮經濟產業園區，提升產業發展水平。通過打造高品質、多元化的老年用品和服務生態，有利於擴大老年群體的選擇，也有利於釋放潛在消費需求，促進提高老年生活品質和擴大內需形成良性循環。

（王存寶）

91. 發展銀髮經濟有哪些發力點?

發展銀髮經濟是實施積極應對人口老齡化國家戰略的重要舉措,關乎經濟發展和民生福祉。習近平總書記在二十屆中央財經委員會第一次會議、中央經濟工作會議上強調要發展銀髮經濟,今年《政府工作報告》提出明確要求,我們要認真抓好貫徹落實。

(一)在解決老年人急難愁盼上持續發力。2023 年底,我國 60 歲及以上老年人已超 2.9 億,佔總人口 21.1%。滿足老年人基本生活和服務需求,是發展銀髮經濟的重要着力點。一要發展老年助餐服務。根據第五次城鄉老年人生活狀況抽樣調查,我國老年人 22.1% 有助餐服務需求,要深入落實積極發展老年助餐服務行動方案,創新老年助餐組織形式、服務模式、運營機制,引導餐飲企業、物業服務企業和公益慈善組織等參與,在可持續的基礎上擴面提質增效,惠及更多老年人。二要優化老年健康服務。加強綜合醫院、中醫醫院老年醫學科、康復醫院、護理院(中心、站)等建設,提高老年病防治水平。深化醫養結合,提高基層醫療衛生機構康復護理、健康管理能力,擴大家庭醫生簽約服務覆蓋面。三要完善養老照護服務。目前我國養老服務床位有 820.1 萬張,要增加護理型床位比例,提高失能失智等老年人照護服務能力。加強縣鄉村三級養老服務網絡建設,補齊農村養老服務短板。四要拓展社區便民服務。適應 90% 多的老年人選擇居家社區養老的實際需求,發展社區嵌入式服務設施,鼓勵家政、物業等人員提供助老服務,積極開展老年文體活動,讓老年人就近就便享受服務。

(二)在擴大高品質產品和服務供給上持續發力。隨着經濟社會發展水平提升,老年人提高生活品質的願望不斷增強,特別是以「60 後」為代表的新老年群體,其養老需求正在從生存型向發展型轉變,這對增加多樣化高品質產品供給提出了新的要求。一要強化老年用品創新和推廣應用。發揮我國科技創新實力雄厚、工業體系健全、老年用品市場規模大等優勢,

推動老年服飾、鞋帽、保健產品以及助聽器、拐杖等康復輔助器具功能升級，發展抗衰老產業，不斷研發製造新產品。完善智慧健康養老產品及服務推廣目錄，推進新一代信息技術以及移動終端、可穿戴設備、服務機器人等集成應用。二要擴大旅遊服務供給。完善酒店、民宿等服務設施，培育旅居養老目的地，發展老年旅遊保險業務，讓老年人更好享受「詩和遠方」。三要豐富發展養老金融產品。支持金融機構依法合規發展養老金融業務，在全國實施個人養老金制度，不斷夯實應對人口老齡化的社會財富儲備。

（三）在做優做強相關產業上持續發力。目前我國銀髮經濟規模在 7 萬億元左右，佔國內生產總值比重約 6%，與發達國家相比還有較大差距，必須統籌發展老年階段的老齡經濟和未老階段的備老經濟，壯大潛力產業，推動銀髮經濟規模化、標準化、集群化、品牌化發展。一要培育銀髮經濟經營主體。鼓勵引導國有企業結合主責主業拓展銀髮經濟相關業務，充分發揮民營經濟作用，推動形成一批龍頭企業。二要強化標準引領。開展高標準領航行動，在養老服務、文化和旅遊、老年用品、適老化改造、智能技術應用等領域開展標準化試點，帶動提高產品和服務質量。三要擴大產業規模。在京津冀、長三角、粵港澳大灣區、成渝等區域規劃布局高水平銀髮經濟產業園區，促進產業集群發展。培育老年用品展會、博覽會，依托中國品牌日等活動開展銀髮經濟自主品牌宣傳。拓寬消費渠道，打造一批讓老年人放心消費、便利購物的線上平台和線下商超。

（四）在強化要素保障、優化發展環境上持續發力。一方面，要強化土地、資金、技術、人才等要素支撐。科學編制供地計劃，保障養老服務設施和銀髮經濟產業用地需求。用好中央預算內投資相關專項、地方政府專項債券、普惠養老專項再貸款等，為符合條件的銀髮經濟產業項目提供支持。圍繞銀髮經濟重點領域推動前瞻性、戰略性科技攻關，通過中央財政科技計劃支持相關科研活動，建立銀髮經濟領域數據有序開放和合理開發利用機制。加強人才隊伍建設，支持和引導普通高校、職業院校增設銀髮經濟相關專業，鼓勵開展養老護理等職業技能等級培訓及評價。另一

方面，要營造各方支持的良好環境。推進老年友好型社會建設，持續落實「十四五」時期支持 200 萬戶特殊困難高齡、失能、殘疾老年人家庭居家適老化改造任務。加強老年人優待，廣泛開展敬老活動，選樹表彰孝親敬老先進典型。強化老年人權益保障，廣泛開展老年人識騙防騙宣傳教育活動，嚴厲打擊欺老虐老以及打着養老旗號搞圈錢欺詐、非法集資等違法行為，讓老年人安享幸福生活。

（劉開標）

92. 從哪些方面健全生育支持政策？

保持適度生育水平，是促進人口長期均衡發展的現實需要。今年《政府工作報告》提出健全生育支持政策，要堅持系統觀念，將婚嫁、生育、養育、教育一體考慮，不斷完善各項生育支持政策，以人口高質量發展支撐中國式現代化。

（一）**優化完善生育支持措施**。重點是完善財政、稅收、保險、教育、住房、就業等積極生育支持措施，不斷提高生育意願並推動向生育行為轉化。2022 年，國家決定將納稅人照護 3 歲以下嬰幼兒子女的相關支出，按照每個嬰幼兒每月 1000 元的標準定額扣除。2023 年，將上述扣除標準提高到 2000 元，同時還有 10 多個省份在不同層級探索實施育兒補貼制度，北京、廣西率先按程序分別將 16 項、9 項輔助生殖類醫療服務項目納入基本醫保支付範圍，進一步減輕了相關家庭的經濟負擔。2024 年，國家將研究建立家庭生育養育教育成本監測體系，繼續加大工作力度，圍繞提高優生優育水平、完善生育休假和待遇保障機制、加強優質教育資源供給等推動出台更多具體的措施。一是優化生育假期制度。這屬於時間上的支持政策。對現有的法定產假等制度，要結合各地已普遍提高實際產假時間的情況研究完善，對育兒假、陪護假、哺乳假等方面的政策和管理要進一步細化優化，鼓勵支持用人單位實行彈性工作制，緩解家庭在育兒時間投入方面的壓力。二是完善經營主體用工成本合理共擔機制。要結合實際完善生育假期成本分擔機制，合理確定政府、用人單位、家庭等相關方責任，研究適當加大財政或社會保障制度支持，延長生育津貼支付期限，降低企業的用人成本。

（二）**大力發展普惠托育服務**。家庭是養育孩子的第一責任主體，隨著三孩生育政策實施，「誰來帶娃」成為很多家庭面臨的難題。從 2020 年至 2023 年，國家共安排中央預算內投資 36 億元，新建 48 個地市級以上托育

綜合服務中心，各地區也加大了投入力度，2023 年國家衛生健康委等命名了第一批 33 個全國嬰幼兒照護服務示範城市。目前，全國共有提供托育服務的機構近 10 萬個，托位約 480 萬個，每千人口托位數約 3.4 個，與全國近 3000 萬的嬰幼兒數量和強烈的托育服務需求相比，托位缺口仍然較大，有的托育機構還面臨運營成本高、專業人才不足等困難。2024 年，國家將實施普惠托育專項行動，多渠道增加托育服務供給，充分調動社會力量積極性，加大對各類托育服務機構的支持力度，幫助把運營成本、收托價格降下來，讓有需要的嬰幼兒家庭能夠送得起、用得上。同時，加強部門綜合監管，提升托育服務質量，守住安全和健康底線。加快推進托育服務立法，切實保障托育依法規範發展。

（三）積極營造生育友好社會氛圍。這是一項需要持續努力、久久為功的工作，也是健全生育支持政策的重要內容。要深入推進婚俗改革和移風易俗，在我國傳統節日和世界人口日、國際家庭日、國際女童日等重要時間節點，持續宣傳弘揚新型婚育文化，破除婚嫁大操大辦、高價彩禮等陳規陋習，引導樹立正確的婚戀觀、家庭觀、生育觀。進一步發揮各類媒體作用和群團組織優勢，積極開展人口基本國情宣傳教育，提倡適齡婚育、優生優育，倡導尊重生育的社會價值、尊重父母、兒童優先、夫妻共擔育兒責任。推進兒童友好城市建設，推動兒童友好要求在社會政策、公共服務、權利保障、成長空間、發展環境等方面得到充分體現。全面開展健康家庭建設，培育幸福健康家庭典型，營造重視家庭、尊重生育、性別平等的社會氛圍。

（劉開標）

93. 如何進一步織密紮牢民生兜底保障安全網?

當前一些地方財政收支壓力較大，部分群眾就業增收面臨困難，需要更加重視困難群眾基本生活兜底保障。要細化完善政策舉措，抓好辦成一批群眾可感可及的實事，堅決兜住、兜準、兜好民生底線。

（一）健全分層分類的社會救助體系。要按照對象分層、內容分類、動態監測、綜合施策的要求，有效做好困難群眾幫扶救助。一是基本生活救助要應保盡保。低保對象、特困人員屬於最困難的一類群體，特別是其中有1900多萬通過納入兜底保障實現脫貧的人口，更是重中之重。要統籌防止返貧和低收入人口幫扶政策，研究相關政策的銜接，保持政策總體穩定，確保不出現脫保漏底。完善用好全國低收入人口動態監測信息平台，運用其涵蓋的6600多萬低收入人口數據情況，加強精準監測和識別，將符合條件的困難群眾及時納入保障範圍，切實做到應保盡保。二是急難救助要及時到位。特別是進一步打通異地救助的「堵點」，落實「分級審批」、「先行救助」、鄉鎮（街道）臨時救助備用金等政策，從制度上調動地方政府的積極性，主動落實異地救助責任，全面推進由急難發生地實施臨時救助。三是專項社會救助要精準覆蓋。醫療、教育、住房、就業等專項救助，是分層分類社會救助體系的重要組成部分。去年將專項救助範圍擴大到低保邊緣家庭、剛性支出困難家庭，要進一步細化政策規定，全面開展認定工作，並分別納入相應的專項救助範圍。此外，在做好物質救助基礎上，要根據困難群眾的多元化需求，加快發展服務類救助，制定相關的政策措施，推動社會救助由資金救助、實物救助向服務救助拓展，加快形成「物質＋服務」的救助方式，更好保障困難群眾基本生活。

（二）做好留守兒童和困境兒童關愛救助。留守兒童和困境兒童是需要特別關注的群體，各級政府、家庭和社會各方面都要加強關愛保護。一是強化各方面責任。首先要強化家庭的監護責任，督促父母增強監護責任意

識，履行好撫養、教育和保護等方面責任。同時要落實地方屬地責任，充分發揮66萬多名村（居）兒童主任作用，健全監測預防、強制報告、應急處置、評估幫扶、監護干預「五位一體」的基層兒童保護機制。二是着力解決突出困難和問題。聚焦基本生活、教育、醫療和心理健康等方面問題，採取有力政策舉措。在保障基本生活方面，要用好現有的幫扶政策和服務渠道，主動、精準識別發現留守兒童和困境兒童，及時納入相應的社會救助和保障範圍。在教育、醫療方面，主要是落實好教育資助、醫療康復等政策，保障義務教育入學，保障他們有病時能夠及時就醫，減輕家庭醫療支出負擔。由於缺乏陪伴和關愛，留守兒童和困境兒童出現心理健康問題的風險較高。現在全國建立了30多萬所城鄉社區兒童之家，要統籌運用好這些平台，加強心理、情感、行為和安全自護等指導服務，讓他們獲得生活照護和情感慰藉。此外，要穩步提升兒童福利水平，完善困境兒童分類保障政策，加強孤兒、事實無人撫養兒童的救助保障，不斷提高保障水平。

（三）加強殘疾預防和康復服務。一方面，對殘疾預防工作要常抓不懈。要樹立全人群、全生命周期的殘疾預防意識，繼續落實好《國家殘疾預防行動計劃（2021—2025年）》，提高全社會殘疾風險綜合防控能力，有效減少殘疾的發生與發展。要鞏固殘疾兒童少年義務教育入學率，着力提升特殊教育發展水平，通過家庭醫生簽約服務等方式，提高殘疾人醫療服務質量。同時，要廣泛開展殘疾人群眾性文化體育活動，豐富殘疾人精神文化生活，加快無障礙環境建設，讓殘疾人出行、交流、生活、工作更加安全便利，促進殘疾人平等參與。另一方面，要更加重視提高殘疾康復服務水平。康復是殘疾人最迫切的需求。目前，殘疾人基本康復服務覆蓋率穩定在85%以上。要繼續錨定殘疾人「人人享有康復服務」目標，深入開展精準康復行動，推動醫療康復發展，讓殘疾人得到及時有效的康復服務。從現實情況看，我國持證殘疾人中有近1700萬重度殘疾人，一些重度殘疾人常年臥床、依靠家人照料，給家庭帶來沉重的經濟負擔和精神壓力，也嚴重影響殘疾人生活質量。要突出加強殘疾人托養照護服務，充分發揮各方面優勢、調動各方面積極性，研究完善重度殘疾人托養照護服務制度和

政策，使重度殘疾人得到更好照料，幫助他們的家人解除後顧之憂，達到「托養一個人、解脫一家人」的效果。

（王存寶）

94. 如何豐富人民群眾精神文化生活？

文化興則國家興，文化強則民族強。黨的二十大報告強調要滿足人民日益增長的精神文化需求，今年《政府工作報告》對豐富人民群眾精神文化生活作出具體部署，主要是抓好四方面工作。

（一）深入學習貫徹習近平文化思想，廣泛踐行社會主義核心價值觀。黨的十八大以來，習近平總書記在新時代文化建設方面有一系列新思想新觀點新論斷，內涵豐富、論述深刻，是新時代黨領導文化建設實踐經驗的理論總結，豐富和發展了馬克思主義文化理論，構成了習近平新時代中國特色社會主義思想的文化篇，形成了習近平文化思想。要深入學習貫徹習近平文化思想，更好擔負起在新的歷史起點上繼續推動文化繁榮、建設文化強國、建設中華民族現代文明這一新的文化使命。着眼於培養擔當民族復興大任的時代新人，推動理想信念教育常態化制度化，以慶祝中華人民共和國成立 75 周年為契機，加強愛國主義教育，深入開展社會主義核心價值觀宣傳教育，厚植愛黨愛國愛社會主義情懷。完善思想政治工作體系，推進大中小學思想政治教育一體化建設。深入實施公民道德建設工程，開展群眾性精神文明創建活動，一體推進社會公德、職業道德、家庭美德、個人品德建設，更好培育時代新風新貌。加強網絡內容建設，推進網絡綜合治理，深入開展「淨網」、「清朗」、「劍網」系列專項行動，培育積極健康、向上向善的網絡文化。

（二）創新實施文化惠民工程，大力發展文化產業。要堅持把社會效益放在首位、社會效益和經濟效益相統一，促進文化事業和文化產業高質量發展。加強文化精品創作生產，引導廣大文化文藝工作者踐行以人民為中心的創作導向，深入生活、紮根人民，推出更多展現中國精神、反映時代氣象、深受人民喜愛的優秀作品。健全現代公共文化服務體系，推進城鄉公共文化服務體系一體化建設，開展更多健康有益、啟智潤心的群眾文

化活動。深化全民閱讀活動，加快構建覆蓋城鄉的全民閱讀推廣服務體系。進一步擴大公共文化場館免費開放範圍、提高服務水平，積極採取延長開放時間、提高參觀人數限額、創新展陳方式等措施緩解供需矛盾、優化參觀體驗。以重大文化產業項目為抓手優化產業結構布局，加快培育一批品牌文化產業園區，打造富有競爭力的文化企業，提高文化產業規模化、集約化、專業化水平。改造提升演藝、娛樂、工藝美術等傳統業態，培育線上演播、數字藝術、互動式沉浸式產品等新業態新模式，形成更多新的文化產業增長點。促進文化和旅遊深度融合，擴大優質旅遊產品供給並提升文化品位、豐富精神內涵，完善旅遊設施服務，規範旅遊市場秩序，強化旅遊安全保障，持續鞏固旅遊市場回升向好態勢。

（三）加強文物系統性保護和合理利用，推進非物質文化遺產保護傳承。認真貫徹落實黨中央關於堅持保護第一、加強管理、挖掘價值、有效利用、讓文物活起來的工作要求，着力推動對文物古跡、古老建築、名城名鎮、歷史街區、傳統村落、文化景觀、非遺民俗等文化遺產的系統性保護。開展第四次全國文物普查，全面掌握我國不可移動文物資源情況，為加強文化遺產保護夯實工作基礎。深入實施中華文明探源工程和「考古中國」重大項目，為更好認識源遠流長、博大精深的中華文明提供新材料、新證據和新成果。系統實施重點文物保護工程，加強低級別不可移動文物保護管理，強化可移動文物和古籍保護修復，加強歷史文化名城、街區、村鎮等的整體保護和活態傳承。健全文物安全長效機制，着力防範法人違法、盜竊盜掘、火災事故等風險。推進國家文化公園、國家考古遺址公園建設，深入挖掘長城文化、大運河文化、長征精神、黃河文化、長江文化的深厚內涵、歷史底蘊和時代價值。發揮好紅色遺址、革命文物在黨史學習教育、革命傳統教育、愛國主義教育等方面的重要作用，生動傳播紅色文化。做好文物保護單位惠民開放，重視運用數字化等技術加強文物研究闡釋傳播，依托文物資源開發群眾喜聞樂見的文創產品。貫徹「保護為主、搶救第一、合理利用、傳承發展」的工作方針，深入實施非物質文化遺產傳承發展工程。完善調查記錄體系，實施傳承人研修培訓計劃，推進非遺

工坊、非遺保護示範基地等建設，促進非遺技藝傳承。依托非遺資源開發文化旅遊產品，加大非遺傳播普及力度，調動全社會關注非遺保護傳承的積極性。

（四）深化中外人文交流，提高國際傳播能力。落實全球文明倡議，秉持開放包容理念，廣泛參與世界文明對話，深入開展同各國人文交流合作，推動文明交流互鑒。繼續實施好「文化絲路」計劃，舉辦中法文化旅遊年、中俄文化年，廣泛開展各層級文化交流活動，努力開創世界各國人文交流、文化交融、民心相通新局面。堅守中華文化立場，提煉展示中華文明的精神標識和文化精髓，加快構建中國話語和中國敘事體系。完善國際傳播工作格局，創新對外話語表達方式，形成同我國綜合國力和國際地位相匹配的國際話語權，講好中國故事、傳播好中國聲音，展現可信、可愛、可敬的中國形象。

（王曉丹）

95. 如何加強文化遺産保護傳承？

文物和文化遺産承載着中華民族的基因和血脉，是不可再生、不可替代的中華優秀文明資源。2023 年 6 月 2 日，習近平總書記在出席文化傳承發展座談會時強調，要像愛惜自己的生命一樣保護歷史文化遺産，加強文物保護利用和文化遺産保護傳承。要認真貫徹落實黨中央關於堅持保護第一、加強管理、挖掘價值、有效利用、讓文物活起來的工作要求，着力加強對文物古跡、古老建築、名城名鎮、歷史街區、傳統村落、文化景觀、非遺民俗等文化遺産的系統性保護，賡續中華文脉、推動中華優秀傳統文化創造性轉化和創新性發展。

（一）加強文物系統性保護。目前，我國擁有各類不可移動文物 76.7 萬處，其中全國重點文物保護單位 5000 餘處；國有可移動文物 1.1 億件（套），其中一二三級珍貴文物近 400 萬件（套）；還有世界文化遺産 39 項、世界自然遺産 14 項、文化與自然雙重遺産 4 項。這是老祖宗留下的寶貴歷史文化財富，一定要精心保護好、傳承好、利用好。要深入實施中華文明探源工程和「考古中國」重大項目，為更好認識源遠流長、博大精深的中華文明提供新材料、新證據和新成果。樹立「大考古」工作思路，建設中國特色中國風格中國氣派的考古學，深入挖掘和闡發文物資源蘊含的中華優秀傳統文化精髓，更好構築中國精神、中國價值、中國力量。系統實施重點文物保護工程，加大古建築、古遺址、古墓葬、石窟寺、石刻、近現代建築等文物古跡的保護力度，做好低級別不可移動文物保護管理工作，強化可移動文物和古籍保護修復。完善保護機制，保留歷史原貌，加強歷史文化名城、街區、村鎮等的整體保護和活態傳承。健全文物安全長效機制，着力防範法人違法、盜竊盜掘、火災事故等風險，加強執法督察，嚴厲打擊文物犯罪。加快推進文物保護法修訂，用最嚴格制度最嚴密法治保護文物。落實全球文明倡議，推進文明交流互鑒，深化與共建「一帶一路」

國家、亞洲文化遺產保護聯盟成員國等在古代文明研究、聯合考古、古跡修復、博物館交流等方面的務實合作。加強文物保護必須進一步摸清保護對象底數，我國分別從 1956 年、1981 年、2007 年開始開展過三次全國文物普查，從 2023 年 11 月至 2026 年 6 月開展第四次全國文物普查。這次文物普查將建立國家不可移動文物資源總目錄，全面掌握我國不可移動文物資源情況，逐步構建全面普查、專項調查、空間管控、動態監測相結合的資源管理體系，為全面加強文化遺產保護夯實工作基礎。

（二）推進文物合理利用。文化遺產傳承靠保護也靠利用，文物的活力在於融入生活、回歸社會、服務人民。要對接鄉村振興、區域協調發展等國家重大戰略，推動考古發掘、文物建築和文物保護利用示範區、歷史文化名城名鎮名村保護等更好助力經濟社會發展。推進國家文化公園、國家考古遺址公園建設，深入挖掘長城文化、大運河文化、長征精神、黃河文化、長江文化的深厚內涵、歷史底蘊和時代價值。發揮好紅色遺址、革命文物在黨史學習教育、革命傳統教育、愛國主義教育等方面的重要作用，生動傳播紅色文化，講好黨的故事、革命的故事、英雄的故事。重視運用數字化技術、全媒體方式加強文物研究闡釋傳播，創新沉浸式、互動式歷史文化體驗，依托文物資源開發數字化藏品和群眾喜聞樂見的文創產品。博物館是保護和傳承人類文明的重要場所，近年來「博物館熱」持續升溫，去年以來三星堆博物館新館、中國考古博物館、殷墟博物館新館相繼開放並迅速成為網紅打卡地，不少熱門博物館預約困難。要持續優化博物館布局，創建中國特色世界一流博物館和國家級重點專題博物館，支持規範非國有博物館健康發展，同時不斷創新展陳方式、提升服務水平，讓更多人近距離感受文物魅力。要以時代精神激活中華優秀傳統文化的生命力，讓收藏在禁宮裏的文物、陳列在廣闊大地上的遺產、書寫在古籍裏的文字都活起來，豐富全社會歷史文化滋養。

（三）推進非物質文化遺產保護傳承。非物質文化遺產是中華文明綿延傳承的生動見證，是聯結民族情感、維系國家統一的重要基礎，被譽為歷史文化的「活化石」。目前，我國已經建立國家、省、市、縣四級非遺名

錄體系，共有各級非遺代表性項目 10 萬餘項、各級代表性傳承人 9 萬餘名，43 個項目列入聯合國教科文組織非遺名錄名冊。儘管我國非遺資源豐富，但由於不少非遺技藝沒有文字記錄，有賴於師徒之間口傳心授、長期實踐，隨着時代發展變遷，一些非遺技藝正面臨後繼無人的困境。要貫徹「保護為主、搶救第一、合理利用、傳承發展」的工作方針，深入實施非物質文化遺產傳承發展工程。完善調查記錄體系，實施傳承人研修培訓計劃，推進非遺工坊、非遺保護示範基地等建設，推動非遺活動進校園、非遺知識進教材、非遺傳承人上講台，促進非遺技藝傳承。市場傳承是最有效的傳承，要依托非遺資源開發多種多樣的文化旅遊產品，讓傳統技藝重煥光彩，讓非遺更好地走近消費者、需求者。加大非遺傳播普及力度，調動全社會關注非遺保護傳承的積極性。

（王曉丹）

96. 從哪些方面加強國家安全體系和能力建設?

黨的十八大以來，習近平總書記就維護國家安全作出一系列新論斷新部署。黨的二十大報告指出，必須堅定不移貫徹總體國家安全觀，把維護國家安全貫穿黨和國家工作各方面全過程，確保國家安全和社會穩定。李強總理在十四屆全國人大二次會議上所作的《政府工作報告》中，對維護國家安全和社會穩定作出部署安排。我們要深入學習領會、認真貫徹落實。要堅持高質量發展和高水平安全良性互動，持續增強防範化解風險的能力，着力應對好各類風險挑戰，以高水平安全為強國建設、民族復興提供堅實保障。

（一）加強重點領域安全能力建設。我們作為世界第二大經濟體和 14 億多人口大國，必須築牢重點領域安全基礎，增強應對各類風險衝擊的能力。一是全方位夯實糧食安全根基。近年來我國糧食生產連年豐收、產量屢創新高，但對糧食的需求仍在剛性增長，保障糧食安全必須常抓不懈。在努力促進糧食豐收的同時，還要在完善生產收儲加工體系上下功夫，提高管理能力，完善基礎設施建設，全面提升保障糧食安全的能力。二是強化能源資源安全保障。要充分用好國內國際兩個市場、兩種資源，提升保障水平。一方面，要增強國內資源保障能力，加大油氣、戰略性礦產資源勘探開發力度，推進增儲上產。另一方面，要加強海外礦產資源開發合作，提升油氣進口保障能力。持續抓好能源資源價格調控監管，穩定市場運行。三是加快構建大國儲備體系。進一步加強重點儲備設施建設，建好糧食、石油、煤炭、大宗商品等方面儲備基地，優化儲備品種、規模和結構布局，確保平時備得足、儲得好，關鍵時刻調得出、用得上。加強儲備管理運營和安全防護，提升現代化管理水平，更好發揮儲備體系的功能作用。四是有效維護產業鏈供應鏈安全穩定。產業鏈供應鏈在關鍵時刻不能掉鏈子，這是大國經濟必須具備的重要能力。一方面，要着力推動強鏈補鏈延鏈，

實施好製造業重點產業鏈高質量發展行動，持續推進關鍵核心技術和重大技術裝備攻關工程，加快構建自主可控、安全高效的產業鏈供應鏈。另一方面，深化產業鏈供應鏈國際合作，共同打造安全穩定、暢通高效、開放包容、互利共贏的全球產業鏈供應鏈，為全球和中國經濟長期穩定發展提供重要支撐。

（二）**提高公共安全治理水平**。公共安全一頭連着經濟發展和社會穩定大局，一頭連着千家萬戶。必須既立足當前、着力解決突出問題，又立足長遠、不斷完善制度機制，提高公共安全保障能力，切實維護人民群眾生命財產安全。要全面貫徹安全第一、預防為主的方針，加快推動治理關口前移，突出加強源頭管控、精準化監測預警、動態化風險評估等制度機制建設，強化重點領域常態化監管，提升風險防範意識，推動公共安全治理模式向事前預防轉型。要堅持眼睛向下、持續向基層末梢聚焦發力，堅持資源向基層傾斜、力量向一線下沉，健全保障機制，加大基礎性投入，着力夯實安全生產基層基礎。要夯實防災工程基礎，切實用好國債資金，按照既定的項目總體方案，聚焦重大風險和薄弱環節，高質量推進自然災害應急能力提升等工程實施。強化預警和應急響應聯動，健全救援救助機制，切實提高防災減災救災能力。要完善和落實安全生產責任制，加強重點行業、重點領域安全監管，深入開展安全隱患排查整治，築牢安全生產人民防線，有效遏制重特大安全事故。

（三）**完善社會治理體系**。健全共建共治共享的社會治理制度，提升社會治理效能。要強化城鄉社區服務功能，在增加服務供給、補齊服務短板、創新服務機制上持續用力。要進一步發揮好社會組織、志願服務、公益慈善等作用。保障婦女兒童、老年人、殘疾人合法權益。要加強矛盾風險源頭防範化解。堅持和發展新時代「楓橋經驗」，完善正確處理新形勢下人民內部矛盾機制，加強和改進人民信訪工作，暢通和規範群眾訴求表達、利益協調、權益保障通道。完善網格化管理、精細化服務、信息化支撐的基層治理平台，健全城鄉社區治理體系，及時把矛盾糾紛化解在基層、化解在萌芽狀態。要強化社會治安整體防控。堅持依法嚴打方針，精準打擊

電信網絡詐騙、跨境賭博、涉黑涉惡、涉槍涉爆、侵害婦女兒童權益和黃賭毒、食藥環、盜搶騙等突出違法犯罪，不斷增強人民群眾安全感。完善群眾參與平安建設的組織形式和制度化渠道，更好地廣納民智、廣聚民力，建設人人有責、人人盡責、人人享有的社會治理共同體。

（孫韶華）

97. 提高安全生產水平要重點抓好哪些工作?

近年來,我國公共安全保障能力持續提升,為有效防範化解風險挑戰、促進經濟社會發展、保障人民生命財產安全提供了有力支撐。但也要看到,安全生產領域依然面臨複雜嚴峻挑戰、還存在短板弱項。必須既立足當前、着力解決突出問題,又立足長遠、不斷完善體制機制,全面提高治理水平,切實保護人民生命財產安全、維護改革發展穩定大局。

(一)着力加強事前預防。公共安全治理是一個包括事前預防、監測預警、事中應急處置和事後恢復的完整過程。長期以來,我國公共安全治理比較注重危機處置和事後補救,相比而言,事前預防作用發揮有待加強。面對公共安全的新形勢新需要,黨的二十大作出推動公共安全治理模式向事前預防轉型的重要部署。從安全生產來看,當前形勢依然複雜嚴峻,對加強事前預防有着更迫切需求。一些長期積累的安全生產風險隱患集中顯現,傳統領域風險與新領域風險並存,產業規模增長快與「小散亂」企業多並存,等等。要全面貫徹安全第一、預防為主的方針,加快推動治理關口前移,進一步提高公共安全保障能力。要突出加強源頭管控。綜合運用法治、政策、科技、標準、工程治理等手段,嚴把規劃安全關、安全准入關,提高安全設防的能力和水平。要強化重點領域常態化監管。對安全生產風險高、災害隱患大的重點區域,比如城市高層建築、地下軌道交通、大型綜合體、危化企業等單位,人員密集類場所,老舊小區、棚戶區、城中村的居民自建房等,要進一步加強日常防範、常態監管、前端處理,做到風險隱患早識別、早研判、早防範。

(二)着力夯實基層基礎。基層一線是公共安全的主戰場。要堅持眼睛向下、持續向基層末梢聚焦發力。我國是一個14億多人口的大國,城鄉間、地區間、行業間生產力發展水平差異明顯,應急管理體系建設不平衡不充分的矛盾突出,特別是基層安全治理薄弱,成為突出的短板,表現

在基層風險防範意識、應急救援能力不強，體制機制還不健全，救援人員、設備、經費等資源配備不足等方面。要堅持資源向基層傾斜、力量向一線下沉，健全保障機制，加大基礎性投入，根據地區人口數量、經濟規模、災害事故特點、安全風險程度等因素，配齊配強應急救援力量。

（三）堅決遏制重特大事故發生。2023年內蒙古阿拉善盟煤礦坍塌、山西呂梁永聚煤礦火災等重特大事故教訓慘痛。安全生產責任重於泰山，須臾不可放鬆。要以全面開展安全生產治本攻堅三年行動為抓手，進一步加強重點領域、薄弱環節安全隱患排查整治，努力實現本質安全水平大提升。

一是深入落實安全生產責任制。緊緊抓住責任制這個「牛鼻子」，以責任到位推動安全制度措施到位。地方各級黨委政府要落實「黨政同責」領導責任，切實把安全生產擺在重要位置來抓。各部門要認真落實「三管三必須」的監督管理責任，即「管行業必須管安全、管業務必須管安全、管生產經營必須管安全」。對發生重特大事故或者存在重大隱患拒不整改的，要嚴肅追責問責。積極推動企業健全安全責任體系，把責任措施層層壓實到各個環節、具體崗位、每個人。從不少事故暴露的問題看，監管職責邊界不清、「都管都不管」等問題還大量存在。去年有關方面對燃氣全鏈條、各環節責任進行了梳理明確，取得初步成效。要聚焦重點領域、高危行業及新興業態，緊盯「一件事」明確責任分工、健全工作機制、推進聯合監管，消除監管空白，形成監管合力。

二是抓好重點行業領域安全生產。礦山方面，強力開展行業安全整治，嚴格落實防範遏制礦山領域重特大事故硬措施，對井上井下、露天井工、煤礦非煤礦山全面排查「過篩子」。危化品方面，制定化工企業異常工況安全處置準則，推動技術設備安全升級改造，深入推進化工園區安全整治提升。消防方面，要重點對「九小場所」即「小型學校幼兒園、小型醫療機構、小餐飲、小旅店、小生產加工企業等場所」、人員密集場所、多業態混合經營場所等開展「拉網式」排查，全面整治突出風險隱患。此外，還要做好其他高風險領域和場所、城鎮燃氣、自建房等方面的排查整治。深入排查整治電梯、索道、大型遊樂設施等特種設備安全隱患，織牢人民

群眾生命安全保障網。

　　三是築牢安全生產人民防線。深入普及防範風險意識。聚焦「人人講安全、個個會應急」，持續開展安全宣傳活動。加強各類企業和社會單位全員安全培訓，提升從業人員安全素質和技能。廣泛傳播普及事故預防和應急知識，融入場景進行事故演練演訓，提升社會公眾風險防範意識和自救互救能力。加大「互聯網＋執法」推廣應用，鼓勵社會力量積極參與支持安全生產。

（孫韶華）

98. 如何完善社會治理體系?

社會安全有序，人民才能安居樂業，國家才能長治久安。黨的十八大以來，以習近平同志為核心的黨中央加強社會治理，推動社會治理現代化取得重大成就，續寫了社會長期穩定奇跡。黨的二十大報告強調，「健全共建共治共享的社會治理制度，提升社會治理效能」。我們要堅持和加強黨對社會治理工作的領導，堅持人民在社會治理中的主體地位，遵循治理規律，把握時代特徵，創新和完善社會治理，確保社會既充滿活力又和諧有序。

（一）**健全城鄉社區治理體系。**城鄉社區是人們生產生活的主要空間，也是社會治理的基礎單元。長期以來，黨和政府通過社區這個平台，深入宣傳黨的方針政策，廣泛組織和動員群眾，辦好民生實事和公共事務，積極回應群眾關切，彰顯了中國特色基層治理的顯著優勢。比如，在抗擊新冠疫情中，社區作為抗疫工作最基本單位，有效支撐了精準防控，發揮了保障人民健康、維護社會穩定的重要作用。但也要看到，我國城鄉社區發展不平衡不充分問題依然突出，社區治理和服務水平距離人民群眾需求還有差距。比如，目前建有功能完善老年服務站的社區數量還不多，難以滿足老年人的日常生活需求。再如，不少社區組織存在「事多人少留不住」、人才「斷層」現象嚴重等問題。要進一步健全黨組織領導的自治、法治、德治相結合的城鄉基層治理體系，建立健全城鄉社區治理規則體系、標準體系和評價體系。壯大社區人才隊伍，優化人員結構，拓寬發展渠道，保持合理待遇水平，讓他們安心紮根社區、服務群眾。要強化城鄉社區服務功能，在增加服務供給、補齊服務短板、創新服務機制上持續用力。去年底，《城市社區嵌入式服務設施建設工程實施方案》印發，加強面向社區居民，提供養老托育、社區助餐、家政便民、健康服務、體育健身、文化休閒、兒童遊憩等服務的設施建設。要按照方案要求強化配套支持、推進工程實

施，重點優化「一老一小」和助殘服務，強化社區為民、便民、安民功能，讓社區成為居民最放心、最安心的港灣。

（二）引導支持社會組織、人道救助、志願服務、公益慈善等健康發展。社會組織是社會治理的重要參與者和實踐者。目前我國有近 90 萬家社會組織，覆蓋了經濟社會方方面面。社會組織在助力脫貧攻堅、科技創新、環境保護、民生保障等方面發揮了重要作用，但也有一些社會組織凝聚力和自我約束不足，存在行為不規範、管理不嚴格，甚至違法亂紀的問題。要在方向引領、制度保障、監督管理、環境營造等方面發力，引導支持社會組織規範有序發展、發揮積極作用。要健全社會工作者職業體系，不斷壯大志願者隊伍，為他們搭建平台、創造條件，更好發揮專業社工和志願服務在社會治理中的作用。動員匯集更多社會資源，積極開展扶貧幫困、助學助醫等民生服務和愛心活動。近年來，全社會慈善意識不斷增強，全國登記慈善組織超過 1.3 萬個，公益慈善力量在脫貧攻堅、疫情防控、鄉村振興等多方面發揮了積極作用。要進一步弘揚慈善文化，積極引導有意願有能力的企業、社會組織和個人投身慈善、回報社會。加快推進信息化建設，健全綜合監管體系，提升慈善事業的透明度和公信力。此外，還要發揮社會組織、志願服務、公益慈善等作用，保障婦女兒童、老年人、殘疾人合法權益。

（三）堅持和發展新時代「楓橋經驗」，推進矛盾糾紛預防化解。新時代「楓橋經驗」最突出的特點，就是牢牢抓住基層基礎這一本源，最大程度把矛盾風險防範化解在基層、化解在萌芽狀態。要完善正確處理新形勢下人民內部矛盾機制，貫徹落實《信訪工作條例》，加強和改進人民信訪工作，暢通和規範群眾訴求表達、利益協調、權益保障通道，持續加強信訪問題源頭治理和積案化解，最大限度把矛盾問題解決在當地。要推進信訪工作法治化，牢固樹立法治理念，推動信訪工作依法規範運行、群眾訴求依法理性表達、合法權益依法有效保護。要完善網格化管理、精細化服務、信息化支撐的基層治理平台，發揮調解、仲裁、行政複議、訴訟等方式化解矛盾的作用，排查化解重點領域矛盾糾紛。

（四）強化社會治安整體防控，切實維護社會安定。堅持依法嚴打方針，精準打擊電信網絡詐騙、跨境賭博、涉黑涉惡、涉槍涉爆、侵害婦女兒童權益和黃賭毒、食藥環、盜搶騙等突出違法犯罪，不斷增強人民群眾安全感。健全社會心理服務體系和疏導機制、危機干預機制，嚴防發生個人極端暴力事件。要堅持打防結合、整體防控，專群結合、群防群治，加快完善立體化、信息化社會治安防控體系，提高對動態環境下社會治安的控制力，把握社會治安工作主動權。完善群眾參與平安建設的組織形式和制度化渠道，更好地廣納民智、廣聚民力，建設人人有責、人人盡責、人人享有的社會治理共同體。

（孫韶華）

99. 如何做好 2024 年外交工作?

2024 年是中華人民共和國成立 75 周年，也是實現「十四五」規劃目標任務的關鍵一年。要深入貫徹黨的二十大精神，以習近平外交思想為指導，按照中央外事工作會議對今後一個時期對外工作的全面部署，對標中國式現代化目標任務，堅持自信自立、開放包容、公道正義、合作共贏的方針原則，圍繞推動構建人類命運共同體這條主線，積極作為、開拓前行，努力為黨和國家事業發展營造更加穩定有利的外部環境，為促進世界和平穩定與發展繁榮作出新貢獻。重點應把握以下幾個方面。

（一）**深刻領會構建人類命運共同體理念內涵。**中央外事工作會議指出，黨的十八大以來，對外工作取得歷史性成就、發生歷史性變革，創立和發展了習近平外交思想，開闢了中國外交理論和實踐的新境界，為中國特色大國外交提供了根本遵循。構建人類命運共同體是習近平外交思想的核心理念，是對建設一個什麼樣的世界、怎樣建設這個世界給出的中國方案，是新時代中國特色大國外交追求的崇高目標。構建人類命運共同體，是以建設持久和平、普遍安全、共同繁榮、開放包容、清潔美麗的世界為努力目標，以推動共商共建共享的全球治理為實現路徑，以踐行全人類共同價值為普遍遵循，以推動構建新型國際關係為基本支撐，以落實全球發展倡議、全球安全倡議、全球文明倡議為戰略引領，以高質量共建「一帶一路」為實踐平台，推動世界走向和平、安全、繁榮、進步的光明前景。要深刻領會、全面把握構建人類命運共同體理念的科學內涵和重大意義。

（二）**全力做好元首外交的服務保障。**今年元首外交的議程很多，要辦好中非合作論壇、博鰲亞洲論壇、中國國際進口博覽會、全球共享發展行動論壇等主場外交活動，推動中非關係和中國同「全球南方」國家關係提質升級，宣示中國維護亞洲繁榮穩定和世界和平發展的政策主張，展現中國繼續擴大進口和支持經濟全球化的實際行動，深化國際發展合作以更好

落實全球發展倡議。做好我國領導人出席上合組織峰會、金磚國家領導人會晤、二十國集團領導人峰會、亞太經合組織領導人非正式會議等多邊峰會的籌辦工作。

（三）持續拓展同各國友好合作。以中俄建交75周年為契機，深化中俄戰略互信和互利合作，在國際和地區重要事務上保持溝通協調，推動兩國新時代全面戰略協作夥伴關係不斷走深走實。落實好中美元首舊金山會晤達成的重要共識，敦促美方把承諾落到實處，同中方一道秉持相互尊重、和平共處、合作共贏的原則，恪守中美三個聯合公報精神，尊重彼此核心關切，妥善管控分歧，探索形成兩個大國的正確相處之道。堅持中歐全面戰略夥伴關係定位，密切中歐高層往來和戰略溝通，共同支持多邊主義和綠色發展，推動中歐關係行穩致遠。堅持親誠惠容理念和與鄰為善、以鄰為伴的周邊外交方針，增進同亞洲鄰國的友好互助和利益融合。深化同廣大發展中國家的團結友好和務實合作，共同維護和擴大發展中國家的話語權和影響力。

（四）推動踐行真正的多邊主義。以和平共處五項原則提出70周年為契機，推動構建新型國際關係。倡導平等有序的世界多極化，堅持大小國家一律平等，反對霸權主義和強權政治，維護國際公平正義，切實推進國際關係民主化。推動國際社會共同恪守聯合國憲章宗旨和原則，共同堅持普遍認同的國際關係基本準則，通過平等協商、充分對話方式共同建設公正合理的全球治理體系，支持聯合國未來峰會達成順應時代潮流的「未來契約」。鞏固建設好擴員後的「大金磚合作」，支持巴西、秘魯舉辦二十國集團峰會、亞太經合組織領導人非正式會議等多邊會議，擴大「全球南方」影響力。全面落實全球安全倡議，堅持公平公正，積極勸和促談，建設性參與解決巴以衝突、烏克蘭危機等國際和地區熱點，提出更多中國方案，貢獻更多中國智慧，展現負責任大國的應有擔當。中國始終做世界和平的建設者、全球發展的貢獻者、國際秩序的維護者。

（五）促進各國合作共贏和共同發展。積極推進普惠包容的經濟全球化，維護以世貿組織為核心的多邊貿易框架，堅決反對逆全球化、泛安全

化，反對各種形式的單邊主義、保護主義，支持自由貿易和相互開放市場，主張各國應提升貿易和投資自由化、便利化水平，共同維護全球產業鏈供應鏈穩定安全暢通，推動經濟全球化朝着更加開放、包容、普惠、均衡的方向發展，惠及更多國家和人民。落實全球發展倡議，加大對全球發展合作的投入，幫助發展中國家提升自主發展能力，助力各國共同實現現代化。抓好支持高質量共建「一帶一路」八項行動的落實落地，穩步推進重大項目合作，實施一批「小而美」民生項目，積極推動數字、綠色、創新、健康、文旅、減貧等領域合作。提升領事服務質量，為中外人員往來提供更多出入境便利。加強海外利益保護機制建設，持續完善海外中國平安體系。

（劉武通）

《政府工作報告》起草組負責人
介紹起草情況並答記者問

　　國務院新聞辦公室於 2024 年 3 月 5 日（星期二）上午 11 時 30 分舉行吹風會，請《政府工作報告》起草組負責人、國務院研究室主任黃守宏解讀《政府工作報告》，並答記者問。吹風會由國務院新聞辦公室新聞局局長、新聞發言人陳文俊主持。以下為吹風會文字實錄。

陳文俊：女士們、先生們，中午好！歡迎大家出席國務院新聞辦吹風會。今天，我們很高興地邀請到《政府工作報告》起草組負責人、國務院研究室主任黃守宏先生出席吹風會，為大家解讀《政府工作報告》。下面先請黃守宏先生作介紹。

黃守宏：各位記者朋友，大家中午好！很高興和大家見面，介紹《政府工作報告》起草的相關情況。

大家知道，去年是貫徹中國共產黨第二十次全國代表大會精神的開局之年，今年是新中國成立75周年，也是實現「十四五」規劃目標任務的關鍵一年。在當前世界經濟形勢複雜多變的背景下，作為世界第二大經濟體的中國，過去一年的工作怎麼樣、怎麼看？今年又定下什麼新目標、打算怎麼幹、發展前景如何等，這些問題不僅中國老百姓關心，國際社會也廣泛關注。今天上午李強總理所作的《政府工作報告》對去年的工作進行了回顧，對今年的工作作出了部署，闡明了施政方略，回應了各方關切。

中共中央、國務院高度重視《政府工作報告》的起草工作，習近平總書記主持中央政治局常委會會議、中央政治局會議，審議《政府工作報告》，多次作出重要指示，提出明確要求，這為我們《報告》起草工作指明了方向、提供了根本遵循。李強總理主持今年的《政府工作報告》起草工作，先後主持召開國務院常務會議、國務院全體會議進行討論，也多次召開專題會議研究和修改《報告》，研究制定相關政策。

《政府工作報告》作為政府施政的綱領性文件，是有一定規範的。今年的《報告》既遵從這個規範，同時也有一些新的特點。這些特點可以從很多方面來概括，我個人理解，可以從三個方面來看：

第一，《報告》上接天線、下接地氣。所謂「上接天線」，就是《報告》把準政治定位，全面貫徹了以習近平同志為核心的黨中央的決策部署。這可以說是今年《報告》最突出的特點、最重要的特點。大家知道，本屆政

府去年履職之初就明確提出，要當好貫徹黨中央決策部署的執行者、行動派、實幹家。今年《政府工作報告》開始起草的時候，李強總理就明確提出要求，《報告》必須不折不扣貫徹黨中央的決策部署。今年《報告》的主要內容，包括去年工作的回顧和今年政府工作的總體要求、主要預期目標、宏觀政策取向、重點工作任務等，都是按照習近平總書記在去年中央經濟工作會議發表的重要講話精神起草的。今年《政府工作報告》部署了十項重點工作任務，有九項是習近平總書記在中央經濟工作會議講話中部署的重點任務。同時，考慮到科技、教育、人才是全面建設社會主義現代化國家的基礎性、戰略性支撐，考慮到黨的二十大報告把「科技、教育、人才」單列一章，所以《政府工作報告》增加了一條「深入實施科教興國戰略，強化高質量發展的基礎支撐」。同時《政府工作報告》根據慣例，增加了文化、社會治理、政府自身建設、民族宗教僑務、國防和軍隊建設、港澳、對台、外交等方面內容，這些內容也是按照黨中央相關精神起草的。中央經濟工作會議之後，黨中央又召開了一系列重要會議，比如說中央全面深化改革委員會會議、中央財經委員會會議等，這些會議上也都制定了一些重大舉措，每次會後起草組都及時學習領會，在《報告》中予以體現。《報告》在徵求意見過程中，各方面都一致認為，今年的《報告》切實做到了「三個充分體現」，即充分體現了習近平新時代中國特色社會主義思想，充分體現了黨的二十大和二十屆二中全會精神、中央經濟工作會議精神，充分體現了習近平總書記重要指示批示精神和黨中央決策部署。

所謂「下接地氣」，就是《報告》把準社會脈搏，充分反映了民心民意、回應了各方面特別是基層、群眾、企業的關切，各項政策和舉措符合實際、貼近群眾、貼近企業。怎麼做到這一點的呢？就是廣泛聽取意見。廣泛聽取意見，不僅今年的《政府工作報告》這樣做了，我們黨制定重要文件、重要政策也都是這樣做的。因為「從群眾中來，到群眾中去」，這是中國共產黨的群眾路線的領導方法和工作方法。習近平總書記對研究制定政策、制定文件提出了明確要求，就是要「開門問策、集思廣益」。習近平總書記身體力行，在這方面作出了表率。比如，為準備去年的中央經

濟工作會議,習近平總書記主持召開一系列座談會,廣泛聽取意見,多次到各地考察調研,深入進行研究。這一點大家從新聞報道中、從電視鏡頭上都可以看到,習近平總書記深入到工廠車間、田間地頭,與基層幹部和普通群眾話家常、聽建議,總書記這種傾聽民意、感知民情、體察民生的實際行動為我們樹立了標桿。黨中央作出的重大決策本身就是集思廣益的結果,起草好《政府工作報告》,貫徹好黨中央的決策部署,也必須開門問策、集思廣益。

在起草和修改《政府工作報告》過程中,李強總理多次去基層調研,多次召開座談會聽取各方面的意見,包括召開了三場座談會,一場是專家、企業家、教科文衛體領域代表的座談會,一場是各民主黨派中央、全國工商聯負責人、無黨派人士代表座談會,還去地方召開了由部分省、市、縣、鄉負責人參加的座談會,當面聽取對《政府工作報告》的意見。國務院其他領導同志也以多種方式聽取意見和建議。

在起草《政府工作報告》過程中,起草組充分聽取了各地區、各部門和社會各界的意見建議。《報告》稿形成的重要基礎就是各地區、各部門提出的工作意見和建議。稿子形成後又印發各地區、各部門、各單位徵求意見,今年發出 4000 多份,從中梳理出 1100 多條意見建議。社會各界對《政府工作報告》起草高度關注,通過各種方式提出了大量建議。其中,很多的新聞媒體、網絡平台、微博、論壇等也都整理了網民的意見。比如,今年中國政府網聯合 29 家網絡媒體平台開展了「@國務院 我為政府工作報告提建議」的建言獻策活動。截至 3 月 4 日,累計收到網民建言超過 160 萬條,比去年增長 82%。中國政府網從中精選出 1150 條有代表性的建言轉給起草組,他們做了初步梳理,轉給我們的這些意見建議每次都是厚厚的一大本,裏面的內容很翔實,有理由、有建議,甚至有的網民還提出了政策建議的可行性分析、出台時機等,想得非常周全。在建言的網民中,有老有少、有男有女,最大的 82 歲、最小的 12 歲。有網民對廣泛聽取意見予以肯定,有網民說「問需於民、問計於民讓政府工作報告更接地氣、更有底氣、更有生趣」。

在徵集活動中，還收到了來自40多個國家的網友建言，包括投資人、經濟學家、教師、醫生等，他們對在中國投資興業、簽證辦理、到中國旅遊購物等提出了意見建議。從今年來看，提出建言的外國網友數量和涉及國家數量均比前些年大幅增長，這也從一個側面反映出國際上越來越多人關心中國、看好中國，願意與中國合作、與中國人民同行。

總體來看，對今年《政府工作報告》提出建議的人數眾多，涵蓋了各個職業和年齡段人群，具有廣泛代表性。

直接參與《政府工作報告》修改的，大體算下來有1萬人。這裏面包括前面講的4000多位地方和部門有關負責人、部分全國人大代表和全國政協委員，還有其他有關人士。

對於各方面意見和建議，包括網民建言，我們都是逐條研究，看看能不能吸納，哪些能全部吸納，哪些能部分吸納，還要考慮怎麼吸納，文字上如何表述。在這些建言建議中，哪怕某條意見不能整條接受，也要分析其中有沒有合理的成分，有沒有值得深入挖掘的點和今後工作的線索與指引。我們就這樣逐條研究、反覆斟酌討論，按照能吸收盡量吸收的原則提出起草組的建議，按程序報黨中央、國務院批准後寫入《報告》。今後幾天，我們還要根據人大代表、政協委員的意見建議繼續進行修改。

第二，《報告》上下貫通、融為一體。《報告》把黨中央的決策部署，把社會各方的訴求、意見建議結合起來、統一起來，轉化為政府及其相關部門具體的任務書、施工圖和政策清單。大家知道，中央經濟工作會議定的是總基調、大盤子、大政策，企業和群眾提出的是具體願望和訴求，這些都需要細化實化為可操作、可落地的具體政策和工作舉措。《報告》經過幾上幾下反覆研究論證，形成了一個個具體的工作任務、一項項具體的政策舉措，這樣就把黨中央的決策部署和企業、群眾的願望訴求有機統一起來了。

由於《政府工作報告》涉及到方方面面，需要表述的內容很多，但篇幅又有限，所以我們在盡可能精簡文字的同時，每句話都反覆推敲修改，盡可能用最簡短的語言表達更豐富的內容和含義。在做好這個工作的同

時，按照李強總理的要求，今年我們特別注意加強了《政府工作報告》和計劃報告、預算報告的統籌銜接。《政府工作報告》主要是講重點、講概要。《政府工作報告》現在 1.69 萬字。計劃報告和預算報告就是要講具體、講翔實。現在計劃報告有 5.89 萬字，預算報告 1.95 萬字。三個報告相互補充，形成了一個有機整體，大家在看《政府工作報告》的時候，同時要結合看計劃報告、預算報告，這樣就會對今年政府總體工作安排有一個全面把握和理解。

第三，《報告》實事求是、務實平實。有的記者朋友在現場聽了李強總理所作的《報告》，可能對這一點印象很深刻。今年《報告》遵循報告的文體規範，力求平實樸素，盡可能做到言之有物。講去年的成績，注重用事實和數據說話，不作渲染；講去年工作突出年度特色特點，也沒有面面俱到。部署今年工作着重講新安排、新舉措，對需要持續推進的重要工作、需要持續實施的重大戰略，盡可能做了精練概括；安排各項政策和工作舉措時注重講乾貨。大家最感興趣的、最關心的就是《報告》有沒有乾貨。《報告》力求針對性強，提出的政策舉措有用管用，真正以實招、硬招、暖招回應社會各方面的關心關切。語言表達上盡可能通俗簡潔，讓老百姓能聽得懂，能理解。

前面介紹了《政府工作報告》起草的相關情況和特點。最近我看到一些國際上的報道，注意到有些人經常感到很疑惑的是，為什麼這些年同樣面臨複雜嚴峻的國際環境和各種風險挑戰，很多國家經常出現政府提出的發展目標實現情況不及預期或者差得比較遠，而中國制定的目標、提出的任務總是能夠完成，中國的發展不斷取得新的成就、不斷創造新的輝煌。這裏面的原因很多，其中一個重要原因就是中國共產黨和中國政府制定發展目標、提出重要政策，走的是群眾路線、發揚的是民主、尋求的是最大公約數，具有堅實的社會基礎、民意基礎，而不是少數人在那裏閉門造車，反映的也不是少數人的意願、訴求。今年的《政府工作報告》充分體現了黨心民心交融、政聲民意共鳴，也充分反映了全國人民的意志、願望和要求。相信《政府工作報告》經過全國人代會審議通過後，一定會變成

全國人民共同奮鬥的自覺行動，一定能凝聚起推動經濟社會發展的強大力量，提出的目標任務也一定能夠完成。中國有句話大家耳熟能詳，就是人心齊、泰山移。

《政府工作報告》全面系統、內容豐富，理解《報告》要把握好其中的主旨要義。我個人體會，《報告》的靈魂就是習近平新時代中國特色社會主義思想，《報告》的「綱」與「要」就是中央經濟工作會議精神，貫穿《報告》的主脉絡就是把堅持高質量發展作為新時代的硬道理，整篇《報告》都是圍繞經濟建設這一中心工作和高質量發展這一首要任務展開的。推動高質量發展，必須完整、準確、全面貫徹新發展理念，把握好蘊含其中的改革、開放、創新這個大邏輯和保障改善民生這個出發點和落腳點。

限於時間，我就簡要給各位介紹上述情況，下面我願就《報告》的起草工作與各位進行交流。謝謝。

陳文俊：謝謝黃主任，下面歡迎各位提問，提問前請通報自己所在的新聞單位。

中央廣播電視總台央視記者：今年《政府工作報告》回顧了去年的工作和取得的成績，對於這份成績單您怎麼看？《報告》在回顧去年、總結成績的時候，經常用到「來之不易」的表述，在您看來去年的不易有什麼樣的不同，是怎麼克服的？謝謝。

黃守宏：謝謝你的提問。過去一年已經過去，大家都是一起走過來的，對去年的成績、成就怎麼看，見仁見智。總體來講，我認為去年的成績單是一份可圈可點、沉甸甸的成績單，是一份既有顯績又有潛績的成績單，是一份既有物質財富也有精神財富的成績單。

大家可以從這份成績單中看到，有外在的、有形的、看得見的、可用數據來衡量的成就。比如，我們的經濟總量超過 126 萬億元，經濟增速達到 5.2%，等等。這些成績，我們可以進行橫向比、縱向比來把握。從縱向比，即與我們過去比，5.2% 的增速比上年加快了 2.2 個百分點，也快於疫情三年 4.5% 的平均增速；從橫向比，在世界主要經濟體中我們也是名列前

茅，依然是世界經濟增長最大的引擎，現在對世界經濟增長的貢獻率仍保持在 30% 左右。

這份成績單中，也有不好量化或者難以量化，但我們每個人都能夠感知、可以感受到的成就。比如說，新產業、新業態、新模式不斷涌現，交通出行更加便利，可選擇的商品和服務更為豐富，等等。

這份成績單中，還有很多內在的、深層次的、靜悄悄的成效，比如理念的轉變、制度的不斷完善、作風的改進、發展方式的加快轉變，等等。

看去年的成績單可以從多個維度、多個層面。中國有句古詩，「橫看成嶺側成峰，遠近高低各不同」。站在不同的角度，對這個成績單也有不同的感受。總的來看，去年中國經濟發展既有量的增長，也有質的提升，還有無形的積極向好的變化，應該說成績單的含金量很高。對去年的工作和成績，習近平總書記在新年賀詞中講得非常深刻：這一年的步伐，我們走得很堅實、很有力量、很見神采、很顯底氣。

這份成績單可以說是付出艱辛努力取得的，很不尋常。剛才你提問時講到，我們提到成績時經常用「來之不易」這個表述。確實，《報告》中回顧去年工作用的是「成績來之不易」。在徵求意見過程中，不少單位、個人提出修改意見，「來之不易」的「不易」前面要加詞，有的加「十分」，有的加「殊為」，有的加「極其」，等等。前面講到今年的《報告》講究平實樸素，所以「十分」、「極其」、「殊為」沒有寫入《報告》，但是去年的情況確實是十分不容易的。在座的各位記者朋友都是親歷者，對此也都深有感觸。去年年初，疫情防控實現平穩轉段，轉段的過程就是一個很複雜的過程，各個方面付出了艱辛的努力，實現平穩轉段本身就是巨大的成就。

從經濟發展來說，《報告》裏講，去年面臨着多重困難挑戰交織疊加的局面。可以說，去年工作中遇到的困難是多年少有的，是「幾碰頭」，既有疫情因素，也有疫後經濟恢復的複雜因素。在三年疫情中，我們取得了巨大成就，最大程度保護了人民群眾的生命安全和身體健康。但經濟運行受到衝擊，經濟肌體受到損傷，還有長期積累的矛盾和問題不斷顯現，像房地產、地方債務、中小金融機構等風險隱患凸顯。同時，還出現了很多

新情況新問題，外需下滑和內需不足碰頭，周期性問題和結構性問題並存，等等。這些挑戰能應對好其中一項就很不容易，把這些挑戰都能夠有效應對好、有效處置好就更不容易。綜合來講，去年面臨極其複雜嚴峻的局面，我們能把經濟穩住、完成全年經濟社會發展目標任務就很不簡單。在許多方面，像《報告》中所講，又出現許多積極向好的變化，這就更為難得。理解、認識去年的成績單，一定要結合背景、環境和條件。

中國在去年能取得這些來之不易的、可圈可點的成就，靠的是什麼？《報告》中指出，根本在於習近平總書記領航掌舵，在於習近平新時代中國特色社會主義思想科學指引，是以習近平同志為核心的黨中央堅強領導的結果，是全黨全軍全國各族人民團結奮鬥的結果。這份成績單再次彰顯了「兩個確立」的決定性意義，也充分顯現了中國經濟發展具有強大的韌性、潛力和後勁。

從宏觀政策和實際工作角度來看，去年有三個方面的特點值得總結。

一是突出固本培元。《報告》中用了這個詞，這是中醫上經常講的一句話。經歷三年疫情之後，去年中國經濟總體處於「大病初愈」的恢復階段，同時又面臨多重困難和挑戰，經濟運行的壓力加大。在這種情況下，應對的思路有兩種。一個是在短期內，為了把增速抬起來，實行「大水漫灌」和強刺激政策，這樣做肯定短期內能取得較高的增速，但是會留下後遺症。另一個是採取穩中求進的方式，中醫對大病初愈的病人調理身體、調養、恢復元氣，也是這樣一種方式。經過權衡比較，我們用了固本培元的辦法，統籌穩增長和增後勁，採取了一些措施，這些措施既有利於當前，也有利於今後的發展。

二是發揮組合效應。由於去年面臨多重挑戰，而且每個挑戰背後的性質和特點不同，單一的政策很難「一劍封喉」。所以去年我們更加注重政策的組合性、協同性，圍繞擴大內需、優化結構、提振信心、防範化解風險等任務，統籌用好財政、貨幣、就業等各項政策，打出了一套有力有效的政策組合拳，形成了合力。

三是注重精準施策。針對不同的矛盾和問題，採取不同的舉措，做到

有的放矢、對症下藥。比如，去年針對不同經營主體的情況和訴求，我們分別推出了支持國有企業、民營企業、外資企業發展的政策，這裏面既有共同的、一致的政策，也有基於不同困難、不同訴求的一些針對性措施。

總的看，去年的成就是可圈可點的，積累的經驗也是非常寶貴的。讀懂、讀透、讀好過去一年的成績單，就會對中國經濟過去這些年為什麼「行」、為什麼「能」、為什麼「好」，有更深刻的認識和理解，也會對完成今年的發展目標更有信心、底氣更足，因為這背後的邏輯、根本的動因都是一致的。我在這個問題上多花點時間給大家介紹，也是出於這樣的考慮。謝謝。

美國國際市場新聞社記者：根據《政府工作報告》，中國將今年經濟增長目標定為5%左右，請問為什麼定在這個水平？中國政府將採取什麼措施確保達到這一目標？

黃守宏：謝謝你的提問。今年我們把經濟增長目標定為5%左右，綜合考慮了各方面因素，包括國內國際形勢，包括需要與可能，可以說是立足當前、着眼長遠而制定的。具體來說，從當前需要看，我們要擴大就業、增加居民收入、防範化解風險，都需要一定的經濟增速。今年的就業壓力是比較大的，城鎮新增就業要達到1200萬人以上。根據就業與經濟增長的對應關係，或者根據經濟增長對就業的拉動效應，大體測算一下，要實現就業目標，需要保持5%左右的經濟增速。當然，還考慮了其他方面的需要。

從長遠或者從中長期來看，到2035年基本實現社會主義現代化，人均國內生產總值就要達到中等發達國家的水平，這裏雖然沒有明確的數量要求，但是隱含着對經濟增速的要求。根據各方面的測算，從現在到2035年要基本實現社會主義現代化的目標，大體要保持在5%左右的經濟增速。從可能來講，是綜合分析了當前我國經濟增長的支撐條件和有利因素權衡的。

這些年來，黨和政府制定發展目標其實都是這麼做的，既考慮到需要

也考慮到可能。從需要來講，目標高一點更好，但是如果沒有支撐，達不到也不行。關於提出的增速目標能不能實現，我認為今年實現 5% 的增速是有條件有支撐的。

這一段時間不光是在中國國內，一些主要國際機構、經濟學家等對今年中國經濟增速也做了預測，進行了相應討論，同樣是見仁見智。我們說有信心、有能力實現這個目標，是有根據的。在這裏，我不從學術和理論上闡述這個問題，僅從基本邏輯、基本常識的角度來談談看法。

一是支撐中國經濟發展，包括去年實現 5.2% 的增速，這背後的基本動因是沒有改變的，而且很多方面在顯著增強。《報告》中講到，中國經濟發展具有諸多優勢，包括超大規模市場的需求優勢、產業體系完備的供給優勢、高素質勞動者眾多的人才優勢，等等。比如，這些年新動能在快速發展，一年比一年增強。新能源汽車在短短十多年時間從無到有、發展壯大，去年產銷量超過 900 多萬輛，佔全球比重超過 60%。

二是今年以來經濟發展的積極因素在增多，制約去年經濟發展的一些不利因素在趨於弱化。比如，去年 1、2 月份，我們還在為實現疫情平穩轉段努力，今年疫情的「疤痕」效應在減弱。再如，防範化解房地產、地方債務、中小金融機構等風險方面，去年通過各方面協同努力，取得了積極成效。房地產投資銷售總體上有所好轉，當然有些情況還在變化。地方債務風險整體得到緩解。中小金融機構改革化險步伐也在加快。在這些重大風險隱患的防範化解方面，我們的任務仍然艱巨，同時也出現了新情況新問題。但不管怎麼說，今年和去年相比情況總體是向好的，而不是在惡化。還有一些因素同樣如此。我這樣講決不是無視困難和挑戰，實際上今年中國經濟發展面臨的國內外形勢依然嚴峻複雜，《政府工作報告》中用了較長篇幅闡述我們面臨的困難和挑戰。困難年年都有，日子年年難過年年過，每年過得還不錯。拉長周期來看，中國經濟這些年從來都是在應對困難和挑戰中發展的、前進的、壯大的。

三是去年以來採取的一些重大政策措施的政策效應今年也在持續顯現。政策從實施到見效需要一個周期，去年下半年採取的一些政策效應主要會

在今年顯現。

此外，我們在有效應對前幾年的風險挑戰，特別是在應對去年多年少見的風險挑戰中，積累了豐富的經驗。從財政金融狀況來看，中國政府負債率不到 60%，金融總體穩健，宏觀政策還有比較大的空間。為了實現這個目標，《政府工作報告》中提出了很多重大政策。如果將來中國經濟遇到超預期的衝擊，或者國際環境發生超預期變化，我們政策工具箱裏還有儲備工具。

《報告》中講，綜合分析研判，今年我國發展面臨的環境仍是戰略機遇和風險挑戰並存，有利條件強於不利因素。去年經濟增速能達到 5.2%，今年實現 5% 左右的增速完全是有可能的。當然，很多目標都是要經過努力而實現的，今年實現 5% 左右的增速需要攻堅克難，需要各方面共同努力。《報告》中強調，只要我們貫徹落實好黨中央決策部署，緊緊抓住有利時機、用好有利條件，把各方面幹事創業積極性充分調動起來，一定能戰勝困難挑戰，推動經濟持續向好、行穩致遠。這就是說，我們有信心有能力實現今年的增長預期目標。謝謝。

人民日報記者：我們注意到今年的《政府工作報告》在保障和改善民生方面提出了不少新的政策舉措，大家都很期待。今年老百姓能收到哪些民生禮包？能不能綜合說一說。另外，一些地方基層財政比較緊張，這些民生承諾能否最終全部兌現？謝謝。

黃守宏：謝謝你的提問。增進民生福祉是發展的根本目的。今年《報告》聚焦群眾關切的問題，提出了不少保障和改善民生的政策舉措。在今年政府工作的總體要求中，對增進民生福祉提出了明確要求，相關內容在其他部分都有涉及。

在教育方面，《報告》中提出要改善農村寄宿制學校辦學條件。現在全國義務教育階段寄宿制學生有 3000 多萬人，不少是留守兒童。這些年農村寄宿制學校的條件雖然有了很大改善，但還存在不少薄弱環節。為了讓這些孩子讀好書、上好學，針對加強這些薄弱環節，《報告》提出了明確要求。

在醫療衛生方面，《報告》中提出今年繼續增加基本醫療財政補助，城鄉居民醫保人均財政補助標準提高 30 元，達到每人每年 670 元。《報告》還針對群眾反映突出的看病難、報銷難等問題，強調落實和完善異地就醫結算，強調以患者為中心改善醫療服務，推動檢查檢驗結果互認。

在社會保障方面，《報告》提出今年要在繼續提高退休人員基本養老金的同時，將城鄉居民基礎養老金月最低標準提高 20 元。這件事我簡單作個介紹，現在全國有 1.7 億多老年人領取城鄉居民養老保險待遇，今年將最低標準提高 20 元，增長了 19.4%，是近年來上調幅度較大的一次。

《報告》中關於民生保障方面的內容還有很多，限於時間這裏不一一點了。

剛才你談到一些地方的財政比較緊張，《政府工作報告》提出的，包括計劃報告、預算報告裏提出的，政府安排部署的改善民生的措施有沒有財力支撐？能不能兌現？針對這個問題，在《政府工作報告》中特別作出了安排。在積極的財政政策中強調，要大力優化支出結構，強化國家重大戰略任務和基本民生財力保障。今年中央對地方轉移支付要保持必要的力度，預算安排超過 10 萬億元，同時要推動省級政府下沉財力，確保基層「三保」不出問題。具體的民生支出規模，預算報告中有詳細安排，大家可以對照着看。

關於今年改善民生的部署安排，相信經過上下共同努力，一定能夠落實到位。《政府工作報告》還提出了很重要的一點，就是要以發展思維看待補民生短板問題。改善民生也是促進經濟發展的動力，就業、養老、醫療等民生問題的解決，既能增進民生福祉，同時也能把巨大內需潛力激發出來。我們要解決民生問題，包括「一老一小」、便利孩子入托入園等，就需要增加投資，這又能帶動其他方面的支出。之所以説這些民生保障和改善措施能夠落實，是因為在制定措施、提出目標任務的時候，已經充分考慮到了其可行性，政府也已經研究制定了一些配套辦法和措施。在保障和改善民生方面的一個基本原則是盡力而為、量力而行，政府主要履行好保基本、兜底線的職責，在此基礎上盡最大努力提高保障水平。謝謝。

北京青年報記者：關於民生的問題。就業是最大的民生，這兩年青年人尤其是高校畢業生就業工作受到廣泛關注。今年《政府工作報告》提出城鎮新增就業目標是 1200 萬以上，今年就業壓力還是比較大的，設定這個目標有什麼考慮？這個目標今年能否順利完成？謝謝。

黃守宏：謝謝你的提問。就業是最大的民生，既是「國之大者」，也是個人的大事，對一個家庭來講，孩子能就業、就好業，這是最為關心的。

這些年黨中央、國務院對就業工作高度重視，採取了一系列措施，今年《報告》中更加突出了就業優先導向，制定了一系列措施。首先，從導向上來講，今年《報告》中將城鎮新增就業預期目標設定為 1200 萬人以上。大家要注意「以上」二字，去年是用「1200 萬人左右」，今年是「以上」，這就體現了黨和政府做好就業工作的力度、決心和鮮明的政策導向。

為了實現就業目標，特別是保障年輕人、高校畢業生就業，《報告》中提出了一系列政策舉措，概括起來有以下三個方面。

一是加大政策支持力度。從宏觀政策看，《報告》中要求今年加強財政、金融等政策對就業的支持力度，要多出有利於穩預期、穩增長、穩就業的政策。同時，專項促就業政策也加大力度，比如失業保險穩崗返還、穩崗擴崗專項貸款、就業社保補貼等。

二是加大對重點行業企業和重點群體的支持。《報告》中要求加強對就業容量大的行業企業的支持，加大對高校畢業生等重點群體幫扶。同時，對社會上關心的公平就業、權益保障等工作，《報告》也作了安排。

三是加強職業技能培訓。現在，我們國家就業總量壓力大和結構性矛盾並存，很多行業、很多領域、很多地方，既有有人沒活幹的問題，也有有活沒人幹的問題。很多行業和領域都存在人才短缺問題，比如製造業領域人才缺口有 3000 萬人；再比如養老護理人員，潛在的人才需求 1000 多萬，現在只有 30 多萬。家裏有老人的，特別是有失能老人的都有深刻體會，找一個好的護理人員很難，找有技能的、有護理經驗的更難。還有，醫院裏的醫療護理人員也缺。我們國家有 500 多萬護士，每年會增加 30 萬人，但是每千人口護士數量只有 3.7 人，發達國家一般是 8—15 人。從這些

短缺背後，反映出我們的就業潛力很大，關鍵是要採取措施，使勞動力供給與需求相匹配，包括勞動者的就業技能、專業和能力要適應需求。《報告》中提出要適應先進製造、現代服務、養老照護等領域的人才需求，加強職業技能培訓。通過實施這些政策，既能緩解當前就業壓力，同時也能夠提高勞動者素質，滿足經濟發展對高技能人才的需求。

總體來看，今年穩就業確實有很大壓力，同時也有很大的潛力。只要把這些潛力充分釋放出來，今年的就業情況一定會是好的。謝謝。

新加坡聯合早報記者：中國總理李強在《政府工作報告》中提到今年財政赤字率安排在 3%，請問今年為什麼把赤字率定在這個水平？如何解讀今年這個赤字率？謝謝。

黃守宏：謝謝你的提問。大家知道，財政赤字率是反映財政政策力度和財政風險水平的重要指標，在國際上有一個所謂 3% 赤字率警戒線的説法，當然也不是金科玉律，很多國家在一定時期遠遠超過 3%，有的達到兩位數。對中國而言，這些年從支持經濟發展、防範財政風險、實現財政可持續這些角度考慮，我們的赤字率一直保持在合理適度的水平。這麼多年來，我們只有在應對新冠疫情衝擊時的 2020 年、2021 年超過了 3%，前些年都是在 3% 以下。去年年初安排預算的時候，赤字率是按照 3% 安排的，四季度增發了 1 萬億元國債，這個國債是計入赤字的，算下來赤字率就提高到了 3.8% 左右。今年的赤字率按 3% 安排，實際和去年年初預算水平是一樣的。雖然和去年增發 1 萬億國債之後相比降了一些，但是整體來講這個水平是適度的。這樣安排符合中國經濟運行整體向好的客觀實際，向外界釋放出積極的信號，也有利於控制政府負債率、增強財政可持續，為應對將來可能出現的風險挑戰預留政策空間。綜合考慮這些因素，今年我們定了 3% 的赤字率。

我注意到，最近一段時間有關方面專家學者、一些機構在討論中國的赤字率應該定多少的問題。有的提出應比 3% 高一點，也有的提出要低一點。財政赤字率要放在總的財政盤子裏來看。今年《報告》明確的是「積

極的財政政策要適度加力、提質增效」,這是需要多種政策工具有機組合、發揮整體規模效應的。這裏既包括赤字,也包括地方政府專項債、國債、稅費優惠等其他政策工具。在解讀的時候,不能因為赤字率比去年調整預算後降低了,就認為我們積極的財政政策力度是減弱的,應該把整個《報告》中講的積極財政政策的內容統籌起來衡量和考慮。即使這個赤字率同樣是3%,但由於今年國內生產總值這個分母大了,今年赤字規模達到4.06萬億元,比去年年初預算增加1800億元。除此之外,地方政府專項債增加了1000億元,達到3.9萬億元。再加上今年財政收入會保持恢復增長勢頭等,算下來財政支出的盤子還是不小的。今年安排的一般公共預算支出擴大到28.5萬億元,比去年增加1.1萬億元。總體來看,今年的財政政策是適度加力的,關鍵是要把這些錢花好、用好,用到最重要的地方,就是《政府工作報告》中講到的要保障好國家重大戰略任務、保障好基本民生財力需求。謝謝。

深圳衛視直新聞記者:去年我國實際使用外資金額下降,我們瞭解到一些外資企業對於在中國發展的前景、信心有所減弱,請問如何看待這一問題? 對於今年吸引外資方面有哪些政策舉措? 謝謝。

黃守宏:謝謝你的提問。從數據上看,去年我們實際使用外資金額出現了下降。任何一件事情的發展變化都一樣,短期的波動是正常的,是多種因素造成的,其中包括很多偶然性因素、階段性因素。看待這個問題,重點是看趨勢、看走勢。

從去年來看,據聯合國貿發會議的數據,如果扣除投資中轉地增長較快這個因素,全球外國直接投資下降18%。同時,各國招商引資力度都在加大,招商引資的競爭趨於激烈。去年按人民幣計價,中國吸引外資的增速下降8%,但是從總體規模來講,橫向比、縱向比都是比較好的。縱向比,從我國歷史上看,現在是第三高位,比2021年、2022年略低一點。從橫向看,我國吸引外資金額在發展中國家居首位,佔全球比重保持在10%以上,大體是穩定的。

　　當然，我們吸引外資也面臨一些擾動因素，確實有一些值得注意的新情況、新問題。但是有一條，投資者是理性的，是要看中長期回報的。據有關方面統計，最近幾年在華投資興業的外商，直接投資收益率在9%左右，在國際上處於比較高的水平，所以中國在全球依然對外資具有強大吸引力。中國市場大、發展潛力大，很多技術只要拿到中國來，很快就能夠推廣，包括數字經濟方面的一些新技術。中國智能手機用戶、網民數量都有10多億，這些新技術來到中國都能夠很快應用。中國的投資潛力、投資機遇是巨大的，外商對中國的投資依然保持高度熱情。近期看到一些外國商會調查報告顯示，絕大多數在華投資的企業都表示不會減少投資，有很高比例的企業將繼續把中國作為全球首選或者前三投資目的地。

　　關於吸引外資方面採取的政策措施，《政府工作報告》中提出了幾個方面：一是穩步擴大制度型開放。包括規則、規制、管理、標準等方面的開放。二是繼續放寬外資市場准入。這些年，外資准入負面清單不斷縮減，2013年首張外資准入負面清單有190條，目前全國版縮短到31條、自貿試驗區版27條。今年《報告》提出全面取消製造業領域外資准入限制措施，也就是製造業的條目要清零，還要放寬電信、醫療等服務業的准入。同時，對有違內外資公平競爭的政策措施，要進行常態化清理。三是提升外資服務保障水平。包括打造「投資中國」品牌，讓外籍來華人員工作、學習、旅遊更便利等。謝謝。

　　澎湃新聞記者：我們瞭解到現在一些民營企業信心不足，對發展前景不樂觀，不願意投資擴產，這進一步影響到民間投資和就業。請問提振民營企業預期和信心方面，今年將採取哪些有效措施呢？

　　黃守宏：謝謝你的提問。民營經濟是中國經濟的重要組成部分，也是現代化建設的重要力量。黨中央、國務院對民營企業、民營經濟發展高度重視，習近平總書記最近這些年發表一系列重要講話，黨中央、國務院去年出台了促進民營企業發展壯大的文件。在《政府工作報告》中提出了以下幾個方面的舉措。

一是落實和完善各項支持政策。這些年，我們圍繞促進民營企業發展，已經出台了不少支持政策。這些政策總體落實情況是好的，但有些還沒有落實到位，今年要繼續把這些政策落實落細。還圍繞企業關切推出一些新舉措，比如針對民營企業反映比較突出的拖欠賬款問題，《報告》要求健全防範化解拖欠企業賬款長效機制。針對民營企業反映的融資難融資貴問題，《報告》提出要提高民營企業貸款佔比、擴大發債融資規模，等等。

二是圍繞企業關切優化營商環境。《報告》中強調要着力解決民營企業在市場准入、要素獲取、公平執法、權益保護等方面存在的突出問題，這些問題也是民營企業反映較多的。同時，還將在深化全國統一大市場建設等方面採取措施，堅決維護公平競爭的市場秩序。

三是支持民營經濟創新發展。改革開放以來，很多民營企業敢拼敢闖敢幹，在促進增長、增加就業、改善民生等方面發揮了積極作用，展現了優秀的企業家精神，這是一筆很寶貴的財富。《報告》中指出，要弘揚優秀企業家精神，支持企業家專注創新發展，踏踏實實把企業辦好。一方面，從政府來講要營造好的環境，為民營企業搭建舞台；另一方面，民營企業家要積極開拓進取、克服困難挑戰。回想改革開放40多年來，民營企業也都是在應對困難中發展的，現在確實面臨不少困難和問題，但是想一想，跟40多年前比、跟10年前比、跟5年前比，現在民營企業發展的條件更好、各方面的有利因素更多。市場機制、法治環境、信用體系等，現在跟過去比，不知好了多少。過去在黨和政府支持下，民營企業不斷發展壯大，創造了輝煌。在今天的環境下，民營企業按照黨中央的要求，積極開拓進取，今後一定會取得新的成就、創造新的輝煌。謝謝。

第一財經記者：去年年底的中央經濟工作會議指出，有效需求不足是當前經濟需要克服的困難和挑戰，今年《政府工作報告》中就着力擴大國內需求作出了部署，下一步擴內需主要從哪些方面發力？謝謝。

黃守宏：謝謝你的提問。國內需求一直是推動中國經濟發展的主要動力，這些年內需對經濟增長的貢獻率平均超過90%。去年疫情防控平穩轉

段以後，內需加快恢復，當然現在擴大內需方面也存在一些困難和問題。《政府工作報告》對擴大內需作出了部署安排，主要有三個方面。

一是促進消費穩定增長。今年將從增加收入、優化供給、減少限制性措施等方面綜合施策，激發消費潛能。關於消費的潛能，大家都有感受。去年以來，村超村晚、冰雪旅遊、跨界聯名都很火，城市裏面的街道小店遊、鄉村慢遊成為打卡新熱點，國貨「潮品」受到消費者歡迎等，說明新型消費有很大潛力，今年要圍繞擴大這些新型消費繼續發力。這是第一點。第二點是提振大宗消費，包括汽車、家電等，這方面既有新增的，也有更新換代的。第三點是推動服務消費擴容提質。這些年隨着經濟發展和人民生活水平的提高，對服務的需求在迅速增長，服務消費也呈持續增長態勢，今年要繼續順應這個態勢採取一些新措施。

二是積極擴大有效投資。一方面，發揮好政府投資的帶動效用。從力度上來講，今年中央預算內投資、地方專項債都比去年有所增加。從投向來看，這些投資主要投向科技創新、節能減排、民生保障等補短板、增後勁的領域。另一方面，穩定擴大民間投資。去年有關部門制定了民間投資促進政策，今年要進一步落實和完善《報告》中提出的一些新舉措。

三是促進投資和消費有機結合。今年更加注重統籌擴大內需和深化供給側結構性改革，形成消費和投資相互促進的良性循環。比如，前不久中央財經委員會會議和國務院常務會議部署了一項重要任務，就是推動大規模設備更新和消費品以舊換新。這件事既有促進消費的意義，也有促進投資的意義，把二者有機結合在一起，是統籌投資和消費、挖掘內需潛力的一個重要方面。此外，積極推進以人為本的新型城鎮化。新型城鎮化具有綜合效益，是投資、消費相結合的內需大平台。去年我國常住人口城鎮化率 66.2%，與發達國家 80% 以上相比較，還有一定差距。戶籍人口城鎮化率還更低一些。從這個意義上看，我國新型城鎮化還有很大發展空間、提升空間。城鎮化率提高會帶來很大的消費需求、投資需求。有關方面測算，一個人進城以後帶來的消費需求比農村居民高不少。在推進新型城鎮化中，今年要把促進農業轉移人口市民化放在突出位置來抓，《政府工作報告》對

此作出了部署。謝謝。

紅星新聞記者：中央多次重申要增強宏觀政策取向一致性，營造穩定、透明、可預期的政策環境。為此，今年政府出台政策要注意哪些方面？謝謝。

黃守宏：謝謝你的提問。鞏固和增強經濟回升向好態勢，需要增強宏觀政策取向的一致性。對這個問題，去年中央經濟工作會議和今年《政府工作報告》都作出了部署。

首先，要解決認識問題，把思想和行動統一到黨中央的要求上來。各地區各部門都有自己的職責，要切實履行好這些職責，同時在履行職責過程中必須考慮黨和國家事業大局。實現今年目標任務、推動高質量發展，這是今年的大局。各方面都有責任服從和服務於這個大局，都要積極想辦法，多出有利於穩預期、穩增長、穩就業的政策，謹慎出台收縮性抑制性舉措。出台政策一定要把握好時、度、效。認識上統一了、提高了，我們宏觀政策取向的一致性就有了堅實的基礎。

第二，要建立健全有效的統籌機制，發揮好評估、把關、協調的作用。有兩個層面的統籌，一個層面是國務院各個部門出台政策前，自身要做好綜合性、全局性評估，充分考慮是否有利於穩增長和高質量發展的大局。在此基礎上，國家發展改革委牽頭的政策文件評估機制再進行評估。各部門出台的文件和政策都要經過機制作出評估後，確定對宏觀經濟穩定和市場預期穩定不會帶來明顯的抑制效應才能實施。鑒於許多非經濟性政策對社會預期、經濟運行會產生直接或者間接的影響，中央經濟工作會議提出把非經濟性政策納入宏觀政策取向一致性評估，強化政策統籌。

第三，各地區各部門制定政策要認真聽取和吸納各方面意見，涉企政策要注重與市場溝通、回應企業關切。去年有關方面建立了政企常態化溝通交流機制，受到了企業歡迎，今年這個機制要進一步堅持和完善。出台政策要精準做好宣傳解讀，避免市場產生誤讀誤判，有力提振發展信心、改善社會預期。謝謝。

陳文俊： 吹風會已經接近 100 分鐘了。現在最後一個提問。

香港中評社記者： 好政策貴在落實，《政府工作報告》提出的政策舉措不少，怎麼保證落實到位？今年在轉職能、提效能等政府自身建設方面有哪些打算？謝謝。

黃守宏： 謝謝你的提問。確實好政策貴在落實。再好的政策如果不落實就是鏡中花、水中月。按照習近平總書記提出的關於四個「抓落實」的要求，國務院建立和完善了一套抓落實的機制，確保今年的各項政策落實到位。這個機制需要上、中、下一起做，打通政策落實中的「最先一公里」、「中梗阻」和「最後一公里」。

首先，壓實各方責任。先從國務院部門做起。《政府工作報告》經過全國人代會審議通過後具有法定效力，國務院會把《政府工作報告》裏的各種要求、政策分解到國務院各個部門，限期拿出更為細化、實化的具體措施和配套政策，這項工作國務院已經作出安排。起草《政府工作報告》過程中，有關部門已經在行動，對寫入《報告》的政策措施，同步研究怎麼推動落實落地的問題。有些具體政策、具體措施，兩會後將陸續出台。從各地區來講，要善於把黨中央精神、《政府工作報告》的部署和本地實際結合起來，積極謀劃用好我們在工作中常講的「抓手」，政策落實也要有「抓手」。

第二，加強各方協同。各地區各部門要樹立整體觀念。不管是哪個地區、哪個部門，在落實和實施政策上對外、對群眾、對企業來說，都是一個整體。哪個部門不落實、哪個地方不落實，都會說是政府不落實，所以在抓落實上必須樹立整體觀念。要推動中央部門和地方政府之間、部門與部門之間、部門內部之間高效協同，這方面已有一些規則。重大政策的落實，要實行清單化、閉環化管理，從政策設計到執行落實、到結果反饋的全過程，哪個環節有問題就解決哪個環節的問題。

第三，加強政策落實的監督檢查。去年以來，新一屆國務院對督查工作機制進行了優化和完善，作了很多具體的安排。同時《報告》強調，加強對政策執行情況的跟踪評估，及時進行調整和完善，及時糾正政策落實

中存在的各種不到位、不深入等問題。

第四，政策落實要發揮各方面的監督作用，包括新聞媒體、人民群眾和企業的監督作用。哪些地方政策沒有落實，群眾和企業最清楚，大家一起來監督這些政策的落實，就會形成強大合力，確保政策能夠落實到位，確保最終效果符合黨中央決策意圖、順應人民群眾期待，確保完成好今年經濟社會發展的目標任務。

關於你提到的轉職能、提效能的問題，《政府工作報告》強調要「全面提高行政效能」，包括要加快數字政府建設，以推進「高效辦成一件事」為牽引，提高政務服務水平，糾治形式主義、官僚主義，完善督查檢查考核等。限於時間，不再多講了。

總之，黨中央、國務院對抓落實的問題高度重視，已經採取措施，並將繼續採取措施，確保寫入《政府工作報告》的內容、政府作出的承諾，切實得到兌現，不負全國人民期待和厚望。謝謝。

陳文俊：感謝黃主任，感謝各位媒體朋友的傾聽、參與。今天的吹風會就到這裏，再見！

後　記

　　第十四屆全國人民代表大會第二次會議聽取和審議了國務院總理李強所作的《政府工作報告》(以下簡稱《報告》)。會議充分肯定國務院過去一年的工作，同意《報告》提出的 2024 年經濟社會發展的總體要求、政策取向和工作任務，決定批准這個《報告》。

　　為深入學習貫徹習近平新時代中國特色社會主義思想，全面貫徹落實黨的二十大和二十屆二中全會精神，認真學習貫徹習近平總書記在今年全國兩會期間發表的重要講話精神，幫助廣大幹部群眾學習領會《報告》精神，國務院研究室編寫組編寫了這本學習問答，用廣大幹部群眾喜聞樂見的問答形式，對《報告》主要內容作了深入淺出、通俗易懂的解讀。國務院研究室黨組書記、主任，《報告》起草組負責人黃守宏擔任編委會主任，並為本書作序。

　　國務院研究室參加本書內容策劃和組稿工作的有包益紅、閆嘉韜、劉帥等同志。中國言實出版社參加本書編輯出版工作的有馮文禮、朱艷華、馬衍偉、廖厚才、佟貴兆、曹慶臻、陳春科、張海霞、史會美、王建玲、王戰星、代青霞、郭江妮、王蕙子、宮媛媛、張國旗、李岩、徐曉晨、劉曉雲等同志。

2024 年 3 月